D'une guerre à l'autre : L'itinéraire pétrolier d'Ernest Mercier

Peter Lang

Bruxelles · Bern · Berlin · Frankfurt am Main · New York · Oxford · Wien

François Pelletier

D'une guerre à l'autre : L'itinéraire pétrolier d'Ernest Mercier

Histoire de l'énergie
Vol. 11

Image de couverture : Puits de pétrole à Moreni, Roumanie (1920)
Domaine publique : https://commons.wikimedia.org/wiki/File:Petroleum_field_at_Moreni.jpg

Cet ouvrage est publié avec le soutien financier du Comité d'histoire de l'électricité et de l'énergie, Fondation Groupe EDF.

Cette publication a fait l'objet d'une évaluation par les pairs.

Éditions scientifiques internationales
Bruxelles, 2020
1 avenue Maurice, B-1050 Bruxelles, Belgique
www.peterlang.com ; brussels@peterlang.com

ISSN 2033-7469
ISBN 978-2-8076-1530-4
ePDF 978-2-8076-1531-1
ePUB 978-2-8076-1532-8
MOBI 978-2-8076-1533-5
DOI 10.3726/b16833
D/2020/5678/48

Information bibliographique publiée par « Die Deutsche Bibliothek »

« Die Deutsche Bibliothek » répertorie cette publication dans la « Deutsche Nationalbibliografie » ; les données bibliographiques détaillées sont disponibles sur le site <http://dnb.ddb.de>.

Remerciements

Je tiens d'abord à remercier ma famille et particulièrement mon père qui, il y a bien des années, m'a appris à aimer l'histoire. Ma conjointe, quant à elle, a souffert les absences et nuits de travail que connaissent bien ceux qui fréquentent les chercheurs de profession. J'ai eu la chance d'être encadré par deux historiens exceptionnels. Le premier, Samir Saul, a été un véritable mentor dont la générosité et le dévouement envers ses étudiants méritent d'être soulignés. Le second, Alain Beltran, a facilité mon accès à toutes les ressources lors de mes recherches en France. Je lui suis reconnaissant d'avoir contribué à ce succès et de m'avoir réservé un accueil chaleureux dont je conserve d'excellents souvenirs. Au sens large, ces rapports témoignent des liens fructueux qui unissent aujourd'hui la communauté académique de France et du Québec. J'aimerais terminer en remerciant tous les chercheurs et universitaires qui ont alimenté ma réflexion sur les enjeux pétroliers, particulièrement Jonathan Conlin qui a lu les premières versions de cet ouvrage.

Table des matières

Liste des abréviations

A-P :	Anglo-Persian
BOD :	British Oil Development
CFP :	Compagnie française des pétroles
IPC :	Irak Petroleum Company
MPL :	Mediterranean Pipeline Ltd.
OIP :	Omnium international des pétroles
ONCL :	Office national des combustibles liquides
RDS :	Royal Dutch Shell
SB :	Steaua british
SF :	Steaua française
SR :	Steaua romana
TPC :	Turkish Petroleum Company

Préface

D'Ernest Mercier on connaît surtout le créateur du « Redressement français », groupe qui, pour réformer l'État, remettrait le pouvoir à des techniciens. Né en 1925 dans l'ambiance de désaffection que suscite le régime parlementaire durant l'entre-deux-guerres, le projet participe de la quête de méthodes réputées efficaces de gouvernement, de velléités de renforcement de l'autorité de l'exécutif à cette fin et de l'intention de mettre les processus de décision à l'abri des aléas et des contraintes de la vie politique. Des philosophes-rois de Platon aux initiés à l'« administration des choses » d'Auguste Comte, s'en remettre à l'intelligence, ou ce qui passe pour telle, n'a-t-il pas toujours été considéré comme l'ultime et évident substitut à la mêlée politique et à son cortège d'inconvénients ?

Que l'éloge de la technocratie soit le fait d'un membre de marque du grand patronat rappelle autant la présence de ce courant dans les milieux d'affaires que l'ancrage d'Ernest Mercier dans un univers autre que celui de la « gouvernance » de l'État. Le personnage est un chef de file parmi les gestionnaires du secteur privé, un authentique cumulard occupant un siège dans pas moins de quarante-sept conseils d'administration. Dans le monde des affaires, cet industriel est bien campé comme l'homme de l'électricité, le dirigeant le plus reconnaissable et le plus influent dans cette activité qui prend son envol après la Première Guerre mondiale. Sa renommée est telle qu'elle obscurcit son rôle dans d'autres branches de l'économie, notamment le pétrole. Mercier l'électricien renvoie en arrière-plan Mercier le pétrolier.

François Pelletier a voulu mettre en lumière et scruter le volet méconnu de la carrière du capitaine d'industrie, celui portant sur le pétrole, autre source d'énergie qui entame son essor. Nous est offerte non pas une biographie, genre consacré, mais « l'analyse d'une carrière dans un secteur stratégique », un examen de la vie d'un entrepreneur qui cible une de ses activités. Pourrait-on sans trop insister la qualifier de biographie pétrolière ? L'approche incite à accorder l'attention tant à l'homme qu'au secteur économique dans lequel il évolue, conduisant à la production simultanément d'une histoire d'un chef d'entreprise dans un contexte pétrolier et d'une histoire du pétrole à travers la carrière d'un chef d'entreprise. « Ce livre étudie donc un secteur clé de l'économie française et le grand patronat à travers l'un de ses membres les plus en vue ».

Suivre le parcours pétrolier de Mercier revient à prendre en compte trois phases historiques : l'implication en Roumanie, la création de la Compagnie française des pétroles (CFP) et l'entrée en scène du pétrole iraquien par le truchement de l'Iraq Petroleum Company. En Roumanie, Mercier préside deux sociétés françaises parties prenantes dans le projet de remplacement des intérêts allemands. Il s'exerce au métier de pétrolier, mais aussi à l'art de traiter avec les responsables politiques, d'abord ceux de la diplomatie et de l'État français, ensuite ceux des gouvernements étrangers avec lesquels il doit transiger. On ne dira jamais assez que le pétrole est en tout temps affaire politique et objet de tractations internationales. François Pelletier ne se fait pas faute d'invoquer l'approche et la méthodologie élaborées par Pierre Renouvin et ses successeurs.

En 1923, Mercier est chargé par Raymond Poincaré, président du Conseil, de la création de la CFP, société nationale destinée à être le pivot de la mise en œuvre d'une politique pétrolière nationale. Réunissant en son sein intérêts privés et intérêts publics, la société est d'origine étatique, mais elle est soumise aux impératifs du marché et présidé par Mercier. L'ancêtre du géant Total est alors une chétive entité qui peine à se frayer un chemin dans un paysage pétrolier français dominé par des *majors* étrangers. Pour tout actif, la CFP n'a que la participation allemande dans la Turkish Petroleum Company, consortium où elle côtoie en position de faiblesse les grandes sociétés internationales, peu enclines à lui faire de quartier. Ces 23,75 % dans le capital et dans le tonnage de brut extrait en Iraq constituent son fonds de commerce et représentent peu par rapport à la présence mondiale des *trusts* britanniques et étatsuniens. Mercier doit allier fermeté et diplomatie, non sans appels fréquents à l'aide de l'État français. Son bilan n'est pas maigre : partie de rien, la CFP est, en 1939, le vecteur de la moitié des importations pétrolières de la France.

Son expérience pétrolière converge avec ses sentiments patriotiques pour faire de Mercier un capitaliste à l'aise avec l'intervention de l'État dans l'économie. Il n'a guère de préventions idéologiques ou pratiques contre la collaboration entre intérêts publics et privés. Son nationalisme économique procède de son souci pour l'intérêt national. Le laissez-faire et le libéralisme économique n'ont pas valeur de dogmes atemporels pour lui. À cet égard, ce parangon de la haute bourgeoisie managériale se distingue de nombre de ses pairs, suscitant des soupçons d'accointances « collectivistes » chez des folliculaires auxquels échappent ses considérations pragmatiques. Mercier patron de bon aloi ? Mercier technocrate précurseur des hauts fonctionnaires-grands commis de l'État d'après 1945 ? Sans risque de se tromper, on retiendra l'un ou l'autre des qualificatifs, et préférablement les deux, tellement sa carrière incarne l'interface en cours de recomposition entre les milieux d'affaires et l'État dans la France du XXe siècle.

Samir Saul
Professeur d'histoire contemporaine
Université de Montréal

Introduction

> La France n'est pas en passe de périr. Le Français est d'esprit foncièrement universaliste [...]. Il ignore qu'être universaliste, c'est la manière la plus élevée d'être international.
>
> Ernest Mercier

Cette citation montre déjà la pensée d'un homme convaincu du rôle que devaient jouer la France et les Français dans le monde. Cette conviction se traduit par des activités politiques et industrielles dont l'impact est large, mais encore aujourd'hui peu connu. La contribution d'Ernest Mercier à l'industrie française est pourtant majeure, à tel point qu'il est difficile d'aborder les origines du secteur énergétique sans souligner son rôle. Dans le secteur électrique, un contemporain lui attribuera sans modestie d'avoir permis à la capitale de faire son entrée dans la modernité. « Haussmann avait, cinquante ans plus tôt, modelé pour un siècle le visage de Paris. Bienvenue l'avait doté du puissant moyen de transport qui lui faisait défaut. Ernest Mercier a conçu et réalisé le système circulatoire de la grande cité, dispensateur d'énergie et indispensable au XXe siècle, à son développement, à sa prospérité, à sa vie même »[1]. Loin de se contenter de l'électrification de la région parisienne, Mercier prend part aux plus grandes sociétés pétrolières de l'époque. Le sujet n'attire pourtant pas l'attention en France. Si bien que c'est un Américain, Richard Kuisel, qui est le premier à écrire un ouvrage sur cette carrière hors-norme[2]. Ernest Mercier a-t-il été victime de la méfiance des Français à l'égard des grands dirigeants d'entreprises? Cette tradition bien française veut qu'historiquement les hommes d'affaires aient fait du secret une vertu, ceux-ci préférant ne pas s'engager dans les activités politiques, mais exercer une influence discrète.

---

1 Archives nationales du monde du travail, 98 AQ1, notice biographique, p. 15–16.

2 Richard Kuisel, *Ernest Mercier French Technocrat*, Berkeley, University of California Press, 1967.

Ce n'est certes pas le cas de Mercier qui, ouvertement, désire réformer l'ensemble de la structure politique et économique du pays. Pourtant, dès l'entre-deux-guerres, la gauche française l'accuse d'être un membre des « deux cents familles » qui tirent les ficelles en France. Il est manifeste que cette carrière frappe les esprits. Ernest Mercier siège durant cette période sur pas moins de quarante-sept conseils d'administration. Il côtoie l'élite politique et militaire française, les maréchaux Foch et Pétain, les présidents Poincaré et Lebrun, les premiers ministres Tardieu, Flandin et Laval sont tous ses amis personnels[3]. Au cours de cette longue carrière, il a l'occasion de s'entretenir avec plusieurs figures emblématiques du siècle précédent telles que Mussolini ou bien Faysal, appelé à devenir roi d'Iraq ; il dîne avec Staline en Russie et avec le roi Carol en Roumanie. Il va donc sans dire que, dans les milieux populaires, cette carrière réunit tous les éléments pour engendrer la suspicion. Le thème des « deux cents familles » est récurrent durant cette période et il est surtout pratique. Il permet au mouvement ouvrier « de donner des visages à l'adversaire pour échapper au désarroi de l'incompréhension »[4].

Cette carrière, il faut la replacer dans un contexte de profonds changements. En plein cœur de la Seconde révolution industrielle, la France fait face à un manque flagrant de certaines ressources essentielles à son expansion économique. C'est déjà le cas du charbon. L'Hexagone est le premier importateur de cette ressource au monde durant l'entre-deux-guerres[5]. Cette pénurie de ressources concerne aussi les hydrocarbures, alors que le pétrole est appelé à devenir l'énergie par excellence du XXe siècle. La Première Guerre mondiale a marqué un tournant avec la mécanisation des engins de combat. La réquisition des taxis pour envoyer des troupes au front lors de la bataille de la Marne illustre bien l'importance nouvelle de cette matière première. Les consommations d'essence augmentent de 75 % entre 1914 et 1916, la production d'avions, de chars et d'automobiles est en pleine expansion[6]. L'aviation commence,

---

3 *Ibid.*, p. viii.

4 Jean-Noël Jeanneney, *L'argent caché. Milieux d'affaires et pouvoirs politiques dans la France du XXe siècle*, Paris, 1981, p. 20.

5 Alain Beltran, « La crise énergétique en France de 1960 à 1974: dépendance, crise et rôle de l'État », dans Association G. Pompidou, *Georges Pompidou face à la mutation économique de l'Occident, 1969–1974*, Paris, Presses universitaires de France (PUF), 2003, p. 192.

6 Jean-Marie Bouguen, *Le pétrole en France*, Paris, L'Harmattan, 2013, p. 54.

elle aussi, à être de plus en plus utilisée pendant la guerre. Dans le domaine maritime, le pétrole se révèle largement supérieur au charbon pour la chauffe des navires de guerre. Une transition s'impose alors pour toutes les puissances navales « sous peine de déclassement »[7]. Non seulement le mazout favorise les changements de vitesse, mais la fumée qu'il produit est beaucoup plus réduite et sa fluidité permet de diminuer le temps de ravitaillement. Le pouvoir calorifique de cette nouvelle énergie double le rayon d'action des navires. La marine française consomme donc de plus en plus de mazout[8].

Au lendemain de la Grande Guerre, c'est surtout l'automobile qui popularise le pétrole. Après avoir été un objet de luxe, celle-ci devient de plus en plus abordable. Le parc de voitures augmente rapidement, de 156 000 en 1920, on passe à 2 269 000 en 1938[9]. « Les autobus pénètrent jusqu'aux villages les moins accessibles et tendent de plus en plus à concurrencer le chemin de fer ; des sociétés gèrent les différentes lignes d'autobus qui traversent les départements »[10]. La voiture devient alors symbole de la modernité et son utilisation est encouragée. La *Revue pétrolifère* va jusqu'à attaquer les chemins de fer comme étant contraires aux intérêts de la nation. Face à l'automobile, les transports traditionnels perdent du terrain. C'est le début des guides et des cartes (tel que Michelin) qui facilitent le tourisme de la route[11]. « L'avion, les navires plus rapides font encore mieux pour la circulation continentale ou intercontinentale. Après la guerre, l'amélioration des moteurs, des cellules et des coques permet ainsi de transporter plus rapidement un nombre plus élevé de passagers d'un continent à l'autre »[12]. Le transport aérien est en pleine croissance durant toute la période de l'entre-deux-guerres. Il va sans dire que tous ces changements accentuent la demande

---

7 Thomas Vaisset, « Du charbon au mazout. La révolution de la chauffe dans la Marine nationale » dans Alain Beltran, *Le pétrole et la guerre*, Bruxelles, Bern, Berlin, Frankfurt, New York, Oxford, Wien, Enjeux internationaux, vol. 21, 2012, p. 71.

8 Roberto Nayberg, *La question pétrolière en France, du point de vue de la défense nationale, de 1914 à 1928*, « thèse non publiée » pour le doctorat de troisième cycle en histoire du XXe siècle, Université du Panthéon Sorbonne – Paris I, 1983, Trois volumes dactylographiés, p. 421.

9 Nouschi, *La France et le pétrole de 1924 à nos jours*, Paris, Picard, 2001, p. 90.

10 *Ibid.*, p. 91.

11 *Ibid.*

12 *Ibid.*, p. 93.

en produits pétroliers. C'est dans ce contexte général qu'il faut replacer la carrière d'Ernest Mercier dans ce secteur.

Acteur clé de cette histoire, le rôle joué par Mercier dans ce domaine économique reste largement méconnu. Il est difficile d'expliquer les raisons derrière cette véritable amnésie collective, qui a pourtant épargné bon nombre de ses contemporains (que l'on pense par exemple à Renault ou à Citroën). Il faut dire que, pour Mercier, le pétrole n'occupe qu'un pan d'une carrière plus large. Les travaux de plusieurs historiens ont permis de souligner cette contribution, tant au niveau politique qu'industriel. Lorsqu'il s'agit de pétrole, l'importance des enjeux et l'accès à de nouvelles sources documentaires ont convaincu l'auteur de ces lignes de la nécessité d'écrire cet ouvrage.

C'est en 1919, suite à sa participation durant la Première Guerre mondiale, que le pétrole entre pour la première fois dans les préoccupations professionnelles d'Ernest Mercier. Cette carrière prend fin en 1940 lorsqu'une nouvelle loi du régime de Vichy interdit le cumul des mandats d'administrateurs. C'est d'abord en Roumanie, pays où Mercier a combattu pendant la guerre et où il a forgé de précieux contacts, que débute cette carrière. Il doit son entrée dans le monde du pétrole à un homme : Horace Finaly. Celui-ci est alors directeur de la Banque de Paris et des Pays-Bas et lui offre de représenter les intérêts de la banque. « À l'issue de la guerre, les grandes banques d'affaires, Paribas en tête, élaborent de véritables politiques pétrolières et ont visiblement les moyens financiers de les lancer »[13]. La Roumanie est alors le plus gros producteur de pétrole en Europe. « Grâce à sa production et surtout à son exportation pétrolière, la Roumanie a occupé une place très importante dans la hiérarchie des pays pétroliers, pendant la période de l'entre-deux-guerres »[14]. Or, après la guerre, de nombreuses sociétés roumaines créées et contrôlées par les Allemands sont à racheter, notamment la principale entreprise, la Steaua romana[15]. « En France, ces possibilités ne passent pas

13 Philippe Marguerat, *Banque et investissement industriel : Paribas, le pétrole roumain et la politique française, 1919–1939*, Neuchâtel, Université de Neuchâtel, Genève, Librairie Droz, 1987, p. 15.

14 Gheroghe Calcan, « La destruction de l'industrie pétrolière roumaine pendant la Première Guerre mondiale », dans Alain Beltran, *Le pétrole et la guerre*, Bruxelles, Bern, Berlin, Frankfurt, New York, Oxford, Wien, Enjeux internationaux, vol. 21, 2012, p. 21.

15 Marguerat, *op. cit.*, p. 13.

inaperçues ; un double intérêt se manifeste : intérêt de certains milieux d'affaires et intérêt du gouvernement »[16].

Ces nouvelles opportunités permettent à Paribas de prendre pied en Roumanie et Mercier est personnellement choisi pour y diriger deux projets précis. C'est d'abord l'acquisition de la Steaua romana en collaboration avec un groupe d'investisseurs anglais. Au sein de ce consortium franco-britannique, une société voit le jour pour représenter les intérêts de la banque, la « Steaua française ». C'est cette première compagnie que Mercier est appelé à présider. On lui confie aussi la gestion d'une autre acquisition récente : « l'Omnium international des pétroles ». En tant que président de ces sociétés, Mercier fait face à de nombreux problèmes. En 1919, l'industrie pétrolière roumaine souffre des dégradations engendrées par la guerre. Pour que le pétrole ne tombe pas aux mains des Allemands, de nombreux puits ont été sabotés par les Alliés. Une des premières tâches qui attend Mercier concerne donc la reconstruction de l'industrie roumaine et l'obtention de dédommagements de la part des gouvernements alliés qui s'y sont engagés durant la guerre. La présidence de ces sociétés place Mercier au cœur de nombreuses tractations internationales qui comprennent les gouvernements de la France, de l'Angleterre et de la Roumanie. Ces négociations impliquent des déplacements fréquents à Bucarest et à Londres. L'intérêt croissant des autorités françaises pour le pétrole roumain explique la multiplication de ces contacts. Pour des raisons stratégiques et économiques, la France entend favoriser l'implantation des capitaux français en Roumanie. Elle vise ainsi à restreindre l'influence allemande en Europe de l'Est et à couper l'Allemagne de tout approvisionnement en pétrole roumain.

Ce travail, il n'est donc pas surprenant que Mercier le mène en collaboration étroite avec les responsables de la diplomatie française. Ces contacts vont se multiplier tout au long de la période. Les exigences de la diplomatie française n'expliquent pas, à elles seules, ce développement. Le courant entre gouvernement et compagnies pétrolières françaises s'exerce dans les deux sens. Durant cette période, la Roumanie met en place différentes mesures qui visent un contrôle étroit du secteur pétrolier. Les charges fiscales que ce pays impose sur l'activité pétrolière sont jugées excessives par les industriels français qui y opèrent. Pour pallier la situation, Mercier est au chevet de la diplomatie française

---

[16] *Ibid.*

dont il réclame le soutien. Il s'agit aussi de mettre la main sur les terrains, potentiellement riches en pétrole que possède le gouvernement roumain. Or, en Roumanie, l'exploitation de ces terrains se heurte à une forte résistance nationaliste. Une grande partie de l'opinion publique considère qu'ils appartiennent au patrimoine national et refuse qu'ils soient cédés à des intérêts étrangers. Cette question est l'une des plus délicates de la politique intérieure roumaine durant l'entre-deux-guerres.

Cet intérêt du gouvernement français pour le pétrole est relativement nouveau. Avec la guerre, les considérations politiques qui entourent l'approvisionnement pétrolier gagnent en importance. Mercier est aux premières loges pour assister à ce changement de mentalité puisqu'il travaille au ministère du Ravitaillement suite à une blessure subie au front durant le conflit. C'est donc un homme parfaitement au courant des enjeux pétroliers qui finit par rejoindre ce secteur au lendemain de la guerre. Or, la France vit très mal sa dépendance à l'égard de ses alliés, autant pour la fourniture que pour le transport des produits pétroliers. La « mécanisation croissante des transports militaires et des engins de combat »[17] a révélé l'importance stratégique du pétrole. Dès lors, « on considère que l'indépendance nationale est affectée par toute solution de continuité dans l'approvisionnement de ce produit »[18]. Au lendemain de la guerre, les responsables français refusent donc un retour au *statu quo*. Le rôle de Mercier dans l'industrie pétrolière est inexorablement lié à ces considérations nouvelles.

Loin de se limiter à la Roumanie, Ernest Mercier est appelé à jouer un rôle encore plus important dans ce secteur ; il prend part à l'élaboration d'une politique pétrolière française. La création d'une compagnie nationale, capable d'assurer l'approvisionnement de la France, s'inscrit dans la volonté du gouvernement de s'émanciper de sa dépendance en combustible à l'égard de ses alliés. C'est précisément à cette fin qu'Ernest Mercier est choisi personnellement par le président Poincaré en 1923. Ses contacts divers, sa connaissance et son expérience des enjeux pétroliers, font de lui le candidat idéal pour mener à bien cette mission. Il est alors chargé de mettre sur pied un consortium rassemblant les quelques sociétés

---

17 Roberto Nayberg, « La politique française du pétrole à l'issue de la Première Guerre mondiale : perspectives et solutions », *Guerres mondiales et conflits contemporains*, n° 224, oct. 2006, p. 112.

18 *Ibid.*, « Qu'est-ce qu'un produit stratégique ? L'exemple du pétrole », *Défense nationale*, février 1997, p. 77.

pétrolières françaises en opération ainsi que les milieux financiers. La tâche n'est pas simple ; elle aboutira à la création de la CFP en 1924. Si l'initiative à l'origine de cette création semble venir de l'État français, la nouvelle compagnie est entièrement sous contrôle privé. Les premiers actionnaires comptent 16 banques, 17 importateurs et 33 exploitants[19]. Le gouvernement français a tout de même quelques revendications. Pour éviter que la compagnie ne passe sous contrôle étranger, il insiste sur le caractère national de son actionnariat. Une majorité des actionnaires devra être composée de citoyens français. Pour atteindre l'objectif qui lui est imparti, la compagnie se voit chargée de développer une production de pétrole indépendante. Dans un secteur économique difficile pour les nouveaux arrivants, le principal atout de la CFP est une participation de 25 % dans la Turkish Petroleum Company (TPC) ; une société qui détient une concession au Moyen-Orient. C'est le gouvernement français qui lui cède ces parts dont il est propriétaire depuis le traité de San Remo en 1920. En tant que premier président de cette compagnie, Mercier hérite d'une situation précaire et l'avenir de la compagnie est alors loin d'être assuré. Son succès passera par une restructuration complète du secteur pétrolier français.

Sur le plan international, Mercier doit aligner la politique française à celle des grands trusts du pétrole. « Entre la CFP et la TPC les relations sont difficiles durant les premières années ; si difficiles qu'à plusieurs reprises, la CFP engage une procédure judiciaire et que le Quai d'Orsay intervient officiellement pour défendre les droits de la société française »[20]. Ces problèmes commencent tôt dans l'histoire de la compagnie, car plusieurs points d'achoppement existent avec ses partenaires internationaux. Ils impliquent la protection de ses droits en tant qu'actionnaire minoritaire de la TPC, mais aussi le trajet des pipelines qui doivent acheminer le pétrole découvert en Iraq. Au travers de ces difficultés, les relations avec le gouvernement français demeurent étroites[21].

Mercier fait aussi face à des problèmes en France. Les actionnaires de la CFP refusent que celle-ci raffine le pétrole d'Iraq sur sol français. La création d'une industrie de raffinage entre directement en compétition avec les intérêts de plusieurs actionnaires importants. C'est l'obstruction

---

19 André Nouschi, *op. cit.*, p. 78.

20 *Ibid.*, p. 59.

21 *Ibid.*

de son propre conseil d'administration qui conduira Mercier à demander, une fois de plus, l'aide du gouvernement français. Pour surmonter cet obstacle, une nouvelle convention est rédigée. Celle-ci accorde une place à l'État au sein de la compagnie. Au terme d'un long marathon législatif, celui-ci finit par obtenir une participation représentant 35 % du capital et un droit de vote de 40 % par l'émission d'actions à voix multiples. Cette transformation de la CFP en société mixte permet la création d'une compagnie de raffinage, la Compagnie française de raffinage (CFR), dont la société mère détient 55 % des parts, l'État 10 % et le public le reste. Ces décisions permettent de briser le monopole du pétrole étranger raffiné en France. Elles sont le résultat d'un processus dont la lenteur fait perdre patience plus d'une fois à Mercier. L'adoption de cette nouvelle convention fait polémique en France. Président de la compagnie, Mercier est appelé à défendre ses positions dans l'arène parlementaire de 1930 à 1931. La ratification est finalement obtenue le 4 mars 1931.

Ce bref exposé n'offre qu'un avant-goût de l'ampleur des différents projets entrepris dans ce secteur par la France. De par sa position, Mercier se retrouve au cœur des relations, souvent contradictoires, entre sphères privée et publique. Ce rôle d'intermédiaire, il le joue à la fois en tant qu'acteur international et dans le cadre du développement d'une industrie pétrolière française au sens large. À la veille de la Deuxième Guerre mondiale, la CFP est responsable de la moitié des importations de pétrole brut en France. L'industrie française du raffinage, inexistante avant 1928, devient une industrie majeure ; elle est la quatrième au monde en 1939.

Comme nous l'avons suggéré au début de ce livre, l'importance de ces développements contraste avec nos connaissances sur le rôle joué par Ernest Mercier au cœur de cette industrie. Cette situation n'est peut-être pas exceptionnelle. Il a déjà été souligné que l'histoire du patronat français accuse un certain retard face à celle du monde ouvrier, de la paysannerie ou même par rapport à l'histoire des entreprises tout court[22]. Parmi les raisons qui expliquent une telle situation, il faut noter, comme l'a souligné Jean-Noël Jeanneney, que le travail de l'historien se heurte au caractère plus ou moins clos du milieu patronal. Le présent ouvrage vise, en partie, à réhabiliter la mémoire d'un patron largement oublié et incompris par les Français. Quelqu'un qui « n'a pas laissé son patronyme

22 Jeanneney, *op. cit.*, p. 33.

à une entreprise ou à une marque célèbre »[23]. L'héritage d'Ernest Mercier n'en est pas moins impressionnant ; il s'agit bel et bien d'une figure emblématique de la France du début du XXe siècle. Peu de membres du patronat ont cumulé autant de fonctions dans l'histoire française. Sa contribution, dans le domaine industriel en tout cas, fait certainement de lui l'un des membres les plus en vue du patronat français de cette période.

Comme la plupart de ses collègues qui ont occupé des fonctions à la direction des entreprises de cette époque, Mercier est issu du système des grandes écoles. Polytechnique avait alors clairement la vocation de former une élite. Il s'y crée durant le parcours universitaire de ses élèves un « esprit de corps », qui perdure après l'obtention du diplôme. Cette affirmation sonne particulièrement vraie au sujet d'un homme comme Ernest Mercier. Faut-il voir dans ce système la source d'une interprétation différente quant au rôle qu'est appelé à jouer le patronat au sein de la société française? Certains l'ont suggéré. Ce modèle aurait laissé transparaître une plus grande ouverture du patronat face au rôle économique de l'État. Quoi qu'il en soit, il semble clair que ce dernier « a accepté en toute connaissance de cause de former l'élite du secteur privé »[24]. Au lendemain de la Première Guerre mondiale, les polytechniciens, au nombre desquels figure Mercier, sont aux premières loges pour la reconstruction économique de la France[25]. La manière dont Mercier s'acquitte de ses fonctions dans le secteur qui nous intéresse confirme qu'il prenait cette tâche au sérieux. Il apparaît personnellement convaincu de servir l'intérêt national en permettant à la France d'obtenir les ressources qui lui font alors gravement défaut.

> Il est vrai que dans l'entre-deux-guerres toute une élite d'hommes d'affaires s'efforça de faire progresser, de concert avec quelques fonctionnaires inventifs et quelques intellectuels imaginatifs, les idées de l'économie « concertée ». Selon le vocabulaire de l'époque, elle impliquait, pour répondre aux nouveaux défis internationaux et permettre le progrès du bien-être, une extension des pouvoirs de l'État[26].

---

[23] Alain Beltran, « Ernest Mercier, 1878–1955 », dans *Dictionnaire historique des patrons français*, Flammarion, 2010, p. 468.

[24] Ezra N. Suleiman, *Les élites en France, grands corps et grandes écoles*, Paris, Seuil, 1976, p. 32.

[25] Pierre Miquel, *Les polytechniciens*, Paris, Plon, 1994, p. 369.

[26] Jeanneney, *L'argent caché…*, *op. cit.*, p. 58.

Ernest Mercier exprime bien ces aspirations. Il contraste avec l'intransigeance de beaucoup de ses contemporains à l'égard de l'intervention du gouvernement ; un développement qui s'accentue au courant de l'entre-deux-guerres. Mercier a longtemps été associé à un groupe de néocapitalistes qui admettent un interventionnisme étatique ciblé en faveur de l'intérêt national. Dans le secteur pétrolier, ces hommes sont tous des modernisateurs qui jugent cette industrie vitale pour le développement économique de la France[27].

La contribution personnelle d'Ernest Mercier est d'avoir su fédérer différents intérêts autour de sociétés méritant presque l'épithète de trusts. Ces regroupements se font sous les prémices que seules de puissantes entreprises peuvent faire face à la compétition sur la scène internationale. La comparaison avec le secteur électrique est éclairante à plusieurs égards. Mercier, très tôt convaincu du besoin de réorganiser l'industrie électrique dans la région de Paris, y supervise la rationalisation des systèmes existants. Le courant y est alors produit à des fréquences et des tensions diverses, ce qui rend impossible toute interconnexion entre les lignes. Cette réorganisation permet à Mercier de centraliser le pouvoir et l'influence du groupe Messine auquel il appartient. Dans ce secteur aussi, la tâche est loin d'être simple. Elle nécessite d'importants capitaux et implique de convaincre l'industrie d'acheter son courant d'une source unique. L'objectif est d'alimenter toute la région via plusieurs « super centres » utilisant une seule ligne haute tension. Mercier y peaufine sans aucun doute ses talents de négociateur. Dès 1919, il parvient à convaincre six producteurs de former une nouvelle compagnie, l'Union d'électricité, sous le contrôle du groupe Messine.

Mercier assiste à la création de la centrale de Gennevilliers au nord de Paris. C'est un projet d'ampleur puisqu'il s'agit de la station thermique la plus puissante au monde à cette époque, avec une capacité atteignant 400 MW. Ces innovations techniques permettent à Mercier d'acquérir une réputation internationale. Un système souterrain de 60 000 volts, en avance sur ceux de Londres et de New York, est construit pour connecter la nouvelle centrale aux différentes régions desservies. Au cours des années 1920, l'Union d'électricité s'étend dans les services d'utilité publique et ambitionne d'instaurer un monopole pour la distribution du gaz et de l'eau dans la région parisienne. Globalement, le processus

---

27 Kuisel, *op. cit.*, *Le capitalisme…*, p. 21.

de réorganisation que supervise Mercier est un succès. Les années 1930 voient le groupe Messine devenir l'entreprise électrique la plus puissante de France. Elle produit les deux tiers de l'énergie du complexe parisien et parvient à monopoliser la production et la distribution dans au moins dix départements du centre de la France.

Cette comparaison montre une tendance, dans les années 1920, vers la centralisation et la modernisation des entreprises. Le rôle fédérateur joué par Mercier au sein du groupe Messine en est un bon exemple. Ce processus témoigne aussi de l'intérêt croissant que prennent les responsables politiques français à l'égard du secteur de l'énergie. Les critiques fusent contre les prix trop élevés et les enquêtes comparatives sur les prix se succèdent par les pouvoirs publics[28]. Les sociétés électriques commencent à avoir mauvaise image alors que la pression publique s'accentue. Plusieurs manifestations auront même lieu devant le domicile d'Ernest Mercier à Paris[29]. Avec l'arrivée au pouvoir du Front populaire en 1936, la possibilité d'une nationalisation revient au premier plan. « Fallait-il laisser dans les mains de puissants trusts une ressource nationale indispensable? Fallait-il nationaliser tout ou partie de ce secteur stratégique? »[30]. Durant l'entre-deux-guerres, ces questions sont au cœur des débats et ce autant pour le secteur électrique que pour celui du pétrole.

Le thème des liens entre pouvoir politique et milieux financiers a longtemps intrigué et passionné les historiens. Si cette question a fait couler beaucoup d'encre dans le passé, le débat est aujourd'hui loin d'être clôt. Qui a le dernier mot? Dans le cadre national français, des historiens comme Jean Noël Jeanneney ont entrepris de relever le défi[31]. La question soulevée est complexe. La tâche de l'historien va plus loin que de « compter les coups entre deux antagonistes, l'économique et le politique, puis à faire les totaux respectifs et à accorder la victoire à celui qui a le plus de points »[32]. L'histoire des relations internationales,

---

28 Alain Beltran, *La ville lumière et la fée électricité. L'énergie électrique dans la région parisienne: service public et entreprises privées*, Paris, Éditions Rive Droite, 2002, p. 557.

29 *Ibid.*, p. 563.

30 *Ibid.*, p. 601.

31 Jean-Noël Jeanneney, *François de Wendel en République. L'argent et le pouvoir, 1914–1940*, Paris, Seuil, 1976 et Jeanneney, *L'argent caché…, op. cit.*

32 Jacques Thobie, *Intérêts et Impérialisme français dans l'Empire ottoman: 1895–1914*, Paris, Publications de la Sorbonne, 1977, p. 203.

renouvelée par Pierre Renouvin durant la deuxième moitié du XXe siècle, s'est saisie de la question. Celle-ci s'est alors complexifiée par l'étude de la dimension internationale. Il s'agit toujours de comprendre les interactions entre la sphère politique et économique, mais cette fois à une tout autre échelle. Ce réajustement a engendré de nouveaux débats. Apparaît alors la question de l'impérialisme. Celui-ci est-il politique ou économique? Une collaboration sincère des intérêts financiers et politiques est-elle possible ou l'un utilise-t-il l'autre? « L'idée fondamentale de Renouvin étant en la matière qu'il fallait surtout se garder d'une réponse simplificatrice et que l'étude au cas par cas était le principe rationnel de toute recherche scientifique »[33].

L'histoire des relations internationales a largement contribué à faire avancer ce débat. Renouvin est un des premiers à aborder la question. Il le fait dans un contexte particulier, celui d'une réplique aux historiens marxistes. Le marxisme apporte une réponse nette, déjà formulée par Lénine dans *L'impérialisme stade suprême du capitalisme*[34]. Celui-ci subordonne clairement l'État aux forces économiques. Renouvin rétorque qu'il existe beaucoup de cas où les intérêts économiques ne jouent aucun rôle dans les décisions politiques[35]. Ce faisant, il affirme une certaine primauté du politique sur l'économie ; même s'il prône l'étude au cas par cas. Disciple de Renouvin, Duroselle a été un des premiers à insister sur le fait que les rapports entre diplomates et financiers ne cessent de changer[36]. Cette réflexion met de l'avant le fait que la nature de ces rapports n'obéit à aucune loi unique. Une tendance plus récente admet toutefois que, pour la période contemporaine, les problèmes économiques et financiers ont pris de plus en plus de poids, l'accès aux archives bancaires et d'entreprises ayant permis d'adopter une conception plus réaliste[37].

> L'attitude qui consiste à présenter le politique et l'économique comme deux acteurs se donnant la réplique sur le même plateau, présuppose une vision de l'histoire qui accorde au politique une réalité au moins égale à celle

---

33 René Girault, « Présentation. De Renouvin à Renouvin », présentation à la réédition de Pierre Renouvin, *Histoire des relations internationales*, Paris, Hachette, 1994, p. xvii.

34 *Ibid.*

35 *Ibid.*

36 Jean-Baptiste Duroselle, *Tout Empire périra. Théorie des relations internationales*, Paris, Publications de la Sorbonne, 1981, p. 87.

37 Thobie, *op. cit.*, p. 203.

consentie à l'économique. Or, la pratique des archives, à la fois d'origine politique et économique, nous confirme dans la conviction qu'il convient de ne pas, en ce domaine, confondre l'apparence et la réalité[38].

Il existe en effet une tendance affirmant la prédominance du politique parce qu'il comprend le secteur de l'économie. Les historiens qui se sont penchés sur ces rapports à l'échelle internationale sont nombreux[39]. L'apport de l'histoire des relations internationales à ce débat a été fructueux. Il a permis d'avancer une méthodologie rigoureuse, celle des « forces profondes », et de bien comprendre le rôle des acteurs internationaux. Ce livre en a largement bénéficié et s'insère au sein de ce débat dont les implications sont importantes. Au sens large, c'est la solidité des institutions démocratiques qui est en jeu. Plus précisément, dans le cadre de cette analyse du rôle de Mercier, c'est toute la question de l'influence de l'État dans un secteur clé de l'économie, celui de l'énergie, qui est posée. Certaines sociétés privées ont un pouvoir propre en matière de politique internationale. Renouvin et Duroselle reconnaissent déjà l'importance accordée au pétrole. Les sociétés pétrolières sont « étroitement mêlées à la vie politique, où elles font figure de puissances. C'est à ce titre que leur activité mérite de retenir l'attention, dans l'histoire des relations internationales »[40].

Ce débat sur les liens entre économie et politique a largement influencé l'écriture de ce livre dans un contexte où l'État est devenu un acteur incontournable de l'histoire du pétrole. Un produit dont l'importance stratégique finit par dépasser les considérations strictement économiques[41]. Compte tenu de ces changements, la position d'intermédiaire qu'occupe Ernest Mercier est tout à fait exceptionnelle. L'historiographie s'avère toutefois lacunaire quant à son rôle en tant qu'intermédiaire ; ou même quant à son rôle tout court dans cette industrie. L'ampleur de ces activités a certainement contribué au fait qu'il n'existe pas, à ce jour, une analyse satisfaisante de ce rôle à la tête du secteur pétrolier.

---

38 *Ibid.*

39 Pour n'en nommer que quelques-uns: René Girault, Samir Saul, Jacques Thobie, Éric Bussière, etc.

40 Pierre Renouvin, Jean-Baptiste Duroselle, *Introduction à l'histoire des relations internationales*, Paris, 1964, p. 82.

41 Roberto Nayberg, « Qu'est-ce qu'un produit stratégique ? L'exemple du pétrole », *Défense nationale*, février 1997, p. 77.

Cela dit, d'importantes contributions ont permis de renouveler l'histoire pétrolière de la France depuis les années 1970. Elles ont profité de l'ouverture des archives d'entreprises aux chercheurs. André Nouschi, par exemple, a été l'un des premiers à accéder aux fonds de la société pétrolière Total. Ils lui ont permis de retracer les interactions de la compagnie avec l'État français, à la fois lors de sa constitution et dans le cadre de ses activités internationales. Ses travaux s'intègrent dans ce débat, plus large, des liens existants entre sphère économique et politique[42]. Son analyse des enjeux touche les luttes pétrolières au Proche-Orient[43], la position des socialistes face à la politique pétrolière française[44], la question des transports[45] et les négociations internationales[46]. Peu d'auteurs ont abordé de manière aussi précise la politique pétrolière française durant l'entre-deux-guerres. Cet apport a permis de soulever d'importantes questions au sujet des relations qu'entretient alors la CFP avec le gouvernement français. Les conclusions d'André Nouschi tendent à justifier l'intervention de l'État dans le secteur pétrolier.

Cet ouvrage a bénéficié de nombreuses autres contributions, mais mention doit être faite des travaux de Roberto Nayberg. Celui-ci a étudié de manière exhaustive la politique pétrolière française du point de vue de la Défense nationale. Les militaires sont alors particulièrement intéressés à la question du pétrole. Nayberg, dans sa thèse de doctorat[47], retrace avec brio l'intérêt nouveau que développent alors les forces armées françaises pour ce produit. Grâce aux archives militaires, Nayberg souligne le poids de la Défense nationale dans les décisions prises par l'État français au sujet du pétrole. Les militaires établiront très tôt un programme succinct de mesures à suivre pour l'adoption d'une politique pétrolière nationale. L'orientation des travaux ne satisfait jamais complètement les militaires, pour qui la rentabilité financière est moins importante que la sécurité

[42] Nouschi, *op. cit., La France…*

[43] André Nouschi, *Luttes pétrolières au Proche-Orient*, Paris, Flammarion, 1970.

[44] André Nouschi, « Léon Blum, les socialistes et la politique pétrolière française », *Cahier Léon Blum*, n° 9, mai, 1981, p. 1–65.

[45] André Nouschi, « Pipe-lines et politique au Proche-Orient dans les années 1930 », *Relations internationales*, n° 19, automne, 1979, p. 279–294.

[46] André Nouschi, « L'État français et les pétroliers anglo-saxons : la naissance de la Compagnie française des pétroles (1923–1924) », *Relations internationales*, 1976, p. 245–246.

[47] Roberto Nayberg, *op. cit., La question…*

nationale. « Il y avait une contradiction flagrante entre ces deux manières d'aborder les problèmes »[48]. Cette thèse retrace ainsi les prémices de la politique énergétique française. Elle conclut « que les considérations de Défense nationale furent à l'origine même des lois pétrolières de mars 1928, et donc de la création d'une industrie du raffinage en France »[49].

L'ouvrage plus récent de Jean-Marie Bouguen a permis de cerner les débats qui font rage durant cette période entre interventionnisme et libéralisme depuis la fin de la guerre jusqu'à la création de la CFP[50]. L'auteur y détaille les stratégies d'influence des principaux intervenants et met en avant le rôle fédérateur exercé par l'État dans ce secteur. Cette analyse montre toute l'influence qu'exercent alors les Américains sur les milieux politiques français. Avec l'aide de Paribas, ces derniers prônent la liberté de marché et visent à contrecarrer tout projet de monopole d'État en France. Bouguen montre que l'adoption d'une politique pétrolière divise profondément l'Hémicycle. Les élus repousseront projet après projet, onze vont se succéder sans compter les rapports. Si les deux camps s'entendent sur la nécessité d'élaborer une politique pétrolière nationale, ils sont loin de tomber d'accord sur la nature de celle-ci. Pour Jean-Marie Bouguen, la CFP est née d'un mariage de raison. « En 1924, il n'y a ni gagnant ni perdant : le bras de fer continue »[51]. Cet ouvrage met en lumière le contexte économique et politique à la veille de la création de la CFP.

L'histoire pétrolière roumaine est restée secondaire dans l'historiographie, et ce malgré de lourds investissements de la part des principales banques françaises après la guerre. L'ouvrage de Philippe Marguerat sur les investissements industriels de Paribas en Roumanie est une référence à ce sujet[52]. Celui-ci expose la manière dont la banque a conçu et géré ses participations pétrolières. Il y détaille les différents problèmes qu'ont rencontrés les capitaux français dans ce pays. C'est l'un des rares ouvrages à faire le lien entre la Roumanie et la naissance d'une politique pétrolière nationale en France. Il contribue ainsi à cerner le travail de Mercier et les questions délicates qui en découlent. Questions

---

48 *Ibid.*, p. 502.

49 *Ibid.*, p. 551.

50 Bouguen, *op. cit.*

51 *Ibid.*, p. 139.

52 Marguerat, *op. cit.*

délicates parce que celui-ci représente Paribas en Roumanie et dirige au même moment une société en France dont les objectifs ne plaisent pas particulièrement à la banque.

> De tels liens créent des possibilités d'influence pour le groupe Paribas. Il ne faudrait évidemment pas voir en Mercier et en Mény (administrateur délégué) de simples pantins actionnés par la banque. Mercier s'efforce de jouer loyalement le jeu de la CFP ; mais il est soumis à une forte pression de la part de ses amis banquiers et ne peut faire complètement abstraction de leurs intérêts[53].

Le rôle central exercé par Paribas dans le secteur pétrolier a été abordé dans un ouvrage d'Éric Bussière[54]. Cette monographie s'avère essentielle pour quiconque cherche à comprendre le fonctionnement et les visées générales de la banque. Le même auteur est aussi à l'origine d'une biographie sur le directeur général de la banque : Horace Finaly[55]. Bussière y aborde la nature des liens qui existent entre Finaly et Mercier. On lui doit diverses études sur les intérêts bancaires de la France en Roumanie[56]. Elles mettent en lumière la compétition existante entre la Banque de Paris et des Pays-Bas et la Banque de l'union parisienne. Cette concurrence se déploie en Roumanie, mais aussi au sein de la CFP. L'action des deux banques est replacée au sein d'un réseau d'alliance et d'influence relié aux grands trusts pétroliers. Alors que Paribas entretient des liens étroits avec la Standard, la Banque de l'union parisienne s'est rapprochée de la Royal Dutch Shell. L'étude de ces querelles est centrale pour comprendre le rôle joué par Mercier.

Lorsqu'il s'agit des relations houleuses qu'entretiennent les grands trusts du pétrole avec le gouvernement français, l'ouvrage de Gregory Nowell est une véritable révélation[57]. Les stratégies de ces géants

---

53 *Ibid.*, p. 112.

54 Éric Bussière, *Paribas, 1872–1992 : l'Europe et le monde*, Anvers, Fonds Mercator, 1992.

55 Éric Bussière, *Horace Finaly, Banquier. 1871–1945*, Paris, Fayard 1996.

56 Voir Éric Bussière, « La Banque de l'union parisienne et l'existence d'un courant national dans les milieux pétroliers français dans l'Entre-deux-guerres », *Relations internationales*, 1985, p. 313–314 et Éric Bussière, « La France et les affaires pétrolières au lendemain de la Première Guerre mondiale : La politique des groupes financiers à travers celle de la Banque de l'union parisienne », *Histoire, économie et société*, vol. 1, n° 2, 1982, p. 313–328.

57 Gregory Nowell, *Mercantile States and the world oil cartel 1900–1939*, Cornell University Press, Ithaca, London, 1994.

industriels et leur impact en France sont mis à nu. Cette analyse permet de replacer la carrière de Mercier dans un cadre beaucoup plus large, celui des opérations pétrolières internationales.

À ce jour, il n'existe qu'une biographie d'Ernest Mercier écrite par Richard Kuisel en 1967[58]. Pour écrire ce court ouvrage, Kuisel a pu rencontrer la veuve d'Ernest Mercier et plusieurs de ses collègues. Il écrit toutefois à une époque où les archives d'entreprises pertinentes ne sont pas ouvertes aux chercheurs. Faute de documentation, l'espace alloué aux activités de Mercier dans l'industrie pétrolière ne dépasse pas une trentaine de pages. Ce fait contraste avec une carrière dans ce secteur qui s'étend sur plus de vingt ans. Sans cet accès aux archives d'entreprise, Richard Kuisel cerne le caractère et les idées de celui qu'il définit comme un « technocrate ». Il en ressort un portrait fascinant, mais forcément incomplet. Cette analyse replace Mercier au sein de la doctrine technocratique moderne, telle qu'inspirée par le comte de Saint-Simon. Une idéologie qui prône la réorganisation de la société. Celle-ci soutient que l'avancement technologique doit conduire à des changements sociaux-économiques établis grâce à l'élévation d'experts aux postes gouvernementaux[59]. Selon Kuisel, Mercier est le prototype de cette nouvelle classe infuse des valeurs d'efficacité, de productivité et d'expertise[60].

Sans accès aux archives d'entreprises, Kuisel s'appuie sur les documents que conserve la famille Mercier et qui sont aujourd'hui disponibles aux Archives nationales du monde du travail à Roubaix. Il utilise aussi les carnets du Redressement français, un groupement politique présidé par Mercier qui prône la mise en application des valeurs technocratiques. Pour celui-ci, la population ne possède pas le niveau de préparation qu'exigent les responsabilités associées à une gouvernance efficace de la République. Les masses n'ont ni la formation intellectuelle ni l'autorité morale que celle-ci requiert[61]. L'élite, que Mercier cherche à rassembler au sein de ce mouvement politique, est apte à se consacrer sans réserve au bien de la nation. Contrairement aux masses, celle-ci possède toutes les caractéristiques requises à la direction du pays[62]. Cette nouvelle classe

58 Kuisel, *op. cit.*

59 *Ibid.*, p. viii-ix.

60 *Ibid.*

61 *Ibid.*, p. 48.

62 *Ibid.*

de dirigeant, Mercier la recrute dans toutes les catégories sociales, mais il s'appuie avant tout sur la communauté des hommes d'affaires. Cette élite est le produit de la « sélection naturelle »[63]. La biographie écrite par Richard Kuisel n'aborde donc que partiellement le rôle de Mercier dans le secteur pétrolier. Elle met de l'avant ses idées politiques et permet de cerner sa mentalité en tant qu'acteur des relations internationales et dirigeant de société.

Malgré l'intérêt des historiens pour l'histoire pétrolière française, quiconque s'intéresse à cette carrière découvrira assez rapidement plusieurs points d'ombre. Ce livre a été l'occasion d'apporter un nouvel éclairage grâce à de nouvelles sources d'information. Notons ici quelques questions qui ont motivé l'écriture de cet ouvrage. On se souviendra notamment des activités exercées par Mercier en Roumanie pour le compte de Paribas. Or, cette même banque ne voit pas d'un bon œil le développement de la Compagnie française des pétroles. Cette position l'a conduit à y jouer le rôle d'un « actionnaire négatif ». Paribas ne cherche donc pas à la développer, mais à en contrôler la destinée en fonction de ses autres intérêts (roumains). C'est une action de freinage ou un « investissement de blocage »[64]. Comment donc Mercier a-t-il pu concilier les intérêts de cette banque avec ceux de l'État français au nom duquel il est chargé de mener une politique nationale?

La pertinence de ce questionnement évolue avec la compagnie elle-même. À ses débuts, l'influence exercée par la banque sur son développement est maximale. Les tensions entre le gouvernement et les intérêts privés sont alors exacerbées. En tant qu'arbitre, comment Mercier est-il parvenu à concilier ces intérêts? A-t-il pris parti ou a-t-il su maintenir la neutralité qu'exigeait son poste? Ces problèmes ne se règlent pas avec la création de la compagnie. En octobre 1927, un puits de pétrole entre en éruption à Baba Gurgur en Iraq et vient confirmer la valeur de la société. Mercier s'attend alors à la création d'une industrie de raffinage. Face à l'opposition de son propre conseil, il doit se tourner vers le gouvernement pour briser le *statu quo*. Il reste à comprendre comment Mercier a pu manœuvrer pour permettre à l'État de revenir dans le jeu pétrolier et devenir le premier actionnaire de la CFP[65]. Quel est l'impact

---

63 *Ibid.*

64 Marguerat, *op. cit.*, p. 18.

65 Jean-Marie Bouguen soulève déjà la question dans son ouvrage.

de ce retour en force sur la compagnie et sur les relations au sein du conseil d'administration?

Certaines questions sont d'une nature plus personnelle. C'est le rôle individuel de Mercier en tant qu'acteur des relations internationales qu'il s'agit de retracer. Les intérêts des sociétés pétrolières sont, par nature, à cheval sur plusieurs frontières. Quelles formes ont pris ces contacts entretenus à l'étranger? Quel genre d'administrateur de société fut Mercier? Que révèle sa gestion des différentes sociétés pétrolières de ses idées personnelles?

Les rapports entretenus par Mercier avec le gouvernement français doivent être replacés dans un cadre plus général. Jean-Baptiste Duroselle a résumé avec acuité les tendances que ces relations peuvent prendre. « Ce que voudraient les financiers, c'est que les diplomates les aident lorsqu'ils le demandent, mais ne tentent pas de leur imposer des investissements ou des prêts risqués et peu profitables, pour des finalités nationales ou politiques qui ne sont pas les leurs »[66]. Dans quelle mesure Mercier utilise-t-il le gouvernement français? Quelles sont les véritables motivations derrière ses multiples recours à l'État? Disons-le, cette carrière est indissociable des liens tissés avec les milieux politiques.

C'est tout l'intérêt d'étudier le pétrole. Les enjeux de cette carrière sont centraux ; le travail attendu n'est rien de moins que d'assurer « la capacité de la France à faire entendre sa voix dans le concert des nations, sans que sa liberté de parler et d'agir soit contrainte par une limitation de son autonomie en matière pétrolière »[67]. Notre approche permet à la fois d'étudier un secteur clé de l'économie française et le grand patronat à travers l'un de ses membres les plus en vue. Une combinaison d'archives publiques et privées a rendu ce travail possible. Du côté public, elles incluent celles de la Défense et des Affaires étrangères. Seules, elles sont lacunaires pour les informations économiques et financières. « Il manque aux informateurs gouvernementaux d'être au courant de l'arrière-plan des opérations entreprises ; on ne fait appel à eux que dans les cas délicats, soit lorsqu'une opération n'a pas réussi comme prévu, soit lorsqu'on veut empêcher un concurrent de la faire. Diplomatiquement,

---

[66] Duroselle, *op. cit.*, p. 85.

[67] Roberto Nayberg, « La politique française du pétrole à l'issue de la Première Guerre mondiale : perspectives et solutions », *Guerres mondiales et conflits contemporains*, n° 224, oct. 2006, p. 112.

les affaires économiques sont traitées à chaud »[68]. Les archives publiques sont nuancées grâce à plusieurs fonds privés, ceux de Paribas, de Total et des sociétés pétrolières roumaines. Finalement, le Centre des archives du monde du travail conserve plusieurs dossiers personnels sur Mercier et les archives de l'École Polytechnique détiennent son dossier étudiant. Une analyse de la presse générale et spécialisée de l'entre-deux-guerres complète cette recherche.

D'un point de vue méthodologique, écrire une histoire du pétrole est complexe. Il faut étudier le produit lui-même, les entreprises, l'action de l'État, les relations internationales, le contexte économique et les principaux acteurs[69]. Ce livre se situe donc au carrefour de plusieurs pratiques. Il ne s'agit pas d'une biographie, mais bien de l'analyse d'une carrière opérée dans un secteur stratégique. Ces considérations font en sorte qu'étudier le pétrole c'est aussi étudier, directement ou indirectement, l'intervention de l'État. « La prise de conscience par les gouvernements du caractère stratégique des produits pétroliers les avait contraints d'entrer en lice pour assurer l'approvisionnement de leurs pays »[70]. Afin d'étudier un cadre aussi vaste et complexe, nous avons bénéficié de la méthodologie introduite par Pierre Renouvin. Elle prône l'analyse des « forces profondes » et du rôle des acteurs internationaux. Par *force* on entend « tout ce qui, en dehors de l'homme d'État, impose ou pourrait imposer des orientations ou des limites à son action »[71]. C'est la conception majeure de Renouvin et Duroselle: « il n'existe pas d'explication des événements unique, voire même dominante ; c'est dans un jeu complexe de causalités diverses qu'il faut chercher les raisons des choix faits par les hommes »[72]. Ces « forces profondes » agissent de concert, elles ne « causent pas toujours l'action, elles la conditionnent ; l'action doit en

---

68 René Girault, « Finances internationales et relations internationales », *Revue d'histoire moderne et contemporaine*, t. 13, n° 3, jul-sep., 1954, p. 217.

69 Nouschi, *op. cit, La France...*, p. 9–10.

70 Nayberg, *op. cit.*, p. 491.

71 *Ibid.*, p. 6.

72 René Girault, « Présentation. De Renouvin à Renouvin », présentation à la réédition de Pierre Renouvin, *Histoire des relations internationales*, Paris, Hachette, 1994, p. viii.

tenir compte et se dérouler en fonction d'elles »[73]. On peut classer celles-ci en deux catégories principales. Les forces « matérielles » comprennent, entre autres, la géographie, la démographie, les forces économiques et financières. Les forces « spirituelles » comprennent l'étude des mentalités collectives, idéologies et religions.

L'influence des « forces profondes » sur la conduite des relations internationales pose le problème du rôle des acteurs internationaux. Il s'agit de ce que les politologues nomment communément le *decision making*. Duroselle l'étudie en profondeur dans son ouvrage *Tout Empire périra. Théorie des relations internationales*. Pour lui, le décideur tient compte des « forces profondes », mais selon la vue subjective qu'il s'est formé[74]. Celles-ci sont « présentées comme si complexes, précisément, comme enchevêtrées, multiples, contradictoires, se contrariant tellement les unes les autres que le décideur retirerait une grande marge de manœuvre et une large liberté de choix »[75]. L'outillage analytique fourni par les « forces profondes » ne réduit donc pas les acteurs des relations internationales à la passivité. « L'explication de l'action sourde des forces collectives n'exclut pas celle du rôle des individus »[76]. L'analyse des *forces* doit « permettre de réintroduire en bonne place le jeu des véritables acteurs dans les relations internationales »[77]. L'historien replace les personnalités agissantes « dans leur milieu, soumis lui-même à des contraintes géographiques, économiques, culturelles »[78].

La démarche de l'histoire des relations internationales offre donc un cadre d'analyse particulièrement adapté à l'étude du pétrole. Les sociétés pétrolières sont très tôt appelées à opérer à l'extérieur des frontières nationales, c'est une de leurs caractéristiques. Renouvin et Duroselle abordent eux-mêmes la question du pétrole dans leur ouvrage

---

73 Robert Frank, « Penser la complexité: l'histoire des relations internationales », dans Yves Beauvois et Cécile Blondel, *Qu'est-ce qu'on ne sait pas en histoire?*, Villeneuve d'Ascq, Presses universitaires du Septentrion, 1998, p. 108.

74 Jean-Baptiste Duroselle, *Tout Empire périra. Théorie des relations internationales*, Paris, Publications de la Sorbonne, 1981, p. 152.

75 Frank, *loc. cit.*, « Penser la complexité… », p. 108.

76 *Ibid.*, p. 104.

77 Marcel Merle, *Les acteurs dans les relations internationales*, Paris, Economica, 1986, p. 5.

78 Girault, *loc. cit.*, « Présentation… », p. xvi.

Introduction à l'histoire des relations internationales. Ils reconnaissent l'importance nouvelle accordée à ce produit. Les sociétés pétrolières sont « étroitement mêlées à la vie politique, où elles font figure de puissances. C'est à ce titre que leur activité mérite de retenir l'attention, dans l'histoire des relations internationales »[79]. Plus que le fer ou le charbon, c'est le pétrole, au début du XXe siècle « qui commence à provoquer dans les relations internationales, d'âpres difficultés. La conclusion des contrats de concessions pour l'exploration et pour l'exploitation amène les compagnies pétrolières à faire pression sur les gouvernements locaux, dans les régions du monde qui possèdent ou paraissent posséder des gisements »[80]. L'importance nouvelle de ce produit conduit fréquemment les gouvernements à coopérer avec les sociétés pétrolières. Il n'est pas exagéré de dire que « la hantise du pétrole occupe le cauchemar des chancelleries. Il ne suffit pas de proclamer que le pétrole est Roi ; il convient d'ajouter qu'il fut et reste diplomate: son rôle guide les convoitises »[81].

C'est autour de ces considérations, dans une France et un monde en profonds changements, que s'articule cette carrière à la tête d'une industrie pétrolière nationale. Plus que toute autre ressource, le pétrole promet alors de transgresser les limites du possible. Porteur d'espérances nouvelles, les hydrocarbures sont moteur et symbole d'une modernisation dont l'Hexagone ne saurait se passer. La compétition économique entre les nations reprend alors de plus belle et le pétrole y joue un rôle qu'il serait difficile de négliger. Les rapports de domination entre les pays pour le contrôle des ressources existent déjà, mais le pétrole accentue et cautionne l'impérialisme économique des grandes puissances. Carburant de la croissance, l'or noir est tout aussi indispensable aux forces armées. Les espoirs des uns sont aisément écrasés par les chars, avions et navires déployés pour garantir son approvisionnement. Que faire du droit des peuples à disposer d'eux-mêmes, face à la froide logique mercantile des États ? La diplomatie se tient désormais au chevet des pétroliers. Dans cet univers du pétrole, les frontières entre le national et l'international se brouillent. Acteur clé de cette histoire, Ernest Mercier

---

79 Pierre Renouvin, Jean-Baptiste Duroselle, *Introduction à l'histoire des relations internationales*, Paris, 1964, p. 82.

80 *Ibid.*, p. 81.

81 Edgar Faure, *Le pétrole dans la paix et dans la guerre*, Bibliothèque d'histoire politique, militaire et navale, Éditions de la NRC, 1939, p. 7.

est au cœur de cette lutte d'influence dont les enjeux et les proportions échappent à toute comparaison. À la tête de cette industrie, celui-ci ébauche une réplique bien française aux défis industriels de son époque. En sa personne, la France trouve un représentant intéressé et dévoué à son indépendance.

Chapitre 1.

Formation et débuts dans l'industrie pétrolière

1. Les années de formation

Ernest Mercier est né le 5 février 1878 à Constantine en Algérie. Son grand-père, d'origine franc-comtoise, s'est installé en Algérie en 1854. Son père, qui se nomme aussi Ernest Mercier, a connu la dure existence des premiers colons. Historien, il écrit l'histoire de l'Algérie depuis les temps les plus reculés jusqu'à son époque et est l'auteur d'une soixantaine de publications. Mercier père se lance aussi en politique et est élu maire de Constantine à trois reprises[82]. Il épousera Marine-Jeanne-Ernestine de Styx dont Mercier fils est le troisième né d'une famille de cinq enfants. Très tôt, on lui découvre d'importants talents en dessin. Son frère Maurice comparera ses croquis à des œuvres de Claude Gelée ou de Fragonard. Mercier développe aussi des talents littéraires, il adore le grec et la poésie homérique. Il gardera pendant longtemps une édition de l'Iliade et de l'Odyssée sur sa table de travail. Dès son jeune âge, il se distingue lors de son parcours scolaire et gagne le prix de Physique au Concours général entre tous les élèves de mathématiques spéciales de France. Tout au long de sa jeunesse, Mercier est fasciné par la mer et rêve de faire une carrière dans la marine. On lui fait alors comprendre que le passage par le système des grandes écoles s'impose pour l'atteinte de ses ambitions[83]. En 1897, l'excellence de son parcours académique lui permet d'être reçu à Polytechnique à l'âge de 19 ans. À sa sortie de cette école, il choisit le génie maritime. Ce secteur offre d'importantes opportunités avec la modernisation des techniques de navigation et la création d'une

---

82 Archives nationales du monde du travail, 98 AQ 1, notice biographique, p. 1.

83 Kuisel, *op. cit.*, *Ernest…*, p. 3.

flotte de navires de guerre par la IIIe République qui accompagne un mouvement d'expansion outre-mer[84].

Polytechnique est une expérience marquante pour Mercier. Il en ressort convaincu de faire partie d'une élite, un résultat qu'il faut associé à une démarche volontaire du gouvernement français. Avec le système des grandes écoles, on peut dire que la France pratique un certain élitisme démocratique. « Parmi les sociétés du monde occidental, c'est la France qui possède les mécanismes de formation des élites les plus élaborés »[85]. Ce système d'éducation génère un sentiment « d'esprit de corps » chez ses élèves. La position qu'occupe Polytechnique est prééminente, car elle fournit aux principaux corps ses meilleurs élèves. « Il est certain que l'École polytechnique a toujours considéré que sa première mission consistait à former l'élite de France »[86]. Mercier en est bien conscient. Il s'entourera, durant sa carrière, de ses camarades issus de la même école. Ces mêmes collègues diront de lui qu'il est doté d'une intelligence claire, doublée d'une inlassable énergie qui lui permet de surmonter toutes les difficultés.

La compétition entre les étudiants est une spécificité importante de ce parcours scolaire « puisque la carrière dépendait du rang de sortie »[87]. Or Mercier se classe très bien, il termine treizième à sa sortie de l'école et il est le quatrième dans sa série[88]. Le système des grandes écoles et la tâche confiée à des établissements comme Polytechnique ont des conséquences importantes sur les relations entre l'État et le secteur privé. Louis Loucheur, figure politique emblématique de cette période, estimait que le rôle des polytechniciens était de « tenir solidement en main la machine économique, de s'infiltrer dans les industries modernes et d'assurer, par une politique de concertation entre l'industrie et les pouvoirs publics, la paix sociale »[89]. Ces considérations sont, nous le verrons, chères à Mercier.

À sa sortie de Polytechnique, celui-ci passe à l'École d'application et à l'Arsenal de Toulon. En 1904–1905, il suit les cours de l'École supérieure d'électricité. C'est lors d'un séjour à Paris pour ses études, en 1906, que

---

84 Miquel, *op. cit.*, p. 381.
85 Suleiman, *op. cit.*, p. 25.
86 *Ibid.*, p. 139.
87 *Ibid.*, p. 98.
88 Archives Polytechnique, Art X. Sect. 1.
89 Miquel, *op. cit.*, p. 486.

Mercier rencontre Madeleine Tassin, fille du sénateur Pierre Tassin, qu'il va épouser. Ce contact lui est précieux et lui permet de s'introduire dans les salons politiques de la IIIe République. Il aura quatre enfants issus de ce mariage, Robert, Christiane, Pierre et Francette. Toujours en 1906, Mercier est affecté à la Direction centrale des constructions navales. Il y est chargé, de 1907 à 1909, des études et essais relatifs à la modernisation du matériel de radiotélégraphie. Ambitieux, il est promu ingénieur en chef du Génie maritime en 1909. Il participe alors à l'électrification de l'Arsenal de Toulon et dirige la construction d'une centrale thermique autonome. En 1912, il démissionne de la marine pour rejoindre l'industrie privée suite à une offre d'Albert Petsche. Ce dernier est un des hommes les plus puissants du secteur émergent de l'industrie électrique. Cette association entre les deux hommes se transforme rapidement en amitié personnelle ; elle permet à Mercier de monter au sommet du monde des affaires. C'est aussi dans le cadre de ses activités électriques qu'il rencontre Louis Loucheur, un contact appelé à jouer un rôle clé en faveur de son ascension.

Mercier est mobilisé en août 1914 après le début de la Première Guerre mondiale et est affecté au port de Toulon comme Ingénieur de première classe[90]. Il rejoint les rangs des nombreux polytechniciens qui ont participé à la guerre. Cette participation leur vaut une solide réputation de patriotisme durant l'entre-deux-guerres. « La République considérait l'École comme une de ses pépinières d'officiers »[91]. Peu après sa mobilisation, Mercier est envoyé au Monténégro où il participe à la maintenance de navires. En janvier 1915, il est cité à l'ordre de l'Armée et fait Chevalier de la Légion d'honneur. En mars, on l'envoie à Sébastopol par la Serbie et la Bulgarie. Il est enfermé 48 heures à Sofia par les autorités bulgares avant d'être libéré. En avril, il est de retour à l'ouest, affecté aux canonnières fluviales à Furnes en Belgique. L'armée souligne alors sa contribution en le nommant Officier de la Légion d'honneur. Mercier prend part à l'expédition des Dardanelles au cours de laquelle il est blessé à la jambe gauche durant le mois de juillet 1915. De là, Mercier rejoint Salonique et contribue à l'organisation de l'artillerie lourde de l'Armée française. Il est rapatrié en avril 1916 et affecté à la direction centrale des constructions navales. En septembre 1916, il est envoyé en Roumanie avec le rang de colonel comme adjoint au Marquis de Belloy,

---

90 Archives du Service historique de la Défense (SHD), MV CC 7 4e MODERNE 3318.

91 Miquel, *op. cit.*, p. 372.

attaché naval à Bucarest. On le nomme alors chef de mission pour la mise en place sur le Danube de la flotte roumaine opérant contre la Bulgarie et l'Autriche-Hongrie. C'est au cours de ses campagnes de Roumanie que Mercier prend connaissance des enjeux pétroliers[92]. Il est blessé lors d'une offensive du général Mackenzen alors qu'il tente une courageuse contre-attaque le 24 novembre 1916 près de Zimnicea[93]. On l'évacue alors pour être soigné vers Jassy où s'est replié le gouvernement roumain. Alors qu'il est encore à l'hôpital, le roi Ferdinand le décore comme « officier de l'étoile avec épée » pour sa bravoure. « Ses faits d'armes et sa brillante personnalité eurent vite fait de lui conquérir les sympathies des milieux dirigeants roumains »[94]. Dans ce milieu, les frères Bratianu occupent une place de choix. Vintila Bratianu surtout, cumulera les hautes fonctions durant sa carrière. Il deviendra maire de Bucarest, directeur de la Banque Nationale de Roumanie et ministre de la Guerre. Mercier fait aussi la rencontre d'autres membres de cette classe dirigeante, tel que le général Averescu. Ce sont les hommes qui vont diriger la Roumanie dans les années 1920.

Après avoir été évacué en février 1917, Mercier est de retour en France. Il obtient la promotion de Colonel dans l'armée française et un poste au ministère de l'Armement. Loucheur l'emploie alors comme conseiller technique principal. À ce poste, il assure la liaison avec les généraux Foch et Pétain et fait ainsi connaissance avec les plus hauts dirigeants militaires français. Les liens avec la Roumanie ne sont pas rompus pour autant ; les contacts se poursuivent par l'intermédiaire de Marcel Champin, membre de l'État-major du Général Berthelot qui commande les forces alliées en Roumanie[95]. Ce passage au ministère de l'Armement est opportun et permet à Mercier de prendre connaissance des problèmes industriels de la France. Alors qu'il s'occupe de ravitailler les soldats au front, le pétrole est une préoccupation croissante pour son ministère. La guerre lui a donc permis de forger d'importants contacts et son service militaire fait en sorte qu'il est tenu en haute estime par ses pairs. De son expérience au ministère de l'Armement, Mercier ressort profondément insatisfait de

---

92 Archives Total, 82,5/-2, Victor de Metz, « L'œuvre d'Ernest Mercier dans l'industrie du pétrole », *Bulletin de la Société française des électriciens*, n° 62, 7e série, tome VI (Février 1956).

93 SHD, MV CC 7 4e MODERNE 1112.

94 Archives Total, 82,5/-13, Note sur les débuts pétroliers de M. Ernest Mercier.

95 *Ibid.*

la performance industrielle française. Une restructuration économique s'impose, un objectif qui se transforme en véritable passion[96].

> La guerre finie, Mercier qui s'était rendu compte des possibilités de l'industrie pétrolière roumaine et de l'intérêt majeur pour la France de participer directement à la production, au raffinage, au transport et au commerce international du pétrole, matière première qu'elle devait consommer de plus en plus, résolut d'intéresser des capitaux français au pétrole roumain[97].

2. Une première expérience des affaires pétrolières

C'est une offre d'Horace Finaly qui permet à Mercier de rejoindre le secteur pétrolier au début des années 1920. On lui offre de présider la Steaua française, une compagnie qui doit, avec la Steaua anglaise et un groupe de banques roumaines, prendre le contrôle de la Steaua romana. Il s'agit du « premier organisme international du pétrole qui fonctionna sans heurt jusqu'à la guerre de 1940 »[98]. La gestion de cette entreprise constitue une première expérience de gestion des affaires de pétrole pour Mercier. L'action de la banque s'inscrit dans un programme massif lancé avec l'ambition de créer une industrie capable de supplanter l'influence économique allemande en Europe de l'Est[99]. De nombreuses sociétés roumaines créées et contrôlées par les Allemands sont alors à racheter, mais la Steaua romana est la plus importante[100]. « En France, ces possibilités ne passent pas inaperçues ; un double intérêt se manifeste: intérêt de certains milieux d'affaires et intérêt du gouvernement »[101]. L'industrie métallurgique française cherche aussi à y mettre un pied pour s'assurer des débouchés, que ce soit pour le matériel de forage ou des tubes.

La tâche n'est pas simple pour un nouveau président pour qui les affaires roumaines sont la première expérience dans ce secteur. « De telles opérations exigent bien entendu d'énormes moyens financiers et des compétences spécifiques, tant industrielles au sens large que

---

96 Kuisel, *op. cit.*, p. 7.
97 Archives Total, 82,5/-2, Metz, *loc. cit.*
98 *Ibid.*
99 Kuisel, *op. cit.*, *Ernest...*, p. 26.
100 Marguerat, *op. cit.*, p. 13.
101 *Ibid.*, p. 15.

techniques »[102]. Dès le début de sa présidence, Mercier doit tenir compte des intérêts de la banque, mais aussi ceux du gouvernement français qui s'intéresse aux affaires roumaines. Avant même la fin de la guerre, le ministre des Affaires étrangères se saisit de la question. On craint que « l'Allemagne en entrevoyant la possibilité de puiser tout son approvisionnement en Roumanie, et d'évincer ainsi tous les arrivages américains, cherche à monopoliser à son profit les plus riches gisements européens »[103]. La France cherche, lors des tractations relatives aux conditions de paix, à faire profiter les capitaux français en Roumanie « pour en former le noyau autour duquel une part plus importante pourrait être attribuée à la France »[104]. Le rôle de Mercier s'inscrit dans ce processus d'implantation des intérêts français en Roumanie.

Entre 1919 et 1924, Paribas n'est pas la seule banque à se lancer dans les affaires pétrolières. Le secteur attire les milieux financiers. Durant cette « préhistoire » de la CFP[105], le gouvernement français planifie déjà grouper les producteurs et raffineurs français en Roumanie. Il espère ainsi que leur action soit « entièrement conforme » aux vues et aux besoins de la politique française[106]. C'est le sénateur Henry Bérenger qui en préconise le premier l'exploitation par un groupe producteur indépendant. Le ministère des Affaires étrangères et celui des Finances s'opposent toutefois sur le choix de ce groupe et sur la politique à suivre en Roumanie. Les deux départements sont en profond désaccord sur la politique pétrolière et cela bien avant 1921. Le ministère des Finances n'appuie pas le choix de la Banque de Paris et des Pays-Bas pour diriger les intérêts français, car il estime que cette dernière entretient des liens trop étroits avec les Américains, plus particulièrement la Standard Oil. « Pour être sur un pied d'égalité avec les autres partenaires : il fallait donc éviter de laisser Paribas, trop liée aux Américains, comme chef de file »[107]. Les Finances préfèrent un autre groupe à la tête des affaires roumaines.

---

[102] *Ibid.*, p. 23.

[103] MAE, 110CPCOM/101, Note, 6 juin 1918.

[104] *Ibid.*, Note, 22 novembre 1918.

[105] Éric Bussière, « La France et les affaires pétrolières au lendemain de la Première Guerre mondiale: La politique des groupes financiers à travers celle de la Banque de l'union parisienne », *Histoire, économie et société*, vol. 1, n° 2, 1982, p. 313.

[106] MAE, 110CPCOM/104.

[107] Bussière, *loc. cit.*, p. 321.

Face à Paribas, la compétition vient principalement de la Banque de l'union parisienne (BUP). Cette dernière est liée à la Royal Dutch-Shell ; depuis 1919, les deux participent à parts égales à la Société pour l'exploitation des pétroles (SPEP). « La concurrence normale entre les deux banques d'affaires dominant la place de Paris s'était donc accrue considérablement du fait des alliances qu'elles avaient contractées avec les deux trusts pétroliers rivaux et des incertitudes de la politique du gouvernement, qui leur avait permis de s'appuyer chacune sur un ministère »[108]. Le groupe Paribas parvient à démanteler le plan Bérenger et, dès l'été 1920, la concurrence s'installe entre Paribas et la BUP qui ont chacune leur propre programme pétrolier[109]. L'étude des archives diplomatiques montre que l'État français est au fait des raisons de cet échec. Son projet, envisagé pendant longtemps, a échoué à cause des grandes banques françaises « dont chacune veut avoir la prédominance dans les affaires de pétroles »[110].

Cet épisode montre très tôt les difficultés auxquels fait face le gouvernement français lorsqu'il s'agit d'élaborer une politique pétrolière indépendante. Ceci étant dit, Paris refuse de jouer un rôle secondaire. « Il est nécessaire que ces sociétés, sur lesquelles le gouvernement français a des moyens d'action puissants, agissent conformément aux directives qui leur seront données »[111]. En Roumanie, ces directives sont principalement la coopération pour l'organisation des transports et un concours apporté aux achats de produits par le gouvernement français. Les responsables français veulent que les sociétés roumaines « s'engagent à mettre à la disposition de la France dans des conditions à débattre un pourcentage important de leur production pouvant atteindre la presque totalité de leur capacité d'exportation »[112]. Pour faciliter cette politique « nationale », le gouvernement s'engage à prêter des locomotives à une société roumaine de transport. Il croit pouvoir, de cette manière, surveiller l'emploi de matériel et le réserver au transport du pétrole vers la France.

---

108 *Ibid.*, p. 321.

109 Marguerat, *op. cit.*, p. 37.

110 MAE, 19RC17, Note pour le président du Conseil, 25 juin 1923.

111 *Ibid.*, 110CPCOM/104.

112 *Ibid.*

3. Paribas et la Steaua romana

L'objectif poursuivi par Paribas en Roumanie est de prendre « pied dans la sphère de la production et [vise] le contrôle de cette production, lui ouvrant ainsi la perspective d'une véritable politique pétrolière »[113]. Elle peut s'appuyer sur un important réseau d'influences bancaires en Roumanie. L'attaché commercial français sur place considère qu'aucun autre « pays que la France ne peut se flatter d'avoir en Roumanie une situation bancaire plus importante »[114]. L'investissement de Paribas dans la Steaua romana est majeure et lui permet de contrebalancer « l'influence prépondérante qu'était en voie de prendre la BUP en matière de pétrole »[115]. Les investissements pétroliers de la banque représentent sa plus grosse immobilisation industrielle durant l'entre-deux-guerres[116].

La Steaua romana est, à l'époque, une société dotée d'un capital de 100 millions de lei (monnaie roumaine) qui est divisée en 200 000 actions de 500 lei chacune. Avant la guerre, ses avoirs sont détenus à 50,5 % par un groupe majoritairement allemand, à 45 % par des groupes russe et franco-belge et à 4,5 % par l'Anglo-Persian[117]. « Peu après la déclaration de guerre, l'actif de ces trois compagnies fit l'objet des mesures de contrôle édictées par les lois anglaises sur le commerce avec l'ennemi et toutes les actions ont été finalement vendues par le séquestre public anglais qui a encaissé une somme totale de 2 755 000 £ encore entre ses mains »[118]. Cette somme doit, en théorie, revenir aux groupes alliés, mais le versement tarde après la guerre.

La première initiative de Paribas est d'envoyer une mission en Roumanie pour établir la valeur de la compagnie qu'elle cherche à acquérir. Cette mission est formée de deux industriels et d'un conseiller de la banque. Ernest Mercier, qui connaît bien la Roumanie et ses dirigeants depuis son service militaire, fait partie de cette mission. Il est accompagné de son ami Marcel Champin et de Jules Chevalier[119].

---

113 Marguerat, *op. cit.*, p. 20.

114 *Ibid.*, p. 22.

115 Bussière, *loc. cit.*, p. 318.

116 Marguerat, *op. cit.*, p. 41.

117 Archives Total, 53,11/22, Note sur la Steaua romana.

118 *Ibid.*

119 Champin a servi avec Mercier durant la guerre en Roumanie. Il est, comme ce dernier, issu de Polytechnique. Il représente un groupe d'industriels français dans le secteur de la métallurgie et est associé à la banque Mirabaud. Jules Chevalier

Le premier rapport soumis à la banque souligne que le point faible de la Steaua est ses terrains. Il indique avec précision l'état de la production pour chaque terrain de la compagnie. Un autre problème majeur que souligne ce rapport est celui du coût des forages. La plupart des sondes en opération ne fournissent pas une grosse production. « Ce que l'on peut dire, en revanche, c'est que la diversité des chantiers et le grand nombre de sondes qui y sont réparties sont une garantie d'une production moyenne »[120]. Mercier insiste très tôt sur l'importance pour la compagnie d'acquérir de nouveaux terrains. Elle devra donc entamer des démarches dans ce but auprès de l'État roumain. Mercier souligne tout de même plusieurs avantages. « La caractéristique de la Steaua, et ce qui est le principal élément de sa valeur, est incontestablement l'importance de ses installations et de son outillage, c'est-à-dire outre les sondes existantes en grand nombre, l'ensemble : raffineries, usines, ateliers, réservoirs, conduites, bateaux, wagons, ainsi que ses participations multiples faisant partie intégrante de son organisation commerciale »[121]. La capacité des réservoirs est évaluée à 23 000 wagons.

La société possède, en outre, plusieurs navires. Il s'agit du « Arthur Von Gwiner » de 3 500 tonnes et de l'« Emile von Stauss » de 7 000 à 8 000 tonnes. La Steaua détient aussi trois navires de faible tonnage, le « Fritz Von Stauss » de 1 000 tonnes, le « Richard von Hentch » de 1 200 tonnes, acheté pendant la guerre, et finalement le « Adagena », remorqueur de 160 tonnes[122]. La raffinerie de la compagnie, située à Campina, est la plus importante de Roumanie. La Steaua détient aussi des parts dans plusieurs sociétés qui écoulent ses produits dans différents pays. Ces participations « représentent à cet égard une vaste organisation commerciale »[123]. Avant l'investissement de la banque, l'idée directrice :

> a été probablement d'organiser aussi puissamment que possible les branches de l'industrie de pétrole auxquelles se trouve étroitement lié le commerce

---

est recruté par Paribas au début de décembre 1918 et représente la banque dans la plupart des affaires pétrolières. Il a été directeur de l'Office national des valeurs mobilière et s'est occupé des emprunts émis par l'État durant la guerre. Il est « l'artisan du redéploiement international de Paribas dans l'immédiat après-guerre ». Voir Bussière, *op. cit.*, p. 114.

120 Archives Total, 53,11/22, Note sur la Steaua romana.

121 *Ibid.*

122 *Ibid.*

123 *Ibid.*

des dérivés de pétrole ; d'organiser d'une manière puissante ces branches surtout dans le bassin du Danube, fleuve qui était la voie la plus indiquée pour l'approvisionnement de l'Allemagne et d'éviter ainsi le transport sur les mers ouvertes. De cette manière elle est arrivée à être à ce point de vue l'organisation la plus parfaite et la plus puissante de l'industrie de pétrole en Roumanie, ce qui aurait pu exercer une pression sur l'État roumain en vue de la concession de ses terrains supposés pétrolifères[124].

4. L'action de la diplomatie française

Au moment où Mercier est en Roumanie pour évaluer la valeur de la Steaua romana, le ministre français à Bucarest est instruit par Paris d'appuyer ses démarches[125]. Le gouvernement émet toutefois des réserves. « Une des conditions de l'opération sera la réserve d'une part de l'exploitation du pétrole de la Steaua à la consommation française »[126]. Parallèlement au travail de reconnaissance que mènent Mercier, Champin et Chevalier, le président du Conseil écrit au général Payot[127] et l'envoie en mission spéciale en Roumanie.

> Cette mission aura un caractère tout à fait technique et déterminé. Vous aurez d'abord à vous rendre compte de la situation actuelle de la production de pétrole en Roumanie et des moyens existants pour en assurer le transport. Cette étude préliminaire portera également sur la situation difficile faite aux sociétés dont les actionnaires sont en totalité ou en grande partie français et qui ont adressé une réclamation au gouvernement de la République sur le traitement dont elles sont l'objet en Roumanie: nous ne saurions en effet recevoir de Roumanie des produits pour lesquels des ressortissants français propriétaires ne bénéficieraient pas d'une contrepartie jugée suffisante pour nous.
>
> Enfin et plus spécialement, vous devrez conformément aux instructions particulières de M. le commissaire général aux essences et pétroles, obtenir

124 *Ibid.*

125 MAE, Relations commerciales, 19RC15, Le ministre des Affaires étrangères à monsieur le ministre français, Bucarest, 9 juin 1920.

126 *Ibid.*

127 Le général est directeur des communications et des ravitaillements aux armées. Il est donc au fait des problèmes pétroliers. Il a aussi été employé par Henry Deterding de la Royal-Dutch-Shell qui s'appuie sur un réseau de militaires après la guerre pour promouvoir les intérêts de la compagnie. Ces liens expliquent peut-être l'hostilité sélective du général à l'égard de Paribas qui est liée aux Américains.

des facilités d'exportation à destination de la France aux sociétés pétrolifères, et régler la cession à la Roumanie du matériel de guerre avec paiement soit en pétroles cédés par le Gouvernement roumain, soit par prélèvement sur les primes d'exportation du pétrole vendu à la France par les sociétés pétrolifères[128].

L'importance de la mission est soulignée par le président « tant au point de vue du relèvement économique de notre pays, que de la satisfaction de nos besoins militaires »[129]. Le général est prié de conformer son action à l'accord de San Remo. Celui-ci est signé le 24 avril 1920 entre Philippe Berthelot, directeur des affaires politiques et commerciales au ministère des Affaires étrangères, et John Cadman, directeur du département des pétroles de l'Angleterre. San Remo est le fondement de la politique pétrolière française après la guerre. Il prévoit une coopération des deux puissances en Roumanie, en Asie Mineure, dans les territoires de l'ancien empire russe, en Galicie et dans les colonies françaises et britanniques. Voici les points qui concernent la Roumanie :

1) Par ordre des deux gouvernements de la France et de la Grande-Bretagne, les représentants soussignés ont repris d'un commun accord l'examen d'une convention au sujet des pétroles.
2) Le présent accord est basé sur le principe de la coopération cordiale et de la réciprocité dans tous les pays où les intérêts pétroliers des deux nations peuvent pratiquement se combiner.
3) Le présent accord pourra être étendu à d'autres pays par consentement mutuel.
4) Roumanie – Les Gouvernements britannique et français soutiendront leurs ressortissants respectifs dans toutes les négociations communes qui seront engagées avec le gouvernement roumain en vue de :
   a) L'acquisition de concessions pétrolifères, actions ou autres intérêts appartenant aux sujets ou sociétés anciennement ennemies en Roumanie qui ont été séquestrées, par exemple Steaua romana, Concordia, Vega, etc., qui constituaient dans ce pays les groupes pétroliers de la Deutsche Bank et de la Disconto Gesellschaft, en même temps que tous autres intérêts qui pourront être obtenus ;

---

128 MAE, Relations commerciales, 19RC15, Lettre du président du Conseil au général Payot, 8 juin 1920.

129 *Ibid.*

b) La concession de terrains pétrolifères appartenant à l'État roumain.

5) Toutes les actions appartenant à des concessions ex-ennemies qui pourront être acquises et tous autres avantages résultant de ces négociations seront partagés dans la proportion de 50 % en faveur des intérêts britanniques et 50 % en faveur des intérêts français. Il est entendu que dans la ou les sociétés à constituer en vue de la direction et de l'exploitation des dites actions, concessions et autres avantages, les deux pays jouiront de la même proportion de 50 % pour tout capital souscrit, aussi bien que pour les représentants au conseil d'administration et le nombre de voix[130].

La mission du général Payot se heurte rapidement aux intérêts de Paribas en Roumanie. Dans une lettre au président du Conseil, le général souligne que Mercier et son groupe déplorent sa présence et désirent attendre la fin des tractations avec le gouvernement roumain pour que cette mission se poursuive[131]. Il fustige une attitude qui aboutira « peut-être à des placements avantageux de capitaux français en Roumanie, mais privera [le] marché français du pétrole roumain pour un temps indéterminé et mènera [à la] ruine des sociétés Aquila et Astra »[132]. Payot demande que le gouvernement français s'oppose au travail de Mercier et de ses collègues en Roumanie, qu'il considère être en complète contradiction avec sa propre mission. Le ministre de France en Roumanie est alors interpelé. Il écrit au ministre des Affaires étrangères trois jours après Payot et souligne que les objections du général sont prématurées[133]. L'intérêt de la mission Mercier lui semble évident. « Je n'ai donc pas considéré les objections du général Payot suffisantes pour m'empêcher de donner suite à vos instructions »[134].

Pour comprendre la position du général à l'égard du groupe Mercier en Roumanie, il faut replacer sa mission dans son contexte. C'est dans le cadre de celle-ci qu'il visite les différentes régions pétrolifères qui ont souffert durant la guerre. Ces visites ont confirmé, selon lui, « la situation

130 MAE, Relations commerciales, 19RC142, Accord de San Remo.

131 *Ibid.*, 19RC15, Lettre du général Payot au président du Conseil, 16 juin 1920.

132 *Ibid.* Les sociétés Aquila et Astra sont détenues par la BUP.

133 *Ibid.*, Le ministre de France en Roumanie à son excellence monsieur le ministre des Affaires étrangères, 19 juin 1920.

134 *Ibid.*

inadmissible faite aux sociétés alliées par le gouvernement roumain, d'autant plus que j'ai constaté que les destructions de 1916 avaient été à peu près proportionnelles à la quantité de capitaux alliés et plus particulièrement français, engagés dans chaque société »[135]. Il dénonce aussi une forte taxation qui limite l'exportation vers la France. « Ces taxes ont été établies en effet, en tablant sur [le fait] que les pays danubiens peuvent payer le pétrole plus cher que les pays de l'Europe occidentale, en raison du prix insignifiant du transport de Roumanie chez eux par la voie du Danube. D'où, à l'heure actuelle, une hausse du pétrole à Bucarest, rendant le pétrole roumain d'un prix très supérieur au prix mondial »[136]. Le général entame alors des discussions avec les responsables roumains. Le président du Conseil roumain et le ministre de l'Industrie, à l'origine de cette législation, se sont montrés selon lui, « absolument irréductibles dans leur manière de voir »[137].

Face à cette opposition, le général est d'avis que, pour obtenir un changement d'attitude et du pétrole, il faut priver le gouvernement roumain de capitaux. Or, les tractations du groupe Paribas pour l'achat de la Steaua romana aboutiraient au résultat contraire. Il estime donc que l'action du groupe français gêne la sienne auprès des responsables roumains. Les seuls acquis générés lors de cette mission sont l'obtention, en principe, de taxes fixes d'exportation, la liberté d'exportation et l'accord du ministre de la Guerre sur le paiement du matériel de guerre en pétrole. Alors que l'affaire de la Steaua semble bien avancée, le général dépose son rapport de mission. Il fait valoir que les millions proposés par le groupe français pour le rachat de la Steaua ont offert tous les arguments au ministre de l'Industrie pour l'abaissement des primes projetées d'exportation et le paiement du matériel de guerre français en pétrole[138]. Le général conclut en proposant de grouper les petites exploitations pétrolifères françaises existant en Roumanie « de façon à faire diriger sur la France leur [quota] disponible pour l'exportation, au lieu de leur laisser vendre à n'importe quelle grosse société de Roumanie le produit de leur exploitation, sans qu'il en résulte aucun envoi en France »[139]. Il suggère de développer la propagande française en Roumanie et d'exiger « des sociétés

---

135 *Ibid.*, Le général Payot en mission en Roumanie, 7 juillet 1920.

136 *Ibid.*

137 *Ibid.*

138 *Ibid.*, Mission du général Payot en Roumanie, 12 juillet 1920.

139 *Ibid.*

pétrolifères qui demandent l'appui du gouvernement français qu'elles créent des œuvres philanthropiques, avec personnel français, dans leurs exploitations »[140]. Le général croit que c'est en s'adressant directement à la population que la France développera le mieux son influence. « Il existe en Roumanie une sympathie populaire profonde pour la France, faisant contraste avec l'inconsistance des sentiments gouvernementaux »[141].

Le général termine sa mission en demandant au gouvernement de réexaminer l'acquisition par Paribas de la Steaua. Il n'est pas le seul à émettre des réserves. Le projet divise les milieux dirigeants en France. Une note attaque l'affaire comme hautement inopportune pour plusieurs raisons[142]. On y retrouve à nouveau l'argument qu'il faut limiter tout soutien financier à la Roumanie. Cette stratégie vise à la fois un appui direct, par l'allocation de prêts, ou indirect, par placement de capitaux (comme c'est le cas pour la Steaua romana). On envisage alors de maintenir cette stratégie tant que le gouvernement roumain n'a pas adopté une politique conforme aux intérêts français. La note dénonce le fait que les négociations menées par le groupe Mercier ne sont pas d'ordre privé puisque la banque a reçu l'appui du ministre des Affaires étrangères. Elles seraient donc contraires à l'accord de San Remo. Le projet s'oppose aussi aux décisions de la commission franco-anglaise de réparation des dommages « d'après lesquelles le produit de la liquidation des sociétés séquestrées doit être affecté au paiement des dommages de guerre »[143]. On considère donc que l'affaire se fait aux dépens des sinistrés et du gouvernement français qui devra payer ces dommages.

L'acquisition de la Steaua romana présente toutefois plusieurs avantages que tous reconnaissent. Elle permettrait d'installer les capitaux français dans une des trois plus grosses sociétés pétrolières roumaines. La situation de la société viendrait aussi contrebalancer plusieurs problèmes techniques. Les entreprises roumaines souffrent d'un manque de matériel et n'ont pas le personnel nécessaire. Or, comme nous avons vu, l'atout principal de la Steaua est l'importance de ses installations et de son outillage. La diplomatie française estime que l'affaire permettrait d'importer un tonnage d'environ 60 000 tonnes de pétrole par an vers la

---

[140] *Ibid.*

[141] *Ibid.*

[142] *Ibid.*, Note sur l'affaire de la Steaua.

[143] *Ibid.*

France[144]. La confrontation de tous ces arguments ne devait pas tarder. Elle est précipitée par la prise de connaissance de ces négociations par l'Angleterre. John Cadman, qui présidera l'Anglo-Persian, écrit alors à Philippe Berthelot pour protester contre l'achat des actions de la Steaua par le groupe français. La France ne cède pas immédiatement pour autant. Berthelot réplique que l'accord de San Remo ne s'applique pas dans ce cas puisque l'article 17 « met en dehors les tractations menées par les sociétés privées »[145]. Dans un esprit de collaboration, Berthelot s'engage toutefois à recommander à la banque d'offrir une participation à un groupe anglais. Mercier est toujours en Roumanie lorsqu'est formulée cette demande. Accompagné par Champin, il discute de la question avec le ministre de France à Bucarest. Suite à cette rencontre, Paribas se déclare ouverte à l'entrée des Anglais dans la Steaua romana.

À Paris toutefois, la confrontation se poursuit. Le ministre des Affaires étrangères reçoit Chevalier et Finaly pour s'entretenir du projet d'achat des actions de la Steaua. Le ministre expose alors toutes les objections formulées contre l'affaire. Les représentants de Paribas font d'abord savoir que le principe d'une objection anglaise est tombé, car le gouvernement britannique a autorisé un groupe anglais dirigé par Alfred Stern à se joindre aux Français[146]. Au sujet des sinistrés devant bénéficier de la liquidation, « Chevalier a pu s'assurer que l'opération prévue lèse d'autant moins les sinistrés que la principale société intéressée relève justement de la Banque de Paris et des Pays-Bas »[147]. Il s'agit de la société Columbia, détenue par l'Omnium international des pétroles. La banque assure le gouvernement « que le contrôle de l'affaire ne peut lui échapper »[148]. Il est assuré par un accord de blocage et un *voting agreement*. Près de la moitié des actions doivent être repris à la *Deutsche bank* par des syndicats français et anglais (Steaua française et Steaua anglaise). Les banques roumaines doivent détenir la majorité des actions, mais elles ne les ont pas payées ; elles se font avancer les fonds nécessaires par ce consortium franco-anglais[149]. Une participation roumaine majoritaire était nécessaire pour

144 *Ibid.*

145 *Ibid.*, Ambassadeur de France à Londres, 1 juillet 1920.

146 *Ibid.*, Le ministre des Affaires étrangères à monsieur le commissaire général aux essences, 5 août 1920.

147 *Ibid.*

148 *Ibid.*

149 Marguerat, *op. cit.*, p. 28.

que le gouvernement roumain accepte la transaction. En contrepartie de cette avance de fonds, le syndicat roumain a lui aussi conclu un accord de vote. C'est Paribas qui avance la majorité des fonds pour l'emprunt. La dette roumaine envers le groupe anglais est de 1 112 518 £ pour un intérêt de 6 % alors que celle envers le groupe français représente 50 341 473,75 de francs pour un intérêt de 7,40 %[150]. Le groupe français est en position de force grâce à la pression qu'il peut exercer sur le syndicat roumain[151]. Ce n'est pas tout.

> En contrepartie de l'avance consentit au groupe roumain, un certain nombre d'avantages furent réservés aux groupes anglais et français ; en particulier, un contrat commercial entre la Steaua romana et les groupes anglais et français réserve à ces deux groupes une commission sur 1/3 des ventes de la Steaua romana et leur concède sa représentation pour certains pays dont bien entendu France et Grande-Bretagne avec obligation de vendre, par leur intermédiaire, un certain pourcentage de sa production annuelle[152].

À cela s'ajoutent d'autres avantages spécifiques au groupe français :

> D'après les accords qui ont servi de base à la constitution de la Steaua française, celle-ci n'a pas seulement à compter pour la rémunération de son capital sur le revenu de son portefeuille et celui des avances consenties au groupe roumain d'une part elle a droit pour vingt ans à la fourniture, a des conditions déterminées, d'une fraction des produits de la Steaua Romana disponibles pour l'exportation. D'autre part, il lui a été consenti pour la même durée le droit de fournir par préférence à conditions égales une partie du matériel nécessaire à la Steaua romana[153].

Dès la prise de contrôle, il est question de créer un service commercial avec mission de faciliter le placement, en France et dans ses colonies, des produits roumains et de procurer à l'industrie française un débouché faisant ainsi concurrence avec les pays d'Europe centrale où la Steaua se ravitaille presque exclusivement[154]. Les conditions imposées par le gouvernement roumain dans le cadre de cet achat s'expliquent par une insatisfaction générale envers la tournure des évènements. C'est Vintila

---

[150] Archives Paribas, PTC/239/124, Convention entre les groupes de la Steaua romana, p. 6.

[151] Marguerat, *op. cit.*, p. 29.

[152] Archives Paribas, PTC/240/136.

[153] Archives Total, 83,11/52, Assemblée générale ordinaire, 20 juin 1922.

[154] *Ibid.*

Bratianu qui, depuis longtemps, fait preuve d'appréhension vis-à-vis de la reprise de la Steaua romana[155]. Il n'apprécie pas l'influence des trusts. « Lors de la constitution de la société, elle devait être, dans sa pensée, une association de capitaux français et roumains, dégagée de toute influence des grands trusts du pétrole. Il a été extrêmement mécontent quand, par application de l'accord de San Remo, le groupe français s'est vu obligé de céder la moitié de sa part à un groupe anglais »[156]. Bratianu est persuadé que les Français au sein du conseil de la Steaua sont en fait au service des Anglais[157].

À Paris, Finaly et Chevalier terminent de convaincre les responsables français en affirmant « qu'au point de vue économique, l'opération répond au desideratum du gouvernement français : elle reste maîtresse des exportations de la Steaua et s'engage à exporter en France la part permise par la législation roumaine »[158]. C'est à la suite de cette conversation que le ministre lève officiellement les réserves de son département et autorise la banque à continuer les négociations : « il me paraît certain, si l'affaire est réalisée dans les conditions indiquées, que la France en retirera des avantages économiques par l'importation d'une certaine quantité de pétrole et que l'argent payé pour dégager l'hypothèque des neutres restera entre les mains de ceux-ci et ne passera pas en Allemagne »[159]. Une nouvelle confirmation de l'assentiment des responsables français arrive quelques semaines plus tard. Le commissaire général aux essences et pétroles se déclare satisfait que la Banque de Paris et des Pays-Bas ait obtenu de nouveaux avantages relativement aux exportations de pétrole comme il en avait fait le vœu[160]. Il approuve aussi le modèle du *voting agreement* pour « s'assurer l'influence française au sein de l'affaire »[161].

---

155 Vintila Bratianu se rattache au parti libéral roumain. Il se fait l'avocat d'une « Roumanie pour les Roumains ». Il exerce une puissante emprise sur les milieux politiques roumains durant l'entre-deux-guerres. Il estime insuffisante la participation roumaine dans l'industrie pétrolière. Les objectifs de Vintila sont exposés clairement dans un livre qu'il publie sur la question pétrolière: *Politica de stat în industria petrolului*.

156 MAE, 19RC17, Lettre du ministre de France en Roumanie au Président du Conseil, 20 juillet 1923.

157 *Ibid.*

158 *Ibid.*, 19RC15, Le ministre…

159 *Ibid.*

160 *Ibid.*, Le commissaire général aux essence et pétroles à monsieur le ministre des Finances, 26 août 1920.

161 *Ibid.*

Finalement, une part des intérêts doit être réservée aux sinistrés ne relevant pas de Paribas.

5. La convergence des intérêts

Voilà qui finit de convaincre les responsables français du bien-fondé d'une participation française menée par Paribas dans la Steaua romana. Les craintes du gouvernement ont été écartées. La pression exercée par Mercier et ses collègues en Roumanie, ainsi que par Finaly à Paris, a permis de détourner les responsables français de la stratégie préconisée par le général Payot. Le syndicat français (Steaua française) qui doit prendre possession de sa part des actions est composé de plusieurs groupes. Ceux que représentent Champin et Mercier[162] forment une part limitée de la nouvelle société. Ils forment ensemble 29,7 % des actions contre 44 % pour la banque[163]. Même si Paribas domine le capital de la Steaua française, ces deux industriels apportent une expertise que la banque n'a pas[164]. Ils prennent donc une place importante pour le développement industriel de la compagnie. Les obstacles ont été nombreux avant l'acquisition. Le résultat démontre une ferme volonté de la part de Paribas qui est parvenue à convaincre les responsables français et roumains. Cet épisode révèle déjà des tensions dans les rapports entre milieux financiers et pouvoir politique. Le gouvernement français n'a pas cédé sur toute la ligne. Son action obéissait à trois objectifs principaux :

1) Le besoin de garantir l'indépendance de la France pour son ravitaillement en pétrole, tant pour la marine que les services publics et la consommation des particuliers. La France doit « se réserver une zone où elle s'approvisionnera dans de bonnes conditions. Cette zone ne peut se trouver qu'en Roumanie ».
2) La cession des intérêts allemands en Roumanie permet d'indemniser les compagnies alliées.
3) Faire participer les capitaux français à l'exploitation des terrains pétrolifères de l'État roumain[165].

---

[162] Le groupe que Mercier représente compte plusieurs entreprises électriques qui dépendent de la Lyonnaise des eaux et de l'éclairage.

[163] Marguerat, *op. cit.*, p. 30.

[164] *Ibid.*, p. 31.

[165] MAE, 110CPCOM/101, La France et les pétroles roumains.

Ces considérations témoignent d'un intérêt poussé pour l'industrie pétrolière roumaine. Le gouvernement français prend aussi toutes les mesures « pour sauvegarder les intérêts que les capitaux français, et aussi les besoins nationaux peuvent avoir dans la production pétrolifère »[166]. Le gouvernement a en effet tenu à s'assurer qu'une part des intérêts de la Steaua romana soit redirigée vers d'autres compagnies sinistrées. Les avantages d'une participation française en Roumanie sont alors évidents pour les responsables français. Celle-ci doit contribuer à diminuer la dépendance énergétique. « Pour l'après-guerre, la production de ces gisements pourra encore, tempérer très heureusement en France, les cours de ce produit, contre les prétentions qui pourraient devenir exagérées de la part des producteurs américains »[167]. Les militaires exercent aussi des pressions. La fourniture d'équipements militaires à la Roumanie en échange de pétrole peut non seulement approvisionner l'armée française en carburant, mais aussi contribuer « à aider l'armée roumaine à s'équiper complètement en cas de conflit avec le gouvernement des Soviets »[168]. Ce survol rapide montre que le gouvernement français s'est assuré que la prise de contrôle de la Steaua romana suive les grandes lignes de cette politique.

Après le rachat des actions par les différents groupes, la priorité est d'obtenir les fonds promis qui ont été séquestrés par le gouvernement britannique durant la guerre. Choisi pour présider la Steaua française, Mercier peut finalement écrire au président du Conseil le 2 décembre 1921. Il lui fait part des démarches poursuivies en Angleterre afin d'obtenir la remise à la Steaua romana des avoirs séquestrés par le gouvernement anglais[169]. Le groupe représentant les intérêts britanniques dans la Steaua romana veut aussi associer le groupe français aux démarches qu'il mène déjà auprès du Foreign office. Pour faire plus de pression, il encourage une intervention du gouvernement français par l'intermédiaire de l'ambassade française à Londres. Mercier y joint un mémoire qui « fait ressortir clairement le fondement juridique et l'intérêt pour les groupes alliés des mesures de restitution qu'ils

---

166 *Ibid.*

167 *Ibid.*

168 *Ibid.*, 110CPCOM/105, Importance de la Roumanie pour le ravitaillement, 16 mai 1921.

169 Archives Total, Steaua française, 53,11/22, Lettre de Mercier au Président du Conseil, 2 décembre 1921.

réclament »[170]. Il s'agit pour les groupes de prouver que la Steaua romana constitue une société alliée « et par conséquent que le séquestre établi en Angleterre sur ses biens n'avait pas sa raison d'être »[171]. Les groupes anglais et français doivent donc s'associer pour que la Steaua romana soit reconnue admissible et puisse prendre possession des fonds qui lui reviennent. Cette action commune porte rapidement fruit et les groupes récupèrent un montant qui dépasse 700 000 livres sterling.

L'acquisition de la Steaua complétée, Mercier définit lui-même une série d'objectifs à atteindre alors qu'il est à la tête du syndicat français. Parmi les priorités on retrouve :

1) Une refonte de l'organisation de la société (Mény, administrateur-directeur est envoyé à Bucarest) ;
2) Une reprise des sociétés filiales et des succursales plus ou moins abandonnées pendant la guerre ;
3) Un plan de forage devant conduire progressivement à un total de 20 000 puits de 30 000 mètres forés par an, le plus rapidement possible ;
4) Par voie de conséquence, doubler de la production en 18 mois environ ;
5) L'exploitation intensive de la raffinerie ;
6) L'acquisition de nouveaux terrains pétrolifères et la participation à l'exploitation des terrains de l'État ;
7) Le règlement des litiges pendants avec les Allemands d'une part, la commission des réparations et les gouvernements alliés d'autre part[172].

Retenons le rôle attribué à Jules Mény. Celui-ci devient un collaborateur important de Mercier. Il représente les intérêts du syndicat français en Roumanie durant la majorité de l'entre-deux-guerres. « Après une période inévitable d'apprentissage et de mise au point, Mr. Mény a affirmé définitivement son autorité et, bien appuyé à Paris, il paraît être, à tous égards, l'homme de la situation »[173]. Il développe alors une amitié personnelle avec Mercier et sera pour lui un second dans toutes les affaires pétrolières. On le retrouve également à la CFP où il succèdera

[170] *Ibid.*

[171] *Ibid.*, Note sur la Steaua romana.

[172] *Ibid.*

[173] *Ibid.*

à Mercier après sa démission en 1940. La compagnie désormais bien installée, le conseil de la Steaua française fait alors connaître ses objectifs.

> L'objet de l'entreprise est l'extraction, la transformation et la vente du pétrole et des produits semblables et de tous les dérivés qu'on peut en extraire ou réaliser, directement ou indirectement. La société peut s'occuper aussi de la production et de la transformation des matières, marchandises et installations qui sont nécessaires, ou utiles à son exploitation, même si leur emploi ne se borne pas exclusivement à l'objet de l'entreprise.
>
> Par conséquent elle peut en Roumanie comme à l'étranger acheter, louer ou prendre en ferme des terrains, les bâtir, installer ou employer de toute manière, acquérir, prendre en ferme, aliéner ou affermer des moyens de transport de tout genre, acquérir des concessions pour l'établissement ou l'exploitation d'installations servant à l'objet de l'entreprise ; elle peut conclure des contrats de toute nature avec les gouvernements, les autorités publiques, communales ou autres.
>
> La société est également autorisée à participer en Roumanie comme à l'étranger à des entreprises industrielles pétrolifères, à acheter ou prendre à gage des actions ou des obligations de ces entreprises, ainsi qu'à faire en général toutes les démarches et toutes les affaires qui peuvent servir à atteindre ou à développer l'objet de l'entreprise.
>
> La Société peut établir des succursales ou des agences en Roumanie aussi bien qu'à l'étranger[174].

Au lendemain de cette acquisition, Paribas semble confiante que la direction de l'affaire ne peut lui échapper. Philippe Marguerat avance que la banque a invité un groupe anglais à y participer à cause du poids financier de cet investissement[175]. Nos recherches et la lecture des archives diplomatiques révèlent que les diplomates français ont fait pression pour qu'une place soit réservée aux Anglais. Les responsables britanniques sont entrés directement en contact avec leurs homologues pour que soit respecté le traité de San Remo.

Si la reprise de la Steaua romana représente la plupart des actifs de Paribas en Roumanie, elle n'y constitue pas son seul investissement pétrolier. La banque réorganise aussi l'Omnium international des pétroles. L'Omnium est, à l'origine, une société dont le capital est français. Elle est constituée en 1912 pour prendre le contrôle de deux sociétés roumaines : les compagnies Colombia et Alpha. Contrairement

---

174 Archives Total, 83,11/52, La raison sociale de la Steaua romana.

175 Marguerat, *op. cit.*, p. 27.

à la Steaua, celles-ci ont subi de lourds dégâts lors de l'invasion de la Roumanie par les armées allemandes. Il avait été décidé, sur l'ordre du gouvernement roumain et à la demande du gouvernement anglais, de détruire systématiquement toutes les installations des sociétés de pétrole : « sondes en production ou en forage, raffineries, réservoirs, conduites, ateliers, etc. »[176]. Ces mesures devaient empêcher l'ennemi de se ravitailler en produits pétroliers roumains. Lors de l'occupation, les Allemands ont constitué une société spéciale à laquelle ils firent vendre à des prix dérisoires par des séquestres les biens des sociétés Colombia et Alpha[177]. « Lorsque la Roumanie fut évacuée par les Allemands, ces ventes furent annulées et les deux sociétés Columbia et Alpha rentrèrent en possession de leurs chantiers et installations, mais ils se trouvaient dans un état déplorable, tant du fait des destructions antérieures à l'invasion, que du pillage par les Allemands »[178].

Après la guerre, la première mission de l'Omnium est donc de fournir les moyens financiers aux deux sociétés roumaines pour la restauration des chantiers, mais les obstacles sont multiples : « manque de matériel, difficultés des transports », alors que le coût de forage est « quatre à cinq fois celui d'avant-guerre »[179]. L'Omnium détient alors environ 4 millions de francs en liquidités, mais dont une partie importante est déjà engagée dans le processus de reconstruction. La société a d'importants projets pour son extension future.

> En matière de pétrole surtout, la tendance actuelle est aux affaires étendant considérablement leur sphère d'action et embrassant toutes les branches de cette industrie, c'est-à-dire ne se limitant pas à l'extraction de naphte, ni même à sa distillation, mais possédant elles-mêmes les moyens de transport terrestre et maritime, voire même se livrant à la distribution aux consommateurs[180].

C'est avec ces ambitions en tête que l'Omnium approche un groupe financier dominé par Paribas. Les objectifs d'une alliance avec la banque sont clairs. « Le groupe en question nous fournira un précieux concours,

---

176 Archives Total, Omnium international des pétroles, 82,1/-12, Assemblée générale extraordinaire, 15 janvier 1920., p. 4.

177 *Ibid.*

178 *Ibid.*

179 *Ibid.*

180 *Ibid.*, p. 6.

tant financier que technique, et nous fera bénéficier de son influence et de ses relations dans les pays où nous travaillons ou dans lesquels nous serons amenés à chercher une extension de notre activité »[181]. La participation de ce groupe financier prend rapidement la forme d'un crédit de 9 780 000 francs. Celui-ci doit souscrire à 16 300 nouvelles actions de 600 francs chacune. Cet accord signifie aussi l'attribution d'un certain nombre de postes d'administrateurs à la discrétion de Paribas. Encore une fois, Mercier est l'homme de la situation. Avec son investissement, la banque impose le choix de son président à la tête du conseil d'administration.

Avec l'acquisition de la Steaua et de l'Omnium, la banque acquiert une place de choix dans la hiérarchie des producteurs roumains. Strictement en termes de production, l'Omnium arrive en troisième position derrière la Steaua romana et l'Astra Romana. Lors des négociations avec le gouvernement français, nous avons vu que Paribas s'est engagée à favoriser au maximum les exportations de pétrole en direction de la France. Cette entente tacite se fait-elle au détriment de ses alliés américains? Les archives de la banque montrent qu'elle ne souhaite pas remettre en question l'alliance américaine. Elle se trouve en fait renouvelée dans le cadre de ses nouvelles activités roumaines, au même moment où l'État français favorise une politique indépendante de la part de ses nationaux en matière de pétrole. Dès 1921, Paribas est en contact avec les Américains afin « d'établir des relations aussi étroites que possible entre des affaires de pétrole en Roumanie, dans lesquelles la Banque de Paris et des Pays-Bas a d'importants intérêts, et les sociétés du groupe de la Standard, notamment la Standard Franco-américaine et la Romano americana »[182]. La banque envisage notamment un accord qui doit permettre à la société Romano americana d'utiliser sa raffinerie de Cernavoda[183]. Cette raffinerie a une capacité de 150 000 à 180 000 tonnes.

Mercier assiste et préside la réunion où sont discutées ces questions. Il donne alors son aval à une coopération franco-américaine en Roumanie. Lors de cette réunion, on souligne l'avantage d'une telle combinaison : « bénéfice sur le raffinage pour la Romano americana, utilisation à plein et d'une manière permanente de sa raffinerie pour

---

181 *Ibid.*, p. 7.

182 Archives Paribas, PTC/237/113, Procès-verbal de la réunion du 16 décembre 1921.

183 Celle-ci appartient à la société Colombia.

la Colombia »[184]. La capacité de la raffinerie de la Romano americana s'avère suffisante, mais le groupe y est quand même intéressé, car il entrevoit une augmentation de sa production. La principale objection à une telle entente est la difficulté d'acheminer ce pétrole brut vers la raffinerie. On évoque une entente sur le long terme puisqu'il est sujet de créer un pipeline de Baicoï à Cernavoda au coût de 7 millions de francs, avec un amortissement des dépenses en plusieurs années[185]. Les Américains proposent une vaste entente qui permettrait de lier les deux compagnies par des accords sur l'emmagasinage, le transport et la vente des produits[186].

On envisage même de pousser la collaboration encore plus loin. Les Américains proposent d'acheter la totalité de la production de la Colombia à un prix 10 % au-dessous du prix du Golfe. Le groupe français considère qu'il est impossible de traiter à un prix aussi bas et offre plutôt 5 % au-dessous. La dernière proposition est acceptée pour un temps d'essai d'un an[187]. Les discussions se poursuivent alors au sujet de la Steaua française, pour laquelle Paribas a pourtant explicitement promis de favoriser l'exportation vers la France. L'offre provient directement du groupe français, mais les groupes ne se prononcent pas à cette date. Finalement, on discute aussi d'une entente sur les prix sur certains marchés, Constantinople, Salonique et Smyrne sont mentionnées. En même temps, des pourparlers sont engagés entre la Steaua romana, la Royal-Dutch et l'Anglo-Persian pour la vente en Europe centrale. Lors de ceux-ci, Paribas fait part de son désir d'inclure la Standard à une éventuelle entente[188]. En Roumanie, la banque ne se plie donc pas aux revendications du gouvernement français. Loin de représenter une politique indépendante, son action montre la primauté des ententes commerciales alors qu'elle envisage même de rejoindre un cartel sur les prix dans plusieurs marchés d'Europe de l'Est.

Au terme de ces acquisitions roumaines, Paribas possède désormais un pied dans la sphère de la production. Dans l'ouvrage publié à l'occasion de son centenaire, la banque caractérise ainsi ses relations avec l'État :

---

184 Archives Paribas, PTC/237/113, Procès-verbal…

185 *Ibid.*

186 Archives Paribas, PTC/237/113, Procès-verbal…

187 *Ibid.*

188 *Ibid.*

> Le métier de la banque, et plus particulièrement d'une banque d'affaires, se hausse au niveau proprement politique et suppose une concertation constante avec les Pouvoirs publics. C'est souvent pour le compte de l'État, toujours avec son accord, que Paribas a agi avec l'étranger. C'est toujours en pleine connaissance des objectifs du gouvernement qu'il développe son action dans le cadre national[189].

Les évènements en Roumanie montrent en effet qu'il y a eu concertation directe entre la banque et le gouvernement français. C'est la première qui réussit à tirer le meilleur parti de la situation. Non seulement elle obtient l'appui des responsables français dans ses projets, mais elle maintient aussi son alliance avec la Standard américaine. Ces évènements se produisent au même moment où la diplomatie française cherche, en Roumanie, le moyen de s'émanciper de cette dépendance. La banque déjoue ainsi les projets centralisateurs du gouvernement. Elle ressort de ces négociations avec le contrôle d'une affaire internationale d'envergure et d'une importante société productrice en Roumanie. Après avoir obtenu l'aide de la diplomatie française pour prendre possession de ces atouts, elle n'hésite pas à se tourner vers ses alliés américains pour la vente de ses produits plutôt que de favoriser leur exportation vers la France. Mercier est présent tout au long de ces diverses tractations. Il est sur le terrain dès le début pour évaluer les sociétés dont Paribas veut faire l'acquisition. Il est en contact direct avec le gouvernement à Paris et avec le ministre français à Bucarest. Mercier rencontre également les responsables roumains au sujet de l'acquisition de la Steaua romana. Finalement, il prend part aux ententes qui sont passées avec les Américains au sujet des sociétés roumaines. Il a, d'emblée, su montrer ses talents de négociateur. Avec le succès de ces négociations, l'avenir paraît brillant pour la banque qui a obtenu satisfaction à tous les niveaux.

---

189 Cité dans Marguerat, *op. cit.*, p. 126.

Chapitre 2.

Reconstruction et relations franco-roumaines

1. Dédommagements et réclamations

Lorsque Mercier arrive aux commandes en 1921, la première tâche qui s'impose est la reconstruction de l'industrie pétrolière roumaine. Le sabotage des principaux puits de pétrole a lieu en décembre 1916, alors que celui-ci est encore en Roumanie. Il maîtrise donc l'ampleur de la tâche. La mission interalliée en charge de ces destructions comptait alors plusieurs ingénieurs français. À côté des dommages systématiquement organisés par les Alliés, la guerre et l'occupation allemande ont engendré des dégâts supplémentaires. Pendant la guerre, la France s'engage avec la Russie et l'Angleterre à financer la remise en service des puits sabotés. À cause de la révolution bolchevik de 1917, les gouvernements anglais et français se trouvent seuls à assumer cette charge financière. Il est important de préciser que l'Angleterre et la France sont alors directement responsables vis-à-vis du gouvernement roumain et non vis-à-vis des sociétés concernées[190]. Les indemnités doivent ensuite être versées aux sinistrés par la Roumanie. Or, le versement d'une compensation financière aux entreprises étrangères n'est pas une priorité pour les responsables roumains. Cette situation fait de cette question « un chapitre important des relations diplomatiques de la Roumanie avec les puissances de l'Entente »[191].

Les réclamations de l'industrie pétrolière apparaissent vites comme une source constante de friction avec les autorités roumaines. Mercier multiplie les contacts avec le gouvernement roumain durant cette

---

190 MAE, 110CPCOM/111.

191 Calcan, *loc. cit.*, p. 34.

période. Ces relations se trouvent alors exacerbées par l'importance du pétrole pour l'économie roumaine. Un nationalisme revendicateur, peu favorable aux intérêts étrangers, y imprègne la vie politique. Ce facteur est déterminant dans les rapports qu'entretient la Roumanie avec la France. Ce courant nationaliste qui concerne la gestion des ressources pétrolières roumaines n'est pas nouveau, mais la fin de la guerre voit sa mise en œuvre. Pour les politiciens roumains, il ne s'agit pas simplement d'une question financière ; elle s'insère dans le contexte d'une affirmation de la souveraineté nationale. On peut parler d'un « nationalisme endémique » qui imprègne différents aspects de la vie politique roumaine[192].

En Roumanie, le parti conservateur est le plus favorable aux sociétés étrangères, mais il veut assurer une protection des terrains pétroliers que possède encore l'État. Ce parti encourage le capital roumain à participer à l'exploitation pétrolière dans la mesure du possible et admet en principe les capitaux étrangers sur un pied d'égalité. Cette ouverture des conservateurs s'explique plus par un attachement à l'économie agricole que par un esprit internationaliste. De manière générale, l'opinion publique roumaine ne voit pas d'un bon œil les investissements étrangers dans le secteur pétrolier. Le parti libéral roumain s'appuie sur ce courant et se fait l'avocat d'une « Roumanie pour les Roumains »[193]. Les intérêts étrangers sont fréquemment décriés comme étant contraires aux intérêts du pays. Ce programme nationaliste est repris par les frères Bratianu, Ionel et Vintila, que Mercier connaît personnellement. Ces hommes exercent une puissante emprise sur les milieux politiques roumains de l'entre-deux-guerres. Vintila s'intéresse de près à la question du pétrole. Il estime que la participation roumaine dans cette industrie est très insuffisante et considère que la Roumanie a les connaissances techniques nécessaires pour exploiter elle-même ses réserves de pétrole. Ces arguments représentent bien l'opinion du parti libéral qui domine la vie politique jusqu'en 1928.

En politique, ces idées se traduisent par une intervention active de l'État ayant pour but de protéger les intérêts roumains, notamment grâce au contrôle des transports et du stockage des produits pétroliers[194]. L'opinion libérale a tendance à surestimer l'importance de la Roumanie

---

192 Pearton, *op. cit.*, p. 34.

193 *Ibid.*, p. 63.

194 *Ibid.*, p. 64.

pour le commerce pétrolier international. Cette surenchère fait de l'industrie pétrolière nationale un puissant symbole de l'émergence de la Roumanie. On attend de cette industrie qu'elle permette d'atteindre les aspirations politiques du pays et qu'elle lui garantisse son statut de grande puissance européenne[195]. On retrouvera les avocats d'une politique pétrolière interventionniste dans le même camp que ceux qui défendent l'idée politique d'une grande Roumanie. Ce nationalisme revendicateur est en pleine croissance durant l'entre-deux-guerres. Il s'agit d'un mouvement dont les conséquences sont majeures pour l'avenir des capitaux français que représente Ernest Mercier en Roumanie.

En matière de diplomatie, Mercier considère que la France est une grande puissance qui doit se tenir debout face à l'agressivité allemande. Au lendemain de la guerre, il reconnaît que l'Allemagne est en meilleure position économique que les nations qui l'ont défaite, d'où l'importance des réparations pour contrôler son économie. Cette méfiance qu'il entretient à l'égard de l'Allemagne va plus loin que celle de certains de ses contemporains. Son service au ministère de l'Armement, puis sa participation à l'occupation de la Rhénanie, lui ont fait prendre conscience de la supériorité industrielle des Allemands[196]. Lors de cette occupation, il est responsable d'organiser le contrôle militaire des usines et d'en assurer le fonctionnement[197]. Mercier se décrit ouvertement comme patriote. Il est membre de l'organisation des anciens vétérans (UNC) et compte plusieurs amis personnels parmi ses dirigeants. En tant que patriote, il refuse « de concéder l'hégémonie européenne à l'ennemi traditionnel de la France »[198]. Cette position se traduit par des efforts dans le domaine politique, mais aussi dans le secteur industriel. La position de la France ne peut être maintenue que par la modernisation de son industrie. La vision de Mercier en matière de relations internationales laisse à la France une position de grande puissance imbue d'une mission morale[199]. Contrairement à plusieurs de ses contemporains, Mercier sera prêt à accepter le principe d'une alliance avec la Russie bolchevique. C'est pour lui un calcul rationnel et le prix à payer si la France veut

---

195 *Ibid.*, p. 67.

196 *Ibid.*, p. 101.

197 Archives nationales du monde du travail, 98 AQ 5, Lettre de service du ministre des Régions libérées, 12 mai 1921.

198 Kuisel, *op. cit.*, *Ernest...*, p. 101.

199 *Ibid.*, p. 140.

dresser un solide système d'alliances orientales permettant d'encercler l'Allemagne[200]. Cette position témoigne d'un certain réalisme politique et accorde une place de choix à la Roumanie.

Sur le papier, cette vision semble concorder avec au moins un objectif du gouvernement français au lendemain de la guerre. Paris espère alors « intégrer la Roumanie dans un bloc d'alliances de revers centre-européennes, offensives contre l'Allemagne et défensives contre la Russie bolchevique »[201]. La Roumanie doit faire partie d'un bloc assurant le ravitaillement de matériel militaire allant de Salonique jusqu'en Pologne. Il existe une corrélation directe entre ces considérations politiques et la question pétrolière roumaine. Tous ces éléments sont à considérer lorsque débute la première tâche de Mercier en Roumanie. Celle-ci consiste à évaluer de manière précise l'ampleur des dégâts subis au courant de la guerre. Dès le 12 janvier 1919, l'Angleterre informe le gouvernement français qu'une mission anglaise doit partir pour la Roumanie afin d'y évaluer l'étendue des dommages touchant les installations pétrolières roumaines. Responsable envers les compagnies sinistrées, Londres invite alors Paris à se joindre à cette mission. Les travaux associés à cette enquête s'étendent jusqu'en juillet 1920 et le rapport final est signé le 21 septembre de la même année.

Après la guerre, le Trésor français est sous forte pression alors qu'il doit subvenir aux besoins de la reconstruction. La France cherche donc une échappatoire légale à la question des dédommagements. La garantie donnée lorsque les Allemands sont entrés en Roumanie est réexaminée afin d'évaluer si elle a gardé sa forme exécutoire puisque la Roumanie a passé des accords sans contrainte avec l'Allemagne et l'Autriche-Hongrie pendant la guerre[202]. « Accords qui ont pu avoir d'autant plus d'effets sur la promesse antérieure, qu'on ignore dans quelles mesures les Allemands en ont profité et ont nui aux intérêts alliés, tandis que la plupart des extractions ont été remises en marche par les soins des techniciens étrangers »[203]. Le gouvernement français émet donc des réserves quant à la validité de sa promesse faite au gouvernement roumain à la fin de

---

200 Archives nationales du monde du travail, 98 AQ 2, Ernest Mercier, *La France devant son Destin*, Fasquelle éditeurs, 1939, p. 7.

201 Traian Sandu, *La Grande Roumanie alliée de la France. Une péripétie des Années Folles? (1919–1933)*, Paris, L'Harmattan, 1999, p. 7.

202 MAE, 110CPCOM/110, Lettre du 16 janvier 1919.

203 *Ibid.*

1916. Les intentions roumaines sont aussi incertaines. L'état général des affaires en Roumanie est tendu et empêche la tenue de discussions sérieuses au sujet des dommages de guerre. La première étape doit être une entente entre les Alliés. Or, il n'y a pas de consensus en Roumanie quant au mode de règlement des dédommagements. Vintila Bratianu refuse de reconnaître l'engagement pris par son ministre des Finances. Même après avoir accepté le principe d'un règlement par compensation, il « ajourne tout règlement des sinistrés jusqu'à ce que le mode de règlement international des dettes de guerre ait été fixé »[204].

Le montant des indemnités est estimé à 85 millions de francs dont 31 représentent des intérêts commerciaux. Il est entendu que les sommes dues à la suite des engagements de 1916 seraient payées moitié par compensation avec la dette de la Roumanie envers l'Angleterre et moitié avec la dette de la Roumanie envers la France[205]. Cette entente explique pourquoi la Roumanie veut attendre un règlement au sujet de la question des dettes. Les sociétés contrôlées par l'Omnium ont particulièrement souffert de la guerre. La compagnie réclame presque la totalité de ce montant. Elle évalue les pertes à 49,38 millions de francs pour Colombia et 28,5 millions de francs pour Alpha[206]. Le gouvernement est particulièrement attentif aux demandes de ces deux sociétés. « Dès l'entrée en guerre de la France, les sociétés Colombia et Alpha, sociétés roumaines et, par conséquent à cette époque considérées neutres, n'ont pas cru, en raison de l'origine de leurs capitaux, suivre l'exemple de presque toutes les sociétés de pétrole de Roumanie et vendre leurs produits à des prix fabuleux aux Empires centraux »[207]. Il en découle un manque important de bénéfices qui est évalué par le gouvernement à 15 millions pour Colombia et à 5 millions pour Alpha[208]. Mercier est chargé d'obtenir ces dédommagements dès son arrivée à la tête de la compagnie.

La Steaua connaît une situation foncièrement différente de celle de l'Omnium. « Lors de la déclaration de guerre, la compagnie a été mise sous séquestre par le gouvernement roumain et tous les fonctionnaires

---

204 *Ibid.*, 19RC16, Note du comité représentant le groupement des industriels français sinistrés du pétrole en Roumanie, 30 juin 1922.

205 *Ibid.*, 110CPCOM/111, Mode du règlement entre les États.

206 *Ibid.*, 110CPCOM/110, Lettre…

207 *Ibid.*, 110CPCOM/101, Note sur les sociétés *Colombia* et *Alpha*.

208 *Ibid.*

allemands ont été transportés en Moldavie ; elle a été de nouveau mise sous séquestre lors de la réoccupation roumaine de Wallachie en novembre 1918 »[209]. La raffinerie de la compagnie, à Campina, n'est pas démolie et recommence à produire peu de temps après l'occupation. « La Steaua a été la première compagnie à travailler après l'occupation allemande. Le premier puits débouché a recommencé à produire le 13 février, à un taux quotidien de 10 tonnes »[210]. Les estimations sur le nombre de puits bouchés et débouchés pendant la guerre sont impressionnantes, elles concernent 152 507 puits[211]. L'occupant allemand nettoie 47 % de ces puits. Cette situation contraste avec l'après-guerre : très peu de puits sont débouchés à cause de la pénurie de matériel et la faiblesse des moyens de transport. L'augmentation du prix du matériel ne facilite pas la reconstruction.

Le fait que la Steaua ait fonctionné pendant l'occupation allemande signifie qu'elle a beaucoup moins souffert que d'autres sociétés. Elle fait partie des quelques chantiers qui sont réparés et même agrandis pendant la guerre pour subvenir aux besoins croissants de l'Allemagne. « Parce que le pétrole roumain était vital pour le déroulement des opérations militaires de l'Allemagne, celle-ci a déclenché une vaste activité de restauration de l'industrie pétrolière roumaine »[212]. Les Allemands créent alors « une société qui s'occupait de l'activité des raffineries, une autre société qui avait comme objet l'utilisation des pipelines et le transport des produits pétroliers »[213]. Par ces mesures, l'Allemagne parvient rapidement à remettre en fonction l'industrie pétrolière. La différence est marquée dans le cas de la Steaua. Celle-ci peut produire jusqu'à 250 wagons par jour, alors qu'elle en produisait 150 auparavant. Ces améliorations sont faites avec le matériel d'exploitation des sociétés alliées[214]. Les responsables roumains envisagent un autre moyen de dédommager les sociétés alliées. Il s'agit de les faire participer aux résultats des anciennes sociétés allemandes sous séquestre qui sont « les seules qui soient actuellement en

---

209 *Ibid.*, 110CPCOM/111, Steaua romana.

210 *Ibid.*

211 *Ibid.*

212 Calcan, *loc. cit.*, p. 31.

213 *Ibid.*, p. 32.

214 MAE, 110CPCOM/110, Mesures prises par le gouvernement roumain en faveur des sociétés pétrolifères alliées.

bon état et abondamment pourvues de tout le matériel nécessaire »[215]. Ces sociétés ont réalisé d'importants bénéfices pendant la guerre. « Elles sont maintenant puissantes, en plein travail, alors, que les sociétés des Alliés aux 3/4 détruites ne pourront être remises en état que dans plusieurs années et au prix de grands sacrifices »[216]. La conclusion pour les responsables français est qu'il semble nécessaire que le gouvernement roumain « dans une œuvre de justice et aussi de reconnaissance envers les sociétés alliées [...] procède à une équitable répartition du matériel existant »[217].

Il n'en est rien. Lors des discussions avec le gouvernement français, Paribas promet de dédommager les autres sociétés d'une autre manière. C'est donc avec raison que Mercier considère que l'outillage de la Steaua constitue son atout principal. La société n'en réclame pas moins des réparations de la part de l'État français dès juillet 1921. Dans une lettre envoyée au gouvernement, elle expose que l'occupation de sa succursale à Salonique par les troupes françaises a causé plusieurs dommages[218]. Encore une fois, Mercier peut parler d'expérience, il est présent à Salonique lors de cette occupation. La demande de la société concerne la mainmise sur les stocks de combustibles liquides pour les besoins de l'armée d'occupation, les dégradations faites aux installations et le non-paiement d'une somme représentant la location des locaux pendant plus de quatre ans. Le dédommagement total réclamé s'élève à 2 330 853 drachmes[219]. La société cherche à associer ces réclamations à celles qui concernent les opérations de guerre en Roumanie dont le principe est déjà accepté par les Alliés. Cette revendication est critiquée en France puisque, durant la guerre, la Steaua est une société allemande. La succursale de Salonique a été saisie par les autorités militaires françaises parce que le directeur de l'usine, de nationalité allemande, refusait de louer ses établissements à un groupe français désirant les faire fonctionner pour les besoins de l'armée française. À la lumière de ces informations, le ministre de la Guerre considère qu'aucune réclamation ne peut être présentée, « peu importe le caractère nouveau qu'a pu prendre la société postérieurement à la mise en

---

215 *Ibid.*

216 *Ibid.*

217 *Ibid.*

218 Celle-ci est occupée du 24 janvier 1916 au 15 mai 1920.

219 MAE, 110CPCOM/105, Lettre du 22 juillet 1921.

vigueur des Traités de paix. Cette transformation est sans influence sur le règlement de préjudices antérieurs »[220].

La société ne tarde pas à répliquer que, même à l'époque, une part des capitaux est détenue par des nationaux neutres ou alliés. La part du capital de la société détenue par des capitaux ennemis est évaluée à 105 002 actions sur un total de 200 000, soit 52,501 % du capital total[221]. « Nous nous plaisons donc à espérer que l'État français voudra bien, en conséquence de cette déclaration nous reconnaître une indemnité correspondant à 47,499 % du montant de la réquisition opérée »[222]. Le ministère de la Guerre est d'accord en principe, mais il désire vérifier le nombre d'actions appartenant vraiment à des capitaux alliés. Pour ce faire il entend se référer au registre des présences de l'assemblée générale qui précède les destructions. Mercier prend part aux négociations. Il défend l'idée que la manière la plus précise de déterminer la part du capital de la société possédée par des citoyens ex-ennemis est de se baser sur les vérifications menées par l'État roumain qui a validé par une estampille le droit des propriétaires ayant pu lui fournir des justifications.

Mercier fait parvenir au ministre intéressé la feuille de présence de l'assemblée générale de la société qui s'est tenue à Bucarest le 10 novembre 1915. Ce document présente quelques différences au niveau des chiffres par rapport à l'enquête roumaine que priorise Mercier. Pour celui-ci, ces variations sont dues au fait qu'un certain nombre de citoyens neutres « n'ont pas fait connaître leur nationalité réelle et ne l'ont démontré que quand est apparu pour eux l'intérêt de cette précision, c'est-à-dire au moment de l'enquête du gouvernement roumain »[223]. Mercier met aussi en avant la possibilité que certains titres possédés par des Allemands aient été vendus entre le 10 novembre 1915 et le mois d'août 1916 « puisque, pendant cette période, les relations entre la Roumanie et l'Allemagne devenaient de plus en plus mauvaises jusqu'à aboutir au conflit et que, par suite, ces détenteurs allemands ont pu vouloir se débarrasser de leurs titres devant la situation critique où la guerre pouvait mettre les installations de la Steaua »[224]. C'est pour ces raisons que Mercier insiste

---

[220] *Ibid.*, 110CPCOM/107-108, Lettre du ministre de la Guerre au Président du Conseil, 2 août 1924.

[221] *Ibid.*, Lettre de la Steaua romana au ministre des Affaires étrangères, 22 juillet 1925.

[222] *Ibid.*

[223] *Ibid.*

[224] *Ibid.*

sur les chiffres de l'enquête roumaine dans laquelle les capitaux ennemis représentent 105 000 actions plutôt que 106 909[225]. « Nous persistons à considérer que le chiffre fixé par l'enquête roumaine offre plus de garanties que celui résultant de la feuille de présence de l'assemblée générale, puisque l'enquête faite par le gouvernement roumain l'a été d'une manière excessivement sévère »[226].

Afin de clore le débat, Mercier est prêt à accepter une indemnisation qui résulterait soit de l'enquête roumaine, soit d'un chiffre intermédiaire entre celle-ci et la feuille de présence de l'assemblée du 10 novembre 1915. Cette proposition est accompagnée d'un ultimatum. Mercier ajoute, « si ce règlement devait être ajourné, nous nous verrions dans l'obligation de réserver tous nos droits et de porter devant les juridictions compétentes le principe même soulevé par les Affaires étrangères, qui ne nous paraît pas fondé »[227]. Cette démarche est un succès. Mercier obtient satisfaction et les réclamations de la Steaua sont reconnues par la commission interalliée. Pour tenir compte de certains facteurs qui ne peuvent pas être évalués, tel que la diminution de la production et de la valeur des chantiers non exploités, ces considérations aboutissent à l'attribution d'une indemnité complémentaire qui atteint 15 % du montant total des dommages subis par les chantiers et raffineries[228].

2. Négociations avec le Quai d'Orsay

C'est un long chemin qui a été parcouru depuis le temps où le gouvernement français envisageait d'être exempté de payer les réparations dues à l'industrie pétrolière roumaine. Même si le principe des dommages est bel et bien accepté pour la Steaua et les filiales de l'Omnium, le paiement de ces indemnités tarde. Pour faire bouger les choses, les différentes sociétés roumaines collaborent afin de faire pression sur les gouvernements alliés. Elles joignent leur force pour créer le « Groupement des industriels français sinistrés du pétrole en Roumanie » dont Mercier devient le président. À ce poste, il multiplie les contacts avec le gouvernement français afin d'exposer la situation des

---

225 *Ibid.*

226 *Ibid.*

227 *Ibid.*

228 *Ibid.*, 110CPCOM/113, Note sur les dommages.

sociétés roumaines concernées. La commission de règlement chargée de mettre à jour le montant total des indemnités aboutit à un nouvel accord en septembre 1922. Le montant total des indemnités aux sinistrés atteint alors 9 965 000 £[229]. Les industriels français, qui sont au nombre de 17, ont droit à 1 501 802 £ de ce montant. Cette mise à jour ne change rien au fait que le gouvernement roumain continue de repousser un règlement pour les compensations tant qu'une entente sur la question des dettes de guerre n'est pas intervenue. « Il entend ne procéder à aucun paiement des sinistrés jusqu'à cette date »[230].

Dans les lettres qu'il échange avec son gouvernement, Mercier dénonce une situation désastreuse. Les concessions pétrolières ont une durée limitée, « l'impossibilité de les exploiter pendant 6 ans entraîne donc un préjudice irréparable, et qui n'entre pas en ligne de compte dans la fixation de l'indemnité »[231]. Il souligne aussi que les contrats de concession comportent généralement des obligations précises de forages, le non-respect de celles-ci fait courir au concessionnaire le risque de perdre ses droits. C'est dans ce contexte que le Groupement des sinistrés demande au Quai d'Orsay d'agir. « Dans la période actuelle de vive compétition, les exploitants français, faute de ressources suffisantes, risquent de perdre, et perdent effectivement, au profit d'étrangers, la place intéressante qu'ils avaient su conquérir par leur travail en Roumanie »[232]. Afin de pallier cette situation, les sinistrés demandent une avance sur le paiement des réparations en utilisant les fonds du Consortium du pétrole.

Mercier sait employer le vocabulaire approprié lorsqu'il s'agit de convaincre le gouvernement français. C'est « l'intérêt de la nation » qui est en jeu. Le projet d'avance est décrit comme « éminemment conforme à l'intérêt même du pays : car s'il est bien reconnu que la France ne pourra vivre sans acquérir des droits, et des droits importants, sur une partie de la production mondiale du pétrole, il sera plus sûr et moins dispendieux d'aider les droits acquis à vivre et à se développer, que de chercher dès l'abord à en créer de nouveaux, avec tous les aléas que cette opération comporte »[233]. Les sinistrés se disent prêts à donner au gouvernement les

[229] *Ibid.*, 110CPCOM/114.
[230] *Ibid.*
[231] *Ibid.*
[232] *Ibid.*
[233] *Ibid.*

garanties qu'il jugera utiles pour assurer le ravitaillement de la France en cas de crise.

Mercier écrit aussi à un juriste français de haute réputation, Charles Lyon-Caen, afin de s'assurer que les sociétés sinistrées sont en droit de réclamer des dommages et intérêts au gouvernement français. Il désire aussi savoir si le Consortium peut légalement consentir aux avances réclamées. Lyon-Caen répond affirmativement à la première question. Pour ce qui est des fonds du Consortium, son avis juridique est qu'il s'agit d'un usage conforme à ses statuts. Ceux-ci stipulent dans leur 2e alinéa : « que l'actif net sera remis entre les mains de l'État lors de la liquidation pour être employé dans l'intérêt public, en temps utile, en vue de l'amélioration des conditions générales de l'industrie pétrolifère en France, dans les colonies et pays de protectorat »[234]. Il ajoute qu'il est question d'un usage provisoire, puisque le gouvernement français doit être remboursé. Avis juridique à l'appui, la demande d'une avance est officiellement remise aux responsables français le 28 juin 1922. Les fonds disponibles du Consortium du pétrole sont évalués à 75 millions de francs.

Le gouvernement accueille favorablement cette proposition. Les retards qui concernent le versement des réparations sont importants. Les alliés ne s'entendent toujours pas sur la forme que doivent prendre les paiements. L'utilisation des fonds du Consortium permet de compenser les retards. Ce sont, après tout, des capitaux destinés « à faciliter dans certaines conditions le développement de l'industrie pétrolière française »[235]. Une autre alternative est toutefois envisagée par le gouvernement. Il s'agit d'utiliser ces fonds pour développer le forage en France ou pour faciliter la prise de participations par des groupes français dans les affaires russes ou américaines. L'usage de ces fonds en Roumanie offre la possibilité de demander des garanties et des engagements en contrepartie. Le gouvernement français y voit, à nouveau, l'occasion de jeter les bases d'une politique française du pétrole.

a) Il envisage de demander aux sinistrés l'engagement de réserver à la France en cas de crise la totalité des quantités de produits exportables et ceci soit au prix mondial, soit à conditions égales.

---

[234] *Ibid.*

[235] *Ibid.*, 110CPCOM/113, Note, 19 août 1922.

Ce premier engagement répondrait en partie au besoin de ravitaillement de la France.

b) Le gouvernement français pourrait demander aux sinistrés de lui fournir des garanties au sujet du contrôle français de leurs entreprises. Certaines conditions de pénalités pourraient même être imposées pour le cas où ce contrôle échapperait à la France.

c) Le gouvernement français pourrait demander aux sinistrés de participer pour une part des indemnités à la constitution d'une Société Nationale des Pétroles, ce qui assurerait à cette société à la fois des techniciens, des débouchés commerciaux et des moyens financiers.

d) Le gouvernement français pourrait imposer qu'une partie des fonds soit employée à des achats de matériaux industriels en France, ce qui favoriserait l'industrie nationale[236].

Ces mesures témoignent de l'importance que les responsables français accordent au pétrole roumain. Elles montrent, une fois de plus, que le gouvernement ne se contente plus d'un rôle passif et exprime déjà une volonté de contrôler le secteur pétrolier. Paris estime qu'une avance constituée des fonds du Consortium du pétrole couvre jusqu'à 60 % des indemnités qui sont dues aux sinistrés français du pétrole. Deux options sont sur la table, une avance pure et simple ou une avance qui s'accompagnerait d'une participation obligatoire. Cette dernière option prendrait la forme d'un débours en espèce de 40 % de la créance et une participation à un projet de société nationale égale à 20 % de la créance. Ces projets sont absolument remarquables. Ces discussions sont un premier aperçu des enjeux qui entourent la création de la CFP en 1924[237]. Une participation obligatoire représente un atout précieux pour Paris, qui cherche à réunir le capital nécessaire à un projet de cette envergure.

Ce sont les mêmes considérations qui seront reprises lors de la création du Syndicat d'études pétrolières. Le gouvernement insiste déjà sur le contrôle français du capital des sociétés pétrolières. Il envisage d'exiger des preuves de ce contrôle annuellement, à défaut de quoi « leurs actions seraient mises en vente et le produit versé dans un fonds de réserve spécial de la société nationale, à titre de pénalité pour rupture d'engagement »[238].

---

236 *Ibid.*

237 Le Syndicat d'études pétrolières qui doit aboutir à la création de la CFP est créé en 1923. Le projet de fédérer les sociétés roumaines date de 1922.

238 MAE, 110CPCOM/113 Note…

Paris va plus loin et envisage de créer des liens additionnels entre les sinistrés et la société nationale par le biais d'engagements précis. On fait référence ici à des avances qui seraient gagées sur l'actif des sociétés, indépendamment des indemnités (chantiers, industries partiellement reconstruites, etc.)[239]. Par le biais de ces avances, le gouvernement souhaite que la société nationale puisse exercer un contrôle sur l'activité des compagnies pétrolières roumaines. Ces objectifs menacent la position prééminente qu'est en voie de prendre Paribas dans les affaires de pétrole. Contenir cette politique, dans le cadre de ses opérations de diversification en Roumanie, est tout à fait primordial pour la banque[240]. Elle peut compter sur un important réseau d'influence au gouvernement et parvient à s'assurer que ces idées ne trouvent pas d'échos au gouvernement ou dans la presse. Ce succès se traduit par l'adoption d'une avance qui n'offre pas la moindre contrepartie au gouvernement. Celle-ci est adoptée par une commission spécifiquement chargée d'étudier la question.

L'année 1922 laisse finalement présager une solution au problème des réparations qui sont dues à l'industrie roumaine. Les gouvernements anglais et français parviennent finalement à une entente avec la Roumanie sur le mode de règlement des indemnités.

1) Les gouvernements français et anglais prennent à leur charge le règlement de la part incombant au gouvernement russe sous réserve de recours ultérieurs contre ledit gouvernement.
2) Le règlement se fera par compensation avec les dettes de guerre de la Roumanie envers l'Angleterre et envers la France. Le montant des indemnités sera porté par parties égales au crédit de la Roumanie en France et en Angleterre.
3) Le gouvernement roumain règlera directement les sinistrés et les sommes remises par lui seront portées immédiatement à son crédit. Le mode de règlement des sinistrés devra donner satisfaction aux gouvernements français et anglais et devra être le même pour tous sans distinction[241].

En tant que président du Groupement des sinistrés français, cette entente permet à Ernest Mercier de signer une convention le 21 avril

239 *Ibid.*

240 Marguerat, *op. cit.*, p. 115.

241 MAE, 110CPCOM/116, Mode de règlement entre les États, 7 juin 1922.

1923 avec le ministre du Commerce et de l'Industrie. Cet accord planifie le remboursement des avances fournies par le gouvernement français. Le paiement des indemnités n'est pourtant pas finalisé avant 1926, date à laquelle la France et l'Angleterre versent l'équivalent de cinq milliards de livres sterling à la Roumanie[242]. Comme nous l'avons vu, plusieurs raisons expliquent la lenteur de ces démarches. Il a d'abord fallu évaluer le montant exact des sommes en question ; ce fut le rôle d'une commission interalliée. Ensuite, certaines sociétés, telles que la Steaua, ont revendiqué des indemnités que le gouvernement français ne reconnaissait pas. Mercier a dirigé ces négociations pour le compte de la Steaua et de l'Omnium, mais aussi en tant que président du Groupement des sinistrés en Roumanie. Encore une fois, l'État français ambitionne d'obtenir certaines contreparties contre une avance sur le paiement des indemnités. Le groupe Paribas parvient de nouveau à déjouer les plans du gouvernement, tout en obtenant l'aide désirée. Cette question des réparations dues à l'industrie pétrolière roumaine occupe Mercier pendant plusieurs années. Il s'agit d'un litige important, car le versement des indemnités doit permettre à l'industrie de se développer en lui fournissant les fonds nécessaires à sa reconstruction. C'est aussi une expérience formatrice pour Mercier qui vient tout juste de rejoindre ce secteur. Les contacts qu'il entretient avec le gouvernement français accompagnent la multiplication de ses responsabilités.

3. Relations avec le gouvernement roumain

Plusieurs contentieux se développent durant la période entre l'industrie pétrolière et l'État roumain. Il s'agit principalement des lois qui régissent l'industrie, de la question des terrains de l'État et des redevances que celui-ci perçoit en nature. Comme la France, la Roumanie envisage de contrôler les activités reliées au secteur pétrolier. Plusieurs lois adoptées durant l'entre-deux-guerres vont profondément modifier les relations entre l'industrie et le gouvernement. Les deux législations les plus importantes sont la loi sur les mines du 28 juin 1924 et celle du 23 mars 1937. Ces textes permettent au gouvernement roumain de s'assurer que ses intérêts sont respectés. La première de ces lois définit les relations qu'entretient l'État avec l'industrie pétrolière. Elle met de

242 Calcan, *loc. cit.*, p. 34.

l'avant le fait que le pétrole est une ressource dont la contribution est essentielle pour l'économie roumaine. Une fois ce postulat établi, il s'agit de tirer des profits de son exploitation. C'est dans ce but précis qu'est construite la politique pétrolière roumaine durant cette période. En dehors de l'agriculture, le pétrole représente le secteur le plus lucratif, d'où l'attachement des milieux politiques à cette question. Avant 1924, l'État joue un rôle minimal pour encourager l'investissement dans ce secteur. L'adoption de ce texte marque un tournant avec la mise en place d'une réglementation détaillée. Le gouvernement roumain envisage déjà, en principe, une nationalisation complète de l'industrie pétrolière. Les récriminations des sociétés françaises opérant en Roumanie commencent très tôt.

> Au lendemain de la guerre, ces entreprises se sont efforcées de restaurer leurs exploitations endommagées et, tout en renouvelant leur outillage et en élargissant leur domaine, de prendre dans l'industrie des pétroles roumains une part avantageuse et pour les capitaux qui leur étaient confiés, et pour le ravitaillement national en produits de première nécessité. Malgré de nombreuses circonstances défavorables (difficultés de transport, coût des matériaux, avilissement du change, etc.), les sociétés ont persévéré dans leurs efforts et consenti de très lourds sacrifices. Persuadées que les pouvoirs publics roumains favoriseraient la collaboration franco-roumaine dont le but était, en somme, le rétablissement de la production, elles ont traversé patiemment une longue phase de difficultés. Cependant leur situation est devenue aujourd'hui critique, du fait d'une législation qui méconnait les lois économiques générales et qui refuse aux exploitations, non seulement les conditions d'une rémunération équitable, mais encore les concessions de nouveaux terrains sans lesquelles elles ne peuvent vivre[243].
>
> La Steaua romana se trouverait donc, à tous points de vue, dans une situation très satisfaisante si une réglementation étroite, née des circonstances exceptionnelles de la guerre, n'entravait encore la liberté de commerce et d'exportation des Sociétés pétrolifères roumaines, en les obligeant à vendre à l'intérieur du pays la plus grande partie de leur production à des prix en lei très inférieurs aux prix mondiaux alors qu'elles doivent acheter à l'étranger presque tout le matériel nécessaire à leur exploitation[244].

---

243 Archives Paribas, PTC/241/140, Lettre de Mercier au ministre des Affaires étrangères, 17 novembre 1922. Sa signature est accompagnée de celle de Brisson de l'Aquila franco-romana, de Lefevre et Vacquerie de la Compagnie industrielle des pétroles et de Lepretre de la raffinerie Predinger. Tous ont des intérêts en Roumanie.

244 Archives Total, Steaua française, 83,11/52, Assemblée générale ordinaire, 20 juin 1922.

Durant l'entre-deux-guerres, la Roumanie n'échappe pas à une confrontation sur la nature des politiques économiques qui touche un bon nombre de pays européens. Ce débat oppose les partisans d'une forme ou d'une autre d'interventionnisme de la part de l'État à ceux du libéralisme. On peut même dire que « c'est en Roumanie que se joue l'un des actes les plus importants de l'affrontement »[245]. Dans le secteur pétrolier, ce débat est visible dès les premières années d'activité française. Le conseil de l'Omnium s'applique à défendre la liberté de commerce pour contrer les velléités d'intervention de l'État. « C'est le seul régime, nous en avons la conviction, qui soit susceptible de restaurer économiquement et financièrement la Roumanie, car, à tous ces points de vue, les intérêts des sociétés pétrolifères et ceux du pays sont étroitement solidaires »[246]. C'est un thème récurrent qui, lors des assemblées d'actionnaires, permet d'expliquer les difficultés en Roumanie par l'exagération des charges fiscales et douanières. D'une manière générale, le gouvernement roumain est vu comme responsable de cette situation défavorable[247]. Mercier réclame un abaissement des prix de revient pour soutenir la concurrence mondiale.

> Une société de pétrole roumaine paie, en impôts et taxes de toute nature et frais de transport, environ trois fois plus qu'une société de même importance dans la plupart des grands pays producteurs. Libérées d'une partie de cette charge, les sociétés roumaines seraient, normalement, en mesure d'assurer une rémunération convenable des capitaux investis dans cette industrie. Tel serait, incontestablement, le cas de la Steaua romana[248].

C'est dans ce contexte que Mercier fait appel, une fois de plus, à la diplomatie française. Son intervention se trouve légitimée par le fait que « la politique poursuivie en matière de pétrole par le gouvernement roumain menace de la façon la plus grave les capitaux étrangers, et notamment les intérêts français investis dans l'industrie du pétrole de ce pays »[249]. Les sociétés françaises avancent que « le gouvernement

---

[245] Bouguen, *op. cit.*, p. 63.

[246] Archives Total, Omnium international des pétroles, 82,1/12, Assemblée générale ordinaire, 29 mai 1923.

[247] *Ibid.*, Steaua française, 92,2/2, Procès-verbal du Conseil d'administration, 9 décembre 1937.

[248] *Ibid.*, 83,11/52, Assemblée générale ordinaire, 9 mai 1930.

[249] MAE, Relations commerciales, 19RC15, Note concernant la situation faite en Roumanie aux sociétés étrangères d'exploitation des pétroles, 26 mai 1920.

français, pas plus que les autres gouvernements possédant des intérêts de même nature, ne peut se désintéresser d'une question aussi grave et elles sollicitent du gouvernement une action immédiate auprès du gouvernement roumain en vue de protéger les intérêts nationaux »[250]. Elles favorisent l'institution d'une taxe *ad valorem* accompagnée de la liberté du commerce d'exportation. Or, depuis le décret-loi du 18 avril 1920, le gouvernement roumain détient le monopole des exportations. Il faut reconnaître qu'en Roumanie le capital étranger n'a jamais connu de position privilégiée ou même la possibilité d'une opération entièrement libre de toute ingérence[251]. Dès le début, l'État roumain a été en mesure d'imposer ses prérequis légaux et techniques pour l'exploitation de son territoire et la constitution des sociétés.

La réglementation de l'industrie pétrolière par la Roumanie fait craindre une intention de monopolisation et de nationalisation. On ne peut s'empêcher de constater l'ironie de la situation. Au même moment où le gouvernement français envisage ces mêmes moyens d'interventions en France, il est appelé à empêcher l'État roumain de se doter d'une législation similaire. Ce qu'on lui demande c'est que la Roumanie laisse son marché intérieur ouvert aux compagnies étrangères. Après une première intervention des pays intéressés auprès du gouvernement roumain, celui-ci « donna des assurances apaisantes, prétendant que toute cette affaire avait été très mal présentée dans les journaux, qu'il désirait se réserver pour ses besoins une partie des produits du pétrole »[252]. Les sociétés françaises en Roumanie dénoncent justement le fait que le gouvernement roumain se réserve la priorité pour l'achat aux prix intérieurs des quantités dont il a besoin. Voici comment les intérêts français expriment leurs doléances :

> Il y a lieu de signaler que les prix intérieurs ont été fixés, par le gouvernement roumain, intentionnellement très bas, pour favoriser la consommation indigène, escomptant, dans la fixation des prix, que l'exportation compenserait le sacrifice fait par les sociétés de pétrole. Or, il résulte du nouveau décret-loi, que le sacrifice fait pour la consommation indigène, s'étendrait également aux ventes pour l'exportation, et ne laisserait aux industriels qu'une proportion dérisoire du prix réel de la marchandise[253].

---

250 *Ibid.*

251 Pearton, *op. cit.*, p. 62.

252 MAE, 19RC15, Note sur la situation…

253 *Ibid.*

Les sociétés françaises expriment alors que, vu l'importance des capitaux nécessaires pour l'exploitation pétrolière, « cette industrie ne peut absolument pas se développer dans ces conditions et devra se limiter à l'exploitation des sondes productives, jusqu'à l'épuisement »[254]. Malgré un bon nombre de considérations stratégiques qu'il partage avec Bucarest, le gouvernement français est interpelé par les récriminations de ses nationaux ; car il compte, depuis plusieurs années, se ravitailler en Roumanie. Sans la liberté de commerce, les sociétés françaises déclarent être dans « l'impossibilité de vendre librement à leurs propres organisations de ventes et à leur gouvernement respectif »[255]. Il est alors question de quatre monopoles en Roumanie : commerce intérieur, exportation, transports par pipe-lines et terrains de l'État. Nous aborderons cette dernière question plus loin. Mercier s'attend à ce que le Quai d'Orsay exerce sa propre pression en Roumanie, avec pour objectif de modifier la législation roumaine. Celle-ci « méconnait les lois économiques générales et [...] refuse aux exploitations, non seulement les conditions d'une rémunération équitable, mais encore les concessions de nouveaux terrains sans lesquelles elles ne peuvent vivre »[256].

Une lueur d'espoir apparaît en 1929 alors qu'une nouvelle loi sur les mines est promulguée en Roumanie. Elle a reçu des modifications par rapport au projet initial qui « ont paru satisfaisantes aux représentants roumains et étrangers de l'industrie pétrolifère, ceux-ci estiment que si la loi est appliquée d'une manière intelligente et libérale, elle représentera un réel progrès sur la législation antérieure »[257]. On doit associer ce texte de loi au changement politique qui a alors lieu en Roumanie. En 1928, le parti national des paysans met fin au long règne du parti libéral. Cet évènement signifie, du même coup, l'échec d'un éventuel monopole sur les exportations. L'opposition libérale roumaine dénonce l'abandon de ce projet comme une trahison des intérêts du pays. Mercier, qui est à Bucarest, obtient des audiences non seulement avec le ministre du Commerce et de l'Industrie, mais avec le ministre des Finances et le sous-secrétaire d'État à la présidence du Conseil[258]. Grâce à sa connaissance

---

[254] *Ibid.*

[255] *Ibid.*

[256] *Ibid.*, 19RC16, Lettre au ministère des Affaires étrangères, 17 novembre 1922.

[257] MAE, 110CPCOM/107-108, Le ministre de la République française à Bucarest au ministre des Affaires étrangères à propos de la loi des mines en Roumanie, 29 mars 1929.

[258] *Ibid.*

du dossier et du contexte international, Mercier est en mesure d'utiliser l'arrivée prochaine du pétrole iraquien en France pour obtenir une législation plus favorable pour les intérêts français en Roumanie.

> Le président de la Compagnie française des pétroles a remis à M. Madgearu et M. Lugojeanu une note sur l'industrie du pétrole en Roumanie dans ses relations avec les pétroles de Mésopotamie, indiquant quelles seraient à son avis les mesures les plus propres à développer la production roumaine en prévision de la concurrence prochaine des nouveaux champs de pétrole. M. Mercier a insisté surtout sur le bénéfice indirect que tirerait l'État d'une moindre ingérence dans les opérations industrielles des sociétés, ce contrôle étant à la fois coûteux et inutile[259].

La note produit l'effet désiré. Mercier est en mesure d'affirmer au ministre français en Roumanie qu'il a trouvé ses interlocuteurs roumains beaucoup plus réceptifs. Malgré ces efforts, les milieux politiques roumains ne cèdent pas le contrôle des différents maillons d'une industrie qui continue à leur assurer d'importants revenus. En pleine période de marasme économique, ils représentent des rentrées précieuses et essentielles pour l'économie roumaine. « Le pétrole est l'industrie nationale de la Roumanie et l'État roumain est directement intéressé dans cette industrie, son principal revenu consiste dans le prélèvement des redevances brutes et de l'impôt sur la production »[260]. Mercier finira par jeter l'éponge et avancer que tous les moyens employés pour obtenir une modification à cet état de choses ont échoué. « La plaie en Roumanie est un fisc dont les exigences sont d'autant plus âpres, qu'il ne trouve pas d'autre proie à portée que le pétrole »[261].

Le transport du pétrole roumain est aussi un sujet d'inquiétudes qui préoccupe Ernest Mercier. Une fiscalité très lourde pèse sur l'ensemble des activités de ce secteur. L'Omnium prétend que certains produits ne peuvent même plus être exportés à cause des frais imposés[262]. Les problèmes sont similaires du côté de la Steaua, « il est de plus en plus difficile de lutter contre la concurrence étrangère du fait de la lenteur

---

259 *Ibid.*

260 *Ibid.*, Note 22 juillet 1931.

261 Archives Paribas, PTC/239/125, La situation actuelle de l'industrie roumaine du pétrole.

262 Archives Total, Omnium international des pétroles, 82,1/15, Procès-verbaux du Conseil d'administration, 12 novembre 1931.

et du prix des transports »[263]. Encore une fois, la question est liée au gouvernement roumain qui fixe lui-même les tarifs. La Steaua française estime que le transport du pétrole en Roumanie coûte jusqu'à huit fois plus cher qu'en Amérique[264] et représente jusqu'à 50 % de la valeur marchande des produits. Les services diplomatiques français soupçonnent l'État roumain de vouloir instaurer un monopole total des transports par pipeline et une centralisation du raffinage avec une société unique avec participation d'État[265]. Ils ajoutent que, c'est à défaut de pouvoir décréter le monopole des pétroles, qui ne serait pas accepté par les puissances alliées, que le gouvernement roumain s'oriente vers une centralisation de la production, du raffinage et du transport. Le Quai d'Orsay est conscient que l'État roumain ne dispose pas de suffisamment de capitaux pour atteindre ses objectifs. Il doit s'adresser aux firmes étrangères tout en jouant sur la concurrence qui existe entre elles. La formation d'un front uni avec les intérêts américains et anglais qui opèrent en Roumanie paraît essentielle.

Comme il est possible de constater, les autorités roumaines sont considérées comme largement responsables de la situation défavorable qui touche l'industrie pétrolière dans ce pays. Les plaintes des industriels français que représente Mercier sont-elles exagérées? La politique du parti libéral roumain, après la guerre, est de créer un État centralisé dont l'économie doit être basée sur l'exploitation des ressources naturelles du pays. Comme dans la plupart des pays belligérants, la guerre a affecté les relations entre gouvernement et vie économique. L'après-guerre offre l'opportunité au parti libéral d'instaurer un monopole et de nationaliser les ressources pétrolières[266]. Ultimement, ce sont les besoins pressants de la Roumanie qui dictent la nécessité de négocier avec Paris, puisque les techniciens roumains ne sont pas en mesure de mener le programme d'opérations qui est alors envisagé par la classe politique[267].

---

263 *Ibid.*, Steaua française, 92,2/2, Procès-verbaux du Conseil d'administration, 23 mai 1929.

264 *Ibid.*, 92,2/1, Assemblée générale ordinaire, 14 mai 1936.

265 MAE, 110CPCOM/110, Note.

266 Pearton, *op. cit.*, p. 105.

267 *Ibid.*, p. 64.

4. Les terrains de l'État roumain

À défaut de parvenir à modifier la législation roumaine, les sociétés françaises sont actives sur un autre front. Elles cherchent toutes à mettre la main sur les terrains pétroliers que possède l'État roumain. Ces derniers sont considérés comme potentiellement riches en pétrole. Mercier formule lui-même que la « prospérité de notre société (Steaua romana) ne pouvait être assurée que par l'acquisition de nouveaux terrains »[268].

Il s'agit d'une des plus importantes questions discutées en Roumanie durant la période. Dès la Conférence de la paix à Paris, les négociateurs français prévoient que la Roumanie aura besoin de l'appui de la France pour obtenir ses revendications territoriales (sur la Transylvanie et la Bessarabie). En échange de ce soutien, le gouvernement français cherche déjà à extraire des concessions au sujet des terrains de l'État[269]. Il reconnaît que la question de ces terrains est « une des plus délicates de la politique intérieure roumaine »[270]. Le gouvernement roumain légifère bien avant la guerre sur cette question. La loi du 30 décembre 1905 divise ces terrains en différents lots. À partir de ce moment, c'est le conseil des ministres roumain qui détient l'autorité finale pour accorder ou refuser une concession. En 1924, la loi sur les mines que nous avons mentionnée plus haut se penche elle aussi sur le sort de ces terrains. Elle en favorise l'attribution aux compagnies roumaines. Les sociétés étrangères qui désirent y avoir accès se voient ainsi forcées d'admettre les capitaux roumains dans leurs actifs. Cette situation ne laisse pas indifférents les gouvernements étrangers. Ils sont mobilisés pour défendre les intérêts de leurs nationaux. La Roumanie y réplique en insistant sur son droit de favoriser une nationalisation partielle de l'industrie pétrolière. En contrepartie, elle déclare que les droits déjà acquis par les sociétés étrangères seront respectés.

La France met tout en œuvre pour prendre possession de ces terrains. Après la guerre, les relations commerciales franco-roumaines vont plutôt mal. Le ministre des Finances roumain, Titulesco, vient en France pour parer à la détérioration de ces relations. Il compte sur Paris pour stabiliser la monnaie roumaine et négocier l'achat de bons du Trésor gagés sur les

---

[268] Archives Total, Steaua romana, 83,11/99, Correspondance, 28 août 1924.

[269] MAE, 110CPCOM/101.

[270] *Ibid.*, 110CPCOM/105, Visite de M. Titulesco.

terrains pétrolifères de l'État roumain[271]. Or, le gouvernement français juge une telle opération beaucoup trop risquée, car redresser le leu (monnaie roumaine) nécessiterait des sommes énormes. Par contre, il est intéressé à l'émission en France de bons du Trésor roumain gagés sur les terrains de l'État. Il note déjà l'intérêt pour Paribas d'une telle combinaison[272]. À l'international, ces terrains attirent les convoitises des grands groupes pétroliers. L'article 6 du traité de San Remo prévoit que les Français et les Anglais doivent s'entendre sur un pied d'égalité pour obtenir des concessions en Roumanie[273].

Le mouvement de résistance nationaliste roumain, qui refuse de voir ces terrains concédés à des étrangers, pèse lourd dans ce débat. C'est la situation financière de l'État roumain qui le conduit à négocier des concessions. Respectant le traité de San Remo, la France travaille alors de concert avec l'Angleterre pour l'acquisition de ces terrains. Une collaboration internationale s'avère nécessaire pour exercer une pression suffisante sur le gouvernement roumain. Cette collaboration prend la forme d'un puissant syndicat[274]. Ce projet rassemble alors les grands trusts du pétrole tels que la Royal-Dutch, l'Anglo-Persian et la Standard Oil. Le gouvernement français doit trouver une personnalité capable de représenter les différents intérêts de ses nationaux. La compétition entre les banques et les principales sociétés intéressées au pétrole ne facilite pas ce choix.

> On reprend actuellement la théorie du groupe unique, et la proposition qui est étudiée à l'heure actuelle par les ministères des Finances et du Commerce envisage la combinaison permettant de donner satisfaction à la fois aux ambitions de la Banque de Paris et des Pays-Bas et de l'Union parisienne. Le président du Conseil d'administration du groupe serait un homme de l'entourage de la Banque de Paris et des Pays-Bas (M. Ernest Mercier, président de l'Omnium), et le directeur aurait, au contraire, des sympathies à l'Union parisienne (M. Wenger)[275].

---

[271] *Ibid.*

[272] *Ibid.*

[273] *Ibid.*

[274] Celui-ci prend le nom de syndicat OPQ.

[275] MAE, Relations commerciales, 19RC17, Note pour le président du Conseil, 25 juin 1925.

C'est la troisième fois que les responsables français envisagent de fédérer les intérêts français présents en Roumanie au sein d'un groupe national. « La création de ce groupe devient de plus en plus urgente, si nous ne voulons pas laisser échapper, sans direction, les affaires de pétrole en Roumanie, en Mésopotamie et en Russie »[276]. Paribas parvient, une fois de plus, à imposer son représentant puisque c'est Mercier qui est choisi pour représenter les différents groupes au sein du syndicat OPQ. Paris considère qu'il s'agit d'une opportunité unique pour la France de participer aux grandes combinaisons internationales de pétrole. Les responsables français y voient un précédent utile pour l'avenir ; le fait que cette action soit sous la houlette de Paribas est un prix qu'il accepte de payer volontiers en échange de cette opportunité[277]. On peut certainement se demander qui ressort vraiment gagnant de cette combinaison. Quoi qu'il en soit, c'est une nouvelle marque de confiance envers Mercier. Autant de la part de ces alliés du secteur privé qu'au sein du gouvernement. L'objectif principal de ce nouveau syndicat est de dresser un programme conjoint pour le développement des terrains pétrolifères de l'État roumain « au cas où le gouvernement déciderait de lui en confier l'exploitation »[278]. Lorsque leur vente est autorisée, la valeur d'achat de ces terrains reste élevée. Il est donc difficile de débourser de tels montants et, simultanément, de s'acquitter des coûts que nécessite une exploitation intensive. Les charges financières qu'entraîne l'exploitation pétrolière sont lourdes. Certains ressortissants étrangers ayant fait l'acquisition de terrains au début de la période, c'est le cas de la Colombia, ont dû renoncer aux concessions qui leur étaient offertes. C'est tout l'intérêt de participer au syndicat OPQ qui « dispose du maximum possible de ressources financières et d'expérience dans toutes les branches de l'industrie pétrolière »[279]. Sa mission est de convaincre le gouvernement roumain qu'il peut, d'une manière plus prudente et économe, exploiter les terrains de l'État dans des conditions qui lui sont présentées comme étant beaucoup plus avantageuses pour la Roumanie.

Les autorités roumaines se montrent rapidement défavorables aux initiatives du syndicat. Cette hostilité est facile à comprendre. La Roumanie ne peut plus jouer de la concurrence entre les différents groupes

---

276 *Ibid.*

277 *Ibid.*, 110CPCOM/106, Note, p. 13.

278 *Ibid.*, 19RC17, Mémorandum: syndicat OPQ.

279 *Ibid.*

pétroliers pour obtenir de meilleurs prix. De plus, Bucarest chercher à être traiter sur un pied d'égalité avec les compagnies étrangères. Or, ses nationaux ne sont pas représentés au sein du syndicat. L'État roumain « préférerait, comme pour l'affaire de la Steaua, une organisation dans laquelle il aurait la majorité, en ayant à payer le moins possible »[280]. La France n'est pas insensible à ces arguments et ne ferme pas la porte au maintien de relations bilatérales. La diplomatie française cherche alors à participer au front commun que représente syndicat tout en continuant à négocier à deux avec Bucarest. « Nous pouvons laisser entendre que notre grand souci a été de ne pas être écartés de l'affaire et que nous sommes entrés dans le syndicat par nécessité »[281]. La France mène ainsi un double jeu. Personnellement, Mercier se veut réaliste et ne se fait pas d'illusions quant aux possibilités qui s'offrent à l'industrie avec l'essor de politiques nationalistes en Roumanie. La loi roumaine stipule qu'au moins la moitié des terrains de l'État doivent être cédés à des sociétés nationales et l'autre à des sociétés étrangères[282]. Or, la Steaua romana bénéficie de ce statut, car les intérêts roumains possèdent initialement 51 % des actions de la compagnie. Pour tirer le plein bénéfice de cette loi, cette participation est augmentée jusqu'à 55 % des actions. Cette position majoritaire lui donne le droit de participer aux concessions strictement réservées aux capitaux roumains.

La participation française au syndicat OPQ se poursuit et ce malgré l'existence de plusieurs négociations bilatérales franco-roumaines qui contournent les partenaires internationaux de la France. En 1924, c'est la Compagnie française des pétroles qui prend la direction de l'affaire. C'est donc toujours Mercier qui en a la charge. La CFP est chargée « de poursuivre, en collaboration amicale avec le syndicat OPQ, l'étude de la politique d'entente pétrolière à tenir à l'égard de la Roumanie »[283]. Cette décision témoigne encore de la volonté du gouvernement de centraliser les affaires roumaines dans les mains d'un seul groupe. Dans les rapports qu'entretient Mercier avec le gouvernement français, il insiste sur la nécessité de parer aux conséquences des mesures administratives adoptées par la Roumanie. Les démarches qu'il entreprend visent à lever

---

280 *Ibid.*, Notes pour le président du Conseil, 25 juin 1925.

281 *Ibid.*

282 Pearton, *op. cit.*, p. 126.

283 MAE, 19RC17, Lettre de Mercier au colonel Medlicott, directeur de l'OPQ, 10 mai 1924.

le contrôle qu'exercent les responsables roumains sur l'attribution des terrains. « Nous avons des raisons de croire que notre demande a été prise en sérieuse considération, mais nous ne saurions préjuger de l'attitude qui sera tenue par le pouvoir exécutif en Roumanie »[284].

Plusieurs moyens sont envisagés pour faire pression sur Bucarest. Puisque Mercier représente le groupe français au sein de l'OPQ, ses partenaires internationaux lui demandent de monter une campagne de presse en France. Il écrit aussitôt au ministre du Commerce et de l'Industrie pour souligner sa réticence à une telle manœuvre. Une telle campagne rendrait très difficile la poursuite de relations bilatérales avec la Roumanie, une position qu'a défendue Mercier jusqu'alors. Il a l'appui ministériel : « je suis d'accord avec le président de la Compagnie française des pétroles pour estimer que les démonstrations dont il s'agit seraient actuellement inopportunes »[285]. Le syndicat exige aussi que chaque groupe national demande à son gouvernement d'entrer en contact avec leurs homologues roumains. La stratégie préconisée par l'OPQ ressemble à celle que suggérait le général Payot quelques années plus tôt. Il s'agit d'écarter tout prêt à la Roumanie dans l'éventualité où les négociations menées par le syndicat pour obtenir des terrains échouaient[286]. Le plan a des chances de réussir, car la Roumanie a besoin d'un emprunt important vu l'état de ses finances. Cette situation se prête bien au double jeu que mène l'Hexagone. Paris est prêt à avancer les fonds dont Bucarest a besoin en échange des garanties nécessaires. Une opération qui :

> offre du point de vue de notre politique du pétrole à l'étranger le plus extrême intérêt. Elle permettrait en effet à la France tout en restant fidèle aux engagements qui la lient à l'Angleterre en vertu du Pacte de San Remo et au syndicat OPQ en application des accords de 1921, de poursuivre, en dehors des terrains pétrolifères domaniaux, une politique française ou franco-roumaine correspondant aux aspirations du gouvernement de Bucarest, et par suite susceptible de conduire à de féconds résultats[287].

[284] *Ibid.*

[285] *Ibid.*, Lettre du ministre du Commerce et de l'Industrie au président du Conseil, 11 août 1924.

[286] *Ibid.*, Note de l'OPQ.

[287] *Ibid.*, Lettre du ministre du Commerce et de l'Industrie au président du Conseil, 6 décembre 1923.

Les premières négociations concernant la question d'un emprunt remontent à 1923. Ce premier projet de 500 millions de francs, remboursables en pétrole, échoue. À cette date, c'est la Roumanie qui rompt les négociations avec le consortium des banques françaises intéressées « en alléguant que ces dernières demandaient le monopole de l'exploitation des terrains pétrolifères de l'État »[288]. La France exige effectivement d'importantes concessions. Les négociations reprennent en 1924. La banque Louis Dreyfus et celle de l'Union parisienne offrent à la Roumanie un prêt de 400 millions de francs « portant intérêt à 5 %, remboursables en 15 ans en expéditions annuelles de pétrole »[289]. Le projet est examiné de près par nul autre que Mercier, mais il échoue aussi. La question prend une nouvelle ampleur lors de la visite du roi et de la reine de Roumanie à Paris. Cette visite est vue comme le signal d'une nouvelle tentative « pour amener la Roumanie dans l'étreinte politique, financière et économique de la France »[290]. C'est l'occasion de renégocier un emprunt, d'obtenir une fourniture régulière de pétrole roumain et des commandes pour les fabricants français. Or, les revendications françaises ne font pas bon ménage avec le nationalisme économique qui imprègne l'opinion publique roumaine.

Il faut attendre février 1929 pour qu'un accord général soit établi pour un emprunt roumain. Celui-ci doit permettre, à nouveau, de stabiliser la monnaie roumaine. La France a alors fortement intérêt à agir dans ce dossier, car il affecte le prix du pétrole. On implique à nouveau Mercier dans l'étude de ce projet. Celui-ci tient à souligner que le succès des négociations est largement tributaire des principales banques françaises. Mercier compte tirer le meilleur parti de la situation pour l'industrie pétrolière.

> Avant l'aboutissement de ces pourparlers, les membres les plus autorisés du gouvernement roumain n'avaient pas hésité à faire savoir aux représentants des grandes sociétés françaises de pétrole en Roumanie que le gouvernement roumain serait disposé à reconnaître, par certaines mesures de bienveillance, l'appui qu'il pourrait rencontrer à Paris, auprès des autorités comme auprès des établissements de crédit français[291].

---

288 *Ibid.*, Manchester Guardian, 1er Mai 1924.

289 *Ibid.*

290 *Ibid.*

291 *Ibid.*, 19RC20, Lettre de Mercier au ministre des Affaires étrangères, 7 février 1929.

Mercier entend bien profiter de cette « bienveillance » pour mettre la main sur de nouveaux terrains. Il saisit alors le Quai d'Orsay afin qu'il attire l'attention du gouvernement roumain et que celui-ci « accueille favorablement les demandes qui lui seront adressées par les sociétés françaises de pétrole, et notamment par la société Colombia, pour obtenir un traitement équitable dans la prochaine répartition de périmètres d'exploitation et de périmètres d'exploration des terrains de l'État »[292].

La question des terrains de l'État a pesé lourd sur la nature des rapports qu'entretient alors la France avec la Roumanie. Mercier y a personnellement pris intérêt et siège à la table des négociations. Tout a été mis en œuvre pour forcer le gouvernement roumain à céder ses terrains. Le gouvernement français est constamment interpelé par les sociétés pétrolières à ce sujet. C'est d'un commun accord avec celui-ci que les intérêts français mènent un double jeu dans leurs négociations avec la Roumanie. La France participe au syndicat OPQ, tout en discutant d'une entente bilatérale franco-roumaine au cours des années 1920. La question demeure étroitement liée aux besoins financiers de la Roumanie. C'est en jouant sur ces besoins que la France parvient à atteindre ses objectifs. Or, nous l'avons vu, cet accord contrevient aux directives du syndicat qui cherche à priver la Roumanie de capitaux pour atteindre ses objectifs.

5. Les redevances du gouvernement roumain

Le gouvernement français s'intéresse aussi aux redevances de pétrole que l'État roumain perçoit à titre de taxes. Paris s'adresse à nouveau directement à Ernest Mercier afin d'évaluer la possibilité d'acquérir ces réserves de pétrole. En 1924, celui-ci publie un rapport peu favorable au projet. « Il ressort de cette étude de M. Mercier que l'obligation pour les adjudicataires de prendre livraison dans les réservoirs des producteurs du pétrole brut, étant donné la dissémination des puits de pétrole, doit rendre l'achat des redevances de pétrole en Roumanie trop onéreux et partant impossible »[293]. Il est limpide que la vente de ces redevances sur le marché français représente une compétition indésirable pour Paribas

292 *Ibid.*

293 *Ibid.*, 110CPCOM/107-108.

et ses alliés américains. Le gouvernement français ne laisse pas tomber la question aussi facilement. Elle revient de front en 1929, alors que la CFP est sur pied et doit, en théorie, représenter les intérêts français dans les affaires internationales de pétrole.

Les quantités de brut que l'État roumain reçoit à titre de redevances chaque année ne sont pas négligeables. Ces montants oscillent entre 600 000 et 1 000 000 de tonnes. Jusqu'en 1928, le gouvernement roumain se contente de vendre ce pétrole aux compagnies qui les lui doivent. Ce sont ensuite ces dernières qui raffinent la totalité de cette production sur le sol roumain. Seuls les produits raffinés sont exportés. En 1929, la Roumanie tente de relancer ses exportations pour redresser sa balance commerciale. Elle a donc intérêt à vendre ces redevances à l'étranger. « C'est là une occasion rêvée de diversification pour la CFP »[294]. Pour ce faire, le ministre du Commerce roumain a l'intention de se dégager de l'accord qui lie son gouvernement au syndicat des raffineries roumaines. Il fait part à ses homologues français « de son désir de céder à une entreprise française la totalité des redevances de brut que reçoit l'État »[295]. La Compagnie française des pétroles apparaît comme la société toute désignée pour mener à bien cette mission. Le Quai d'Orsay a l'intention de lui déléguer la responsabilité de cette opération, même si elle « ne possède pas encore les installations de raffinage suffisantes en France, elle pourrait provisoirement faire raffiner en Roumanie »[296]. C'est « l'assurance d'un ravitaillement en brut régulier et massif, échappant aux vicissitudes des négociations avec les pétroliers anglo-saxons »[297]. Mercier rencontre personnellement les autorités roumaines pour discuter de la question au mois de mars 1929. Les demandes de la Roumanie sont les suivantes :

1- Elle demande, sur la base du régime légal actuel, l'entrée en France d'un maximum de pétrole brut roumain et de ses dérivés, à savoir : essences diverses, lampant, gas-oil, huiles de graissage, fuel-oil, mazout.

---

294 Marguerat, *op. cit.*, p. 111.

295 MAE, 19RC20, Lettre du ministre des Affaires étrangères à Mercier et au ministre du Commerce et de l'Industrie, 12 mars 1929.

296 *Ibid.*

297 Marguerat, *op. cit.*, p. 111.

2- Pour le régime de l'avenir, ces quantités devront être réglées sur la base d'un pourcentage par rapport à l'importation des dérivés et du pétrole brut réunis, pourcentage à maintenir pendant toute la durée de cette convention basée sur le régime des décrets spéciaux.
3- Pour la réalisation de l'objet de la convention, il paraît être indiqué, dans l'intérêt des deux parties, d'examiner la création d'une organisation de ventes en Roumanie pour l'exportation de ces produits et d'une organisation d'achats des produits roumains en France.
4- En vue de préciser les quantités à importer, il faudrait tenir compte que les intérêts français purs, dominants ou importants, directement ou indirectement, représentent à peu près 40 % de la production de la Roumanie (en 1930) et environ 43 % de la capacité de traitement dans ces raffineries, ainsi que du fait que les quantités importées par ces sociétés en France représentent la presque totalité de l'importation des produits roumains, ce qui justifierait à notre avis, une augmentation du chiffre d'importation total actuel, de façon à pouvoir favoriser l'équilibre de la balance des comptes entre les deux pays[298].

Le contexte pétrolier accentue l'intérêt d'une entente. En 1930, la production soviétique est trois fois supérieure à la production roumaine. « Il en résulte une baisse de prix catastrophique pour le pétrole brut et ses dérivés en Roumanie »[299]. À cela s'ajoute la politique des grands trusts qui cherchent à diminuer la production pétrolière roumaine. Ces facteurs ont un impact majeur sur les revenus de l'État roumain, qui se trouvent alors considérablement diminués. C'est dans ce contexte général que Bucarest envisage de changer sa politique d'exportation pétrolière. L'autorisation d'exporter du brut permet « à l'État roumain de valoriser ses redevances et de ne pas les diminuer par la restriction de la production »[300]. Les responsables roumains étudient la possibilité de construire un pipeline pour en assurer le transport. Celui-ci doit faciliter l'exportation du pétrole brut « plutôt que de le vendre à vil prix aux raffineurs du pays »[301].

---

[298] Archives Paribas, PTC/239/125, Note au sujet de la convention concernant l'importation en France des dérivés du pétrole et du brut roumain.

[299] MAE, 19RC22, Note, 22 juillet 1931.

[300] *Ibid.*

[301] *Ibid.*

Cette affaire renouvèle l'intérêt des milieux diplomatiques pour la Roumanie. « Les avantages que le ravitaillement en pétrole roumain présente pour la France, sont indiscutables, et d'une importance qu'il est à peine besoin de souligner »[302]. Le gouvernement reconnaît l'avantage d'acheter à son débiteur. Il planifie greffer une opération financière à l'achat du brut roumain. Il s'agit d'une avance de 200 millions de francs « dont le remboursement serait effectué par la livraison de 400 000 tonnes de pétrole brut par an »[303]. Une entente permettrait de diversifier les sources d'approvisionnement et de procurer une relative indépendance vis-à-vis des trusts. La Roumanie est « le seul pays d'Europe dont la production dépasse largement la consommation intérieure »[304]. Les intérêts sont évidents pour les militaires. L'importation de pétrole brut permet de raffiner en France et de répondre plus facilement aux divers besoins de la Défense nationale[305]. « Mr. Pineau a indiqué que le gouvernement français attachait une telle importance à cette question que si un arrangement amiable ne pouvait pas intervenir, le gouvernement pourrait donner à un contrat du pétrole avec les Roumains le caractère d'intérêt national et, par conséquent, imposer la reprise des produits à tous les titulaires de licences »[306].

Mercier ne partage pas cet engouement et critique ouvertement le projet dans une lettre au ministre du Commerce et de l'Industrie. Il considère l'opération onéreuse, « sinon impossible »[307]. Il dénonce des charges de transport en dehors de toute proportion. Son fidèle collègue et administrateur délégué, Jules Mény, attaque lui aussi le projet. Il soutient que « l'exportation du pétrole brut dévaloriserait les sommes investies

---

[302] *Ibid.*, Note remise à Philippe Berthelot, 3 juillet 1931.

[303] *Ibid.*, Note sur les redevances de pétrole de l'État roumain, 11 avril 1932, p. 3.

[304] *Ibid.* Note remise…

[305] Il est possible d'obtenir différents types d'essences répondant aux besoins des différentes branches des forces armées. On peut ainsi jouer sur la capacité de production en termes de volume et en termes de spécificité (toutes les raffineries ne fournissent pas tous les types d'essences). La distance de livraison est aussi un facteur important. Voir Morgan Le Dez, « Protéger les établissements pétroliers en temps de paix et en période de guerre. L'exemple des raffineries française, 1929–1945 » dans Alain Beltran, Le pétrole et la guerre, Bruxelles, Bern, Berlin, Frankfurt, New York, Oxford, Wien, Enjeux internationaux, vol. 21, 2012.

[306] Archives Paribas, PTC/239/125.

[307] MAE, 110CPCOM/107-108, Lettre de Tronchère au ministre du Commerce et de l'Industrie.

dans les raffineries »[308]. L'exportation de brut va donc dans l'intérêt contraire des capitaux français déjà investis en Roumanie. En marge des pourparlers avec le gouvernement roumain au sujet des redevances, la pression monte. Louis Pineau, représentant du gouvernement à la tête de l'Office national des combustibles liquides (ONCL), reçoit alors une délégation des intérêts français en Roumanie. Cette dernière porte à son attention le fait que les sociétés pétrolières roumaines qui importent le plus de pétrole en France sont contrôlées par des capitaux français. Celles-ci, prétendent-ils, exportent au maximum vers la France. Une situation illustrée « par le fait que les importations de pétrole roumain en France ont doublé de 1930 à 1931 »[309]. Il n'y a pas à se tromper, les intérêts de la délégation sont ceux de Paribas qui cherche à faire pression sur le gouvernement. Sur les 500 000 tonnes importées en 1931, 300 000 tonnes proviennent de la Steaua française et de la Colombia. « On voit que ces deux sociétés, d'influence française, ont été la véritable cheville ouvrière des importations de pétroles roumains en France »[310].

Ces sociétés considèrent qu'un éventuel accord avec le gouvernement roumain menace la distribution de leur production en France. « Dans ces conditions, au cas où le gouvernement français serait disposé à réserver un certain tonnage d'importation à l'industrie pétrolifère roumaine, la sauvegarde des capitaux français très importants investis dans ces deux sociétés nécessite que la répartition intérieure de ce tonnage ne soit pas laissée à la seule discrétion du gouvernement roumain »[311]. Il s'agit de sauvegarder les intérêts de la Steaua française et de la Colombia, leur tonnage ne devant pas être inférieur à leur pourcentage actuel du total des importations de produits pétrolifères roumains en France, c'est-à-dire 60 %[312]. Les sociétés n'ont pas le choix de dialoguer avec le gouvernement lorsqu'il s'agit de leur part du marché depuis la réglementation de celui-ci en 1928. « Il serait même équitable que la part de ces deux sociétés fût accrue pour reconnaître le fait qu'elles ont été les promotrices du courant commercial actuel mutuellement satisfaisant pour la Roumanie et la France »[313]. En ce qui concerne les raffineries roumaines, elles sont, pour

---

308 *Ibid.*, 19RC22, Visite de M. Mény, 19 septembre 1931.

309 *Ibid.*, Note pour M. Pineau, 9 décembre 1931.

310 *Ibid.*

311 *Ibid.*

312 *Ibid.*

313 *Ibid.*

la plupart, liées aux compagnies françaises de pétrole. Elles « n'ont pas, par conséquent, un intérêt direct d'accepter, purement et simplement, une diminution d'une quantité aussi considérable »[314].

Dans le cadre d'un accord, le gouvernement roumain envisage de contingenter les exportations de pétrole vers la France. Or, Paribas redoute que les quotas d'exportation limitent les tonnages qu'elle reçoit de Roumanie. La fixation des prix par les gouvernements risque aussi d'entraver sa politique commerciale fondée sur des prix bas. Mény écrit alors au gouvernement français pour qu'il agisse. « La sauvegarde des intérêts français dans la Steaua romana demande qu'une action énergique intervienne sans délai auprès du gouvernement roumain »[315]. Paribas obtient satisfaction lorsque, en février 1932, le ministre du Commerce roumain déclare que le gouvernement ne forcera pas les contingentements par une loi. Ceux-ci doivent résulter d'un accord entre les différentes parties. Un tel accord est peu probable vu l'opposition de la banque, qui cherche à étouffer le projet par tous les moyens. Elle défend que l'intérêt de l'industrie roumaine est de raffiner le maximum de pétrole brut en Roumanie. « Le gouvernement roumain n'ignore pas que les raffineries roumaines, qui bénéficient jusqu'à ce jour du raffinage de toute la quantité de pétrole brut appartenant à l'État roumain, verraient leur production diminuer d'une quantité égale à celle du pétrole brut vendue par le gouvernement roumain en France »[316].

Alors que les négociations avancent, en 1932, la campagne contre l'accord prend elle aussi de l'ampleur. L'attaché commercial français en Roumanie écrit en février au ministre du Commerce et de l'Industrie. Il souligne que l'accord est bien accueilli en Roumanie, mais que l'opposition de la Steaua française et de la Colombia ne sera pas vaincue facilement. Ces sociétés ont clairement fait savoir qu'elles préfèrent le *statu quo* et que l'accord ne sert pas leurs intérêts. « À la base de l'opposition de la Steaua il y aurait le désir de ne pas partager le débouché français avec d'autres sociétés qui n'ont jusqu'à présent fait qu'un effort limité en France »[317]. Pour l'attaché commercial, c'est une position qui est plus habile que sincère, la vraie raison serait que l'accord apporte une gêne au

314 *Ibid.*, Note sur les redevances de…, p. 4.

315 *Ibid.*, Note sur l'accord franco-roumain pour les pétroles, p. 3.

316 *Ibid.*, Note sur les redevances de…, p. 3.

317 *Ibid.*, Arrangement relatif à l'importation de pétroles roumains, 16 février 1932, p. 3.

développement des affaires de ces sociétés[318]. Dans une lettre à l'ONCL il avance, quelques jours plus tard, qu'elles sont toujours « violemment » opposées au projet. Il doute du succès des négociations à venir. « L'expérience n'est-elle pas là d'ailleurs pour prouver que les sociétés pétrolières établies en Roumanie sont, étant donné les intérêts très divers qui les font agir, hors d'état de se mettre d'accord pour poursuivre une politique d'intérêt général »[319]. Il conclut, de manière prémonitoire, que l'accord passé avec le gouvernement roumain ne prendra pas vie.

Le gouvernement français ne se résigne pas pour autant à déchirer le projet d'entente. Pour surmonter l'opposition qu'elle rencontre, Bucarest envisage d'accorder une concession majeure aux intérêts français qui opèrent en Roumanie, soit le même traitement que celui réservé aux sociétés nationales roumaines. C'est une concession considérable, mais dont Paribas ne bénéficierait que partiellement. La Steaua romana a déjà le statut de société nationale. Cette décision bénéficie donc surtout aux autres intérêts français avec qui la banque est en compétition. En parallèle, les négociations se poursuivent aussi au sujet de la construction d'un pipeline. C'est encore Mercier que l'on charge d'étudier ce dossier. Le pipeline doit relier les bassins pétroliers au port de Constantza pour la vente du pétrole brut. Mercier propose la construction d'un pipeline à double usage ou d'un pipeline de produits raffinés, éventuellement doublé pour les produits bruts[320]. C'est détourner l'objet initial du projet. La modification permettrait aux sociétés roumaines de continuer de raffiner le pétrole en Roumanie tout en facilitant son transport. Le transport par pipeline garantit des économies évidentes par rapport aux chemins de fer. La proposition de Mercier reprend le projet de vente des redevances en le tournant à l'avantage des sociétés roumaines contrôlées par Paribas. Il double sa proposition d'une offre alléchante pour le gouvernement roumain. Il se dit prêt à compenser les créances des banques roumaines dans la Steaua romana avec les actions qu'elles détiennent[321]. Mercier termine sur une note négative concernant les redevances de l'État roumain. Il considère « qu'une entreprise prudemment gérée ne saurait faire des avances sur les redevances, ni même acheter celles-ci fermes,

---

318 *Ibid.*

319 *Ibid.*, Accord franco-roumain sur les pétroles, 25 février 1932.

320 *Ibid.*, Entretien de M. Escallier avec M. Mercier au sujet des questions pétrolières roumaines, 12 avril 1932.

321 *Ibid.*

étant donné que l'on peut obtenir en Amérique des cessions à des prix inférieurs aux cours du marché »[322].

Dans une nouvelle lettre écrite deux mois plus tard, la position de Mercier est limpide. L'intérêt des sociétés pétrolières roumaines et du gouvernement roumain sera de « maintenir aussi longtemps que possible, et dans la mesure la plus large possible, la production et l'exportation des produits raffinés, étant donné le très important outillage dont la Roumanie est dotée en ce qui concerne les raffineries »[323]. La construction d'un nouveau pipeline doit donc servir au transport des produits raffiné et non pour du pétrole brut. Mercier reconnaît tout de même que la France et les pays européens de manière générale vont devenir de plus en plus acheteurs de produits bruts. C'est l'objectif de la France depuis déjà 1923–1924. « Il est à envisager qu'à un moment déterminé la Roumanie se trouvera dans l'obligation de vendre une partie de son huile sous la forme brute ; ce sera toujours l'intérêt du gouvernement roumain que cette partie demeure proportionnellement la plus faible possible »[324]. Une telle stratégie est parfaitement conforme aux intérêts des sociétés pétrolières qu'il dirige en Roumanie. Elle permet à Paribas de protéger ses intérêts, directement menacés par une entente franco-roumaine sur les redevances de l'État roumain. Un accord voit bien le jour, entre la CFP et ce dernier, mais il vise les produits raffinés. La banque travaillera encore à nuire à celui-ci par la suite[325]. En obtenant que le pétrole des redevances soit raffiné en Roumanie, Paribas maintient ses profits au niveau du raffinage. Depuis la loi roumaine du 27 juillet 1920, l'exportation de pétrole brut est interdite, la Steaua romana et la Colombia ont donc investi des sommes importantes pour traiter ce pétrole en Roumanie. L'exportation des redevances roumaines aurait empêché la rentabilisation de ces investissements.

La vente de pétrole brut aurait tout de même permis d'alimenter les raffineries françaises et de satisfaire en partie les besoins de la Défense nationale. En fait, l'importation du brut roumain aurait causé certains problèmes techniques. Ce pétrole contient beaucoup de paraffine et les raffineries roumaines se sont adaptées pour le traiter. La société

322 *Ibid.*

323 *Ibid.*, Lettre de Mercier à Pineau, 10 juin 1932.

324 *Ibid.*

325 Marguerat, *op. cit.*, p. 115.

Colombia est la première à initier ce changement en 1927. Or, les raffineries françaises construites à ce moment sont plutôt conçues pour accueillir le pétrole iraquien qui est d'une composition différente. Reste le point de vue politique. L'achat du brut de l'État roumain aurait permis de renforcer la position roumaine, en lui permettant d'assurer le service de sa dette et en lui fournissant des devises pour son armement[326]. La stratégie de Paribas en Roumanie nuit à cet objectif politique. « Le refus du groupe de participer aux projets d'achat de brut ou de dérivés roumains élaborés par la CFP ou le gouvernement français et l'échec subséquent de ces projets porte un coup sérieux aux moyens d'action et à la crédibilité de la diplomatie française en Roumanie »[327]. Cet échec a de graves conséquences. Il donne à l'opinion roumaine une image négative du rôle joué par les intérêts français[328]. Plus grave encore, le pétrole roumain devient, à partir des années 1936–1938, un des piliers du réarmement allemand.

Comment expliquer l'attitude de Mercier à l'égard de cette question? Celui-ci a pris une part active aux négociations. Ses interventions ne remettent pas en question sa volonté de mener une véritable « politique nationale » à la tête de la CFP. Disons simplement que cette politique ne s'est pas faite, en Roumanie, aux dépens des sociétés pétrolières qu'il dirige. Mercier cherche à préserver les intérêts de la banque lors de ces négociations et c'est tout à fait normal. Cette position ne nuit pas pour autant de manière tangible à la CFP. Le grand perdant dans cette histoire est l'État français, dont les plans ambitieux ont été démolis pièce par pièce les uns après les autres. Il est vrai que l'exportation de pétrole roumain vers la France aurait généré des problèmes techniques pour les raffineries françaises. Était-ce vraiment un obstacle insurmontable? La France obtiendra tout de même un ravitaillement de produits raffinés de Roumanie ; il lui permet d'assurer une diversification de son approvisionnement. Les choix établis à l'époque par Mercier sont aussi le produit des développements internationaux. Dès 1927, celui-ci sait, par exemple, que la France doit recevoir d'importantes quantités de pétrole d'Iraq. La connaissance de ces enjeux a été essentielle. Elle a permis à Mercier de jouer un rôle de médiateur et d'évaluer l'impact de ses politiques à une toute autre échelle. Sachant la place qu'est appelé

[326] *Ibid.*, p. 120.
[327] *Ibid.*, p. 117.
[328] *Ibid.*, p. 120.

à prendre le pétrole iraquien sur le marché français, il était difficile d'agir autrement. Au cœur des multiples recours à l'État, on retrouve constamment l'idée que la protection des intérêts de la banque est, en quelque sorte, celle des intérêts de la France. C'est, du moins, l'argument constamment répété auprès du gouvernement français.

Chapitre 3.

Ernest Mercier, président de sociétés en Roumanie

1. Les dettes roumaines

Retracer la carrière d'Ernest Mercier dans le pétrole roumain c'est aussi se pencher sur le développement des différentes sociétés qu'il a présidées. Selon Richard Kuisel, la tradition en France, à cette époque, veut qu'un président-directeur général soit vraiment maître à bord[329]. Mercier mène, dans tous les secteurs, une œuvre de centralisation. Comment s'est traduit ce travail au sein des différents conseils d'administration qu'il préside? Qui contrôle vraiment ces sociétés? Au sens large, c'est le rôle des présidents dans les entreprises françaises qu'il convient de définir. La gauche avance, durant l'entre-deux-guerres, que les dirigeants d'entreprises sont à la solde des milieux financiers. L'analyse de Kuisel des activités de Mercier dans le secteur électrique tend à montrer qu'il a exercé un contrôle presque absolu. Il aurait fait preuve d'une indépendance d'esprit, signe qu'il n'a pas été manipulé par des intérêts financiers[330]. Pour Kuisel, Mercier dirige ses entreprises en autocrate. Le conseil d'administration des sociétés n'est pas le lieu où sont prises les décisions, sauf lorsque des problèmes financiers surgissent[331]. L'opinion de Philippe Marguerat sur ce sujet contraste fortement avec celle de Richard Kuisel. Sans nier l'apport des technocrates, Marguerat atteste un certain retard du patronat français face à la concurrence étrangère. Celui-ci serait privé

---

329 Jean Bouvier, « Richard Kuisel, *Ernest Mercier French Technocrat* », *Annales, Économies, Sociétés, Civilisations*, vol. 4, n° 2, 1969, p 501.

330 Kuisel, *op. cit.*, *Ernest...*, p. 17.

331 *Ibid.*

d'une « vision stratégique des technologies »[332]. Mercier n'aurait pas su imposer une politique industrielle cohérente à l'industrie pétrolière roumaine. Au contraire, la direction de ces sociétés, telle qu'imposée par Paribas, aurait été guidée par des considérations strictement financières. Or, « dans le domaine de la politique financière, l'impératif est d'assurer une forte distribution des profits, de manière à soutenir les titres pétroliers en bourse »[333]. Il convient donc de distinguer entre la gestion financière, puis industrielle, de ces compagnies.

Durant cette période, c'est au sein de la Steaua romana que se pose le plus important problème financier auquel doit faire face Mercier. La compagnie est une collaboration internationale entre la Roumanie, la France et l'Angleterre. Ces deux derniers pays sont représentés par deux syndicats, la Steaua française et la Steaua british. Les banques roumaines, qui contrôlent la majorité des actions, sont représentées par la « Société auxiliaire de la Steaua romana ». C'est cette société qui est devenue propriétaire des actions que détiennent les banques roumaines. Elle est aussi débitrice de l'avance qui leur a été consentie. Par le biais de ce groupe, les banques roumaines sont toujours responsables du paiement de leur dette. Comme nous l'avons souligné, cet emprunt est largement assumé par le groupe français et représente un puissant outil d'influence au sein de la Steaua romana. L'emprunt est aussi problématique, car le paiement de la dette devient progressivement difficile et envenime les relations avec les banques roumaines. Initialement, l'échéance pour le remboursement est fixée à 1925, mais, à cette date, il est compliqué par une chute de la monnaie roumaine. Le groupe français que dirige Mercier envisage diverses solutions pour résoudre ce problème et, en même temps, tirer profit des circonstances. L'objectif est de lier le paiement de la dette aux terrains de l'État roumain. Mercier prend part aux négociations avec le groupe roumain à ce sujet. À ce stade initial, le groupe français n'apparaît pas inquiet au sujet du paiement de sa créance. Mercier considère en fait qu'il s'agit d'une occasion idéale pour la société d'accroître son portefeuille minier tout en assurant un éventuel remboursement. La démarche qu'il entreprend auprès des banques porte fruit. Les négociations aboutissent à une première concession de 123 hectares en 1925. Une redevance de

332 Philippe Marguerat, « Patronat et capitaux français face à la seconde industrialisation: l'exemple du pétrole », *Annales, Économies, Sociétés, Civilisations*, vol. 46, n° 1,1991, p. 215.

333 *Ibid.*, p. 210.

17 % sur le pétrole produit dans ces nouveaux terrains est imposée en faveur du groupe roumain. Celle-ci doit être affectée au paiement de l'intérêt et à l'amortissement de la dette. Au terme de ces discussions, la date d'échéance est prorogée avec une majoration des taux d'intérêt. Pour faciliter le remboursement, Mercier s'oppose à la distribution de dividendes comme le souhaite le groupe roumain.

C'est dans ce contexte plutôt défavorable que les banques roumaines envisagent de vendre leur participation dans la compagnie. Les actions sont toutefois placées en dépôt. Les délégués roumains réclament le pouvoir d'en disposer librement et dénoncent des contradictions au sein du contrat les liant à la société. Celui-ci contient une clause leur interdisant de procéder à des modifications ou à des substitutions de titres sans l'agrément respectif des groupes anglais et français. Mercier estime, du fait de la prorogation des échéances, que le groupe français a subi de lourdes pertes au vu de la dépréciation de la monnaie roumaine. Dans ces conditions, il refuse de garantir de nouveaux sacrifices sans de nouveaux avantages correspondants[334]. « Il indique que si des actions appartenant au groupe roumain sont vendues, le prix doit être appliqué d'abord au remboursement des créances gagées et non employé par le groupe roumain à d'autres paiements »[335]. Face aux insistances des banques roumaines, Mercier propose que 75 % du montant libéré par la vente des actions aillent directement à l'amortissement de la dette. Il émet toutefois des doutes sur la capacité du marché roumain à absorber ces actions, puisque la loi exige qu'elles demeurent en Roumanie. Cette dernière proposition de Mercier met un terme aux revendications des banques, car la proportion de 75 % ne libère pas des disponibilités suffisantes.

C'est l'intervention du gouvernement roumain dans cette affaire qui permet de proroger à nouveau l'échéance de la dette. Cet appui s'inscrit dans l'intérêt général que prend l'État au développement de l'industrie pétrolière nationale. Il accepte de concéder une surface de terrains évaluée à 1 million de livres sterling ; « en échange de quoi la Steaua romana prenait à sa charge la moitié de la dette du groupe roumain vis-à-vis de la Steaua française et du groupe anglais »[336]. Mercier, accompagné

[334] Archives Total, Steaua romana, 83,11/68, Procès-verbaux, 3 décembre 1925.

[335] *Ibid.*

[336] Archives Paribas, PTC/239/120, Note, 11 décembre 1930.

de Champin et de Chevalier, dirige ces pourparlers avec le groupe roumain. Les banques obtiennent le versement d'une nouvelle redevance de 17 % sur le pétrole produit dans les terrains concédés à la compagnie. Ces nouveaux revenus doivent être appliqués à rembourser les groupes anglais et français équitablement[337]. « Cette redevance garantira à la Steaua française le règlement dans le délai de 10 ans, d'une fraction des 2/3 environ de sa créance sur la Société auxiliaire de la Steaua romana et les banques roumaines, qui se trouveront ensuite déchargées de cette fraction de leur dette »[338]. Ces dernières disposent d'un nouveau délai de vingt ans pour se libérer de la dette non couverte par la redevance.

Ce nouvel accord ne met pas fin à l'histoire. La mise en valeur des terrains concédés nécessite des sommes importantes et le groupe français estime, après coup, que cet arrangement lui a causé préjudice puisque les terrains sont rapidement épuisés et ne permettront donc d'amortir la dette que de moitié. La Steaua française réclame une compensation et estime que le gouvernement roumain est en mesure de lui donner satisfaction par l'octroi de nouveaux terrains. Le groupe a l'œil sur la région de Moreni. Il met de l'avant l'avantage qu'a la Roumanie à lui octroyer de nouvelles concessions. Le gouvernement en bénéficierait lors de la perception de ses redevances qui représentent jusqu'à 20 % de la production. Elles permettraient aussi d'améliorer la situation des actionnaires roumains par la distribution de dividendes. Du même coup, les actions que détient l'État roumain se trouveraient valorisées. Encore une fois, la dette et les charges fiscales sont utilisées pour faire pression sur le gouvernement roumain. « L'octroi de ces terrains serait loin de compenser la perte éprouvée par la Steaua romana »[339]. Pour accentuer la pression, le groupe français fait, de nouveau, appel à son gouvernement.

> Avant qu'un nouvel effort ne soit accompli par la France, en vue d'aider au relèvement matériel de la Roumanie, il paraît nécessaire que les pouvoirs publics français obtiennent de l'État roumain la réforme des abus signalés qui font obstacle à la rémunération des capitaux français déjà investis en Roumanie et la compensation des dommages qu'ils ont éprouvés pour des raisons non industrielles[340].

---

[337] Archives Total, Steaua française, 83,11/52, Assemblée générale ordinaire, 25 mai 1925.

[338] *Ibid.*

[339] Archives Paribas, PTC/239/120, Note, 11 décembre 1930.

[340] *Ibid.*

La question de la dette roumaine est présentée sous un jour dramatique. La note estime que la France (façon habile de dire : « le groupe Paribas ») a investi environ 250 millions de francs en Roumanie alors que la valeur en bourse du capital de la Steaua française est de 30 millions. Il s'agit d'une « perte pour les porteurs d'actions de près des 9/10 de leur capital »[341]. L'intervention du Quai d'Orsay ne change rien au fait que les banques roumaines sont toujours dans l'impossibilité de s'acquitter de leur créance. Pour faciliter le remboursement, elles réclament une réduction du taux d'intérêt de la dette. Les groupes français et anglais n'ont pourtant aucun intérêt à accorder des faveurs sans contrepartie substantielle. Malgré les difficultés qu'engendre son paiement, la dette demeure le seul outil d'influence qui assure aux groupes étrangers le contrôle de la société roumaine. Cet outil permet aussi d'obtenir des compensations notables, tel que l'acquisition de nouveaux terrains de l'État roumain. Les groupes considèrent qu'une « demande ne pourrait être examinée que si elle comportait une proposition de remboursement partiel immédiat et l'amortissement du surplus par annuités »[342].

La situation continue de se détériorer au mois d'octobre 1931, lorsque trois des banques roumaines entrent en défaut de paiement. Les actionnaires roumains ne sont plus en mesure de faire face aux exigences contractées. Ceux-ci entament de nouvelles négociations avec leur gouvernement pour que celui-ci consente à assumer leurs obligations[343]. Les pourparlers sont lents et il faut attendre 1933 pour qu'ils aboutissent à une nouvelle entente. La menace d'un défaut de paiement semble à nouveau réelle et favorise de nouvelles concessions. Le taux d'intérêt de la dette est réduit à 4 %. Mercier expose qu'en « consentant une réduction d'intérêt, la Steaua française assurera plus de sécurité au capital de sa créance et évitera les répercussions qu'une défaillance du groupe roumain aurait eues sur son bilan »[344]. L'État roumain n'est pas satisfait. Il contre-attaque par le biais de la Banque Nationale de Roumanie. Celle-ci dénonce la politique commerciale de la Steaua romana qui contribue au manque de liquidité dont souffre le pays. Grâce aux commissions sur la vente des produits pétroliers, le groupe français accumule en effet d'importants profits. La Banque Nationale de Roumanie réclame, sous

---

[341] *Ibid.*

[342] Archives Total, Steaua française, 92,2/3, Procès-verbaux, 11 juin 1931.

[343] *Ibid.*, 9 octobre 1931.

[344] *Ibid.*, 9 février 1933.

menace pénale, que la Steaua romana verse 400 millions de lei figurant comme avoirs à l'étranger et représentant ses stocks normaux de pétrole. Mercier fait de nouveau appel au Quai d'Orsay. Il considère que la proposition roumaine équivaudrait à ruiner le commerce d'exportation de la société. Grâce à l'appui diplomatique français, Mercier obtient gain de cause auprès des responsables roumains. « Le ministre du Commerce de Roumanie, puis le ministre des Finances reconnurent publiquement que la politique commerciale de la Steaua romana avait toujours été correcte et que celle-ci avait régulièrement obéi à toutes les prescriptions concernant la remise de ses devises étrangères à la Banque Nationale de Roumanie »[345]. Un nouveau contrat est alors signé avec ladite banque. Il contient l'attribution d'une avance immédiate de 15 millions de francs en devises de la part de la Steaua romana qui elle-même l'emprunte moitié au groupe français, moitié au groupe anglais. « Pour permettre à la Steaua romana de rembourser cet emprunt, le contrat entre Steaua romana et la Banque Nationale de Roumanie permet à la Steaua romana de retenir 60 % de ses recettes à provenir de ventes en Angleterre au lieu de les remettre à la Banque Nationale »[346].

2. Toujours à la recherche d'un compromis

Tous ces accords ne mettent jamais un terme à une question qui empoisonne les relations entre les groupes. La situation volatile des finances roumaines ne contribue pas à une normalisation de ces rapports. Un nouvel allègement de la dette a lieu en 1936 à cause de l'aggravation de la situation économique en Roumanie. Le taux d'intérêt est diminué de 4 à 3 % pour un délai d'un an[347]. Les groupes français et anglais cherchent alors une solution permanente à cette question qui dure depuis trop longtemps. La situation des banques a encore empiré dans les derniers mois de 1935. Le manque de liquidités pousse les groupes français et anglais à réclamer de nouveaux terrains. « M. Mercier demande au groupe roumain de bien vouloir, à leur retour à Bucarest, étudier de très près la possibilité d'ouvrir des négociations avec le gouvernement roumain en vue d'obtenir la cession de terrain qui serait remis à la Steaua

[345] *Ibid.*, 83,11/52.

[346] *Ibid.*

[347] *Ibid.*, 92,2/1, Assemblée générale ordinaire, 14 mai 1936.

romana, et ceci afin de faciliter l'aboutissement d'un règlement définitif avant la prochaine échéance du 15 juillet 1936 »[348].

L'État roumain cherche, lui aussi, à dégager les banques. « Ayant en vue la situation de l'industrie pétrolifère, qui passe aujourd'hui par une crise aiguë, et pour faciliter à l'État l'application de sa politique économique en ce qui concerne le pétrole, nous avons pensé qu'il est dans l'intérêt général d'augmenter la participation de l'État dans la Steaua romana en lui assurant la majorité d'actions »[349]. Cet achat massif concerne 455 344 actions. Le gouvernement roumain s'engage à payer la créance de la Steaua british et de la Steaua française avec intérêts. Cette proposition règle le problème des dettes, mais pose de sérieux problèmes de gouvernance. L'État roumain, en tant qu'actionnaire majoritaire, risque de mener la société à sa guise. Les groupes étrangers de la Steaua préconisent une autre solution : la prise en main des actions appartenant aux banques roumaines. Le gage que représentent ces actions ne couvre même pas la moitié de la dette. Les groupes demandent aussi la cession de terrains appartenant au gouvernement roumain[350]. Mercier doute que celui-ci accepte. Les deux solutions envisagées montrent une complète divergence d'intérêts. Les groupes anglais et français veulent mettre la main sur la société et refusent qu'elle passe sous contrôle gouvernemental. De son côté, l'État roumain veut s'assurer qu'une des plus grosses sociétés roumaines n'échappe pas à son contrôle. Dans ce contexte, le problème de la dette persiste.

Les groupes se rencontrent à nouveau en 1938 pour régler la question. La Steaua française et la Steaua british acceptent de bonifier annuellement un tiers des commissions de 5 % perçues en faveur du groupe roumain[351]. En échange, celui-ci doit renoncer aux deux tiers de ses redevances de 5 % perçues sur la production des terrains d'État. Les bonifications prévues doivent permettre d'amortir la dette roumaine. Les groupes s'engagent à baisser le taux d'intérêt à 3 % par an à partir du 1er janvier 1939. La pression exercée par les banques et la crainte réelle d'un défaut de paiement conditionne l'action des groupes étrangers. Cette nouvelle offre ne comporte pas les contreparties habituelles qui sont liées,

348 Archives Paribas, PTC/243/152, Réunion des groupes, 21 janvier 1936.

349 *Ibid.*, Réunion des différents groupes, 21 janvier 1936.

350 *Ibid.*, 20 janvier 1936.

351 *Ibid.*, PTC/243/154.

depuis le début, à la question de la dette. En fait, les tensions atteignent leur paroxysme entre le groupe roumain et ses partenaires à la veille de la guerre. Les groupes étrangers ont une charge financière beaucoup moins élevée grâce aux bénéfices divers qu'ils perçoivent, notamment sur les commissions[352]. Cette hostilité grandissante « est un handicap considérable pour la présence française en Roumanie »[353]. Les banques concernées sont étroitement liées à la vie politique du pays et elles ont de puissants appuis au Parlement[354]. Le groupe roumain menace de faire un procès aux sociétés étrangères. Il « considère qu'un dédommagement est dû [...]. Il propose que les commissions annuelles revenant à la Steaua française et à la Steaua british fassent l'objet d'un *pool* qui serait partagé en trois parties égales. La partie revenant au groupe roumain serait reversée par lui à l'amortissement de sa dette »[355].

À la table de négociation, les Roumains expliquent l'échec des arrangements antérieurs par la défaillance de quelques banques. La charge que celles-ci assument est jugée tout simplement trop lourde. Ils s'engagent à pallier cette situation si la question des dettes se règle à leur satisfaction. Le groupe roumain « prendrait l'engagement de s'arranger avec les banques roumaines défaillantes pour qu'elles cèdent l'intérêt qu'elles peuvent encore avoir dans la Steaua romana. Les groupes anglais et français n'auraient plus comme débiteurs conjoints et solidaires que la Banca romaneasca et la Banque de crédit roumain »[356]. C'est encore Mercier qui parvient à mettre un terme à cette question en acceptant la dernière offre. Il estime qu'il y a lieu de prendre en considération la proposition roumaine, « même si cette demande devait se traduire par un sacrifice à consentir par les deux groupes d'actionnaires étrangers. Il en va de la vie même de la Steaua romana et il ne s'agit à son avis, en aucune façon, de consentir un cadeau. Il fait appel au bon sens du groupe anglais et à son esprit de conciliation pour maintenir l'unité »[357]. Jules Mény appuie aussi la proposition. Mercier doit se rendre personnellement à Londres pour résoudre ce problème. La question des dettes rythme les

---

352 Marguerat, *op. cit.*, p. 123.

353 *Ibid.*, p. 124.

354 *Ibid.*

355 Archives Paribas, PTC/243/154, Réunion des trois groupes à Bucarest, 6 décembre 1938.

356 *Ibid.*

357 *Ibid.*

relations franco-roumaines durant toute la période. Mercier participe à l'ensemble de ces négociations. C'est la Steaua française, dont il est président, qui détient la majeure partie de la créance. Il s'est montré en même temps intransigeant sur la défense des intérêts de la société et prêt à faire des concessions. C'est grâce à lui qu'une entente a pu être établie avec le groupe roumain à la veille de la guerre.

3. La gestion de l'Omnium international des pétroles

La Steaua n'est pas la seule société que doit gérer Mercier durant cette période. Celui-ci entre au conseil d'administration de l'Omnium international des pétroles en février 1920. Il est accompagné de Marcel Champin et de Jules Chevalier. Une de ses premières initiatives à la tête de la compagnie est de procéder à la fusion des deux sociétés subsidiaires qu'elle contrôle : Alpha et Colombia. La nouvelle compagnie conserve le nom Colombia et son capital atteint 100 millions de lei. Mercier prend alors la décision de ne pas distribuer de dividendes pour favoriser la reconstruction[358]. On est encore à « la période des travaux non immédiatement productifs »[359]. Ces travaux sont menés grâce à du matériel français qui est acheminé jusqu'aux ports de la Mer noire. Ils comprennent la construction d'un réseau de pipelines de 45 km qui doit relier la ville de Baicoi à plusieurs chantiers pétroliers[360]. Ce projet ambitieux doit permettre à la Colombia d'acquérir une plus grande indépendance pour le transport de ses produits. Ces ouvrages sont retardés par une pénurie d'électricité fournie par la centrale de la société Electrica. La filiale roumaine de l'Omnium, Colombia, est donc forcée de produire elle-même le courant dont elle a besoin. Ces difficultés touchent aussi d'autres compagnies pétrolières dont la production se trouve affectée par des variations analogues. C'est le cas de la Steaua romana. Or, le courant électrique est essentiel pour l'alimentation des sondes pétrolières.

Mercier se trouve alors personnellement impliqué dans la restructuration de la société Electrica. Celle-ci doit se faire en deux étapes. Il s'agit premièrement de la remettre rapidement en état de

[358] Archives Total, Omnium international des pétroles, 92,1/-12, Assemblée générale ordinaire, 23 juin 1920.

[359] *Ibid.*, 26 décembre 1920.

[360] Il s'agit principalement des chantiers de *Moreni, Butenari, Gropi et Tintea.*

fournir 5 000 kW[361]. Mercier souligne que « les besoins dans un avenir très prochain dépasseront notablement 5 000 kW, et pourront s'élever facilement jusqu'à 12 000. Il faut donc envisager la construction d'une nouvelle société »[362]. Il envoie deux ingénieurs français pour faire la mise au point. Il ne faut pas s'étonner que Mercier se saisisse personnellement des aspects techniques de cette réorganisation. Rappelons qu'il représente les intérêts de plusieurs sociétés électriques françaises au sein de l'Omnium. À la même époque, il participe déjà à l'électrification de la région parisienne avec Albert Petsche. Les innovations techniques dont il fait preuve, en France, lui ont assuré une réputation internationale dans ce domaine. Paribas hésite pourtant à entériner le projet et propose plutôt, pour faire des économies, que l'usine déjà existante puisse être modifiée afin de fournir 12 000 kW. Pour Mercier, cette décision n'est pas pratique pour la Steaua romana qui « n'aurait pas le pouvoir de faire adopter ses décisions tandis que la constitution d'une nouvelle société et la création d'une nouvelle usine, lui donnera de nouveaux droits »[363]. Il soulève d'ailleurs que l'usine Electrica est mal située: « la distribution de l'énergie s'effectuant par un réseau en patte d'oie, il en résulte qu'une avarie à une ligne prive toute une section de puissance électrique »[364]. L'usine ne peut être alimentée en gaz alors que le nouveau projet sera adapté de façon à pouvoir l'être commodément. Mercier estime le coût total du projet aux alentours de 23 millions de lei. La nouvelle société doit prendre le nom de Steaua electrica. En convainquant Paribas du bien-fondé de cette restructuration, Mercier parvient du même coup à régler les problèmes d'approvisionnement en électricité des deux sociétés qu'il dirige. Lors de ces discussions, il s'impose sur une question proprement industrielle face aux considérations financières de la banque.

C'est un premier exemple qui montre que les relations entre l'Omnium et la Steaua française sont étroites. Les décisions de ce genre vont se multiplier durant la période, car elles sont vues comme « favorables au développement mutuel de leurs entreprises »[365]. La collaboration de ces intérêts prend plusieurs formes ; il s'agit, entre autres, de prises de

---

361 Archives Total, Steaua romana, 83,11/64, Procès-verbal, 30 mars 1921.

362 *Ibid.*

363 *Ibid.*

364 *Ibid.*

365 *Ibid.*, Omnium international des pétroles, 92,1/-12, Assemblée…, 26 décembre 1920.

participations financières dans l'une et l'autre société. Mercier propose de contrôler davantage le marché des titres de la Steaua française. Il crée un syndicat d'achats et de ventes d'actions dans lequel l'Omnium participe[366]. On observe alors une certaine « domiciliation » de la Steaua française, c'est-à-dire qu'une partie du personnel est commun aux deux sociétés[367]. En 1922, la collaboration s'étend au raffinage alors que la Colombia conclut une entente avec la Steaua romana pour le traitement d'une partie de son pétrole brut[368]. Ces différentes interactions ne sont pas surprenantes, car les deux sociétés forment en fait un même groupe sous l'influence de la même banque et du même président.

La vente et l'achat d'actions révèlent, en partie, l'étendue des pouvoirs qu'exerce le président. Mercier prend, à plusieurs reprises, l'initiative de vendre des actions appartenant à la compagnie sans consulter le conseil préalablement. « Le conseil approuvant cette décision et estimant que de pareilles interventions doivent pouvoir s'exercer d'une manière très rapide et très discrète, donne tous pouvoirs au président pour procéder, d'accord avec l'administrateur délégué et la Banque de Paris, à de nouvelles réalisations au cas où les circonstances lui paraitraient justifier ces opérations »[369]. Il procède ainsi, de son propre chef, à plusieurs transactions durant la période. Mercier obtient rapidement la confiance du conseil d'administration de l'Omnium. Cette confiance s'affiche en 1923 lorsqu'il désire démissionner.

> M. Mercier fait ressortir que le développement de la société exige de la part du président une activité sans cesse accrue et que lui-même, à cause de lourdes charges qu'il assume par ailleurs, ne dispose plus du temps nécessaire. Dans ces conditions et étant donné la prospérité des affaires sociales, le président demande à ses collègues de le décharger de la tâche à laquelle il s'est consacré jusqu'ici et de mettre à l'ordre du jour du prochain conseil la nomination d'un président[370].

Le départ de Mercier n'est pas facile. Ce sont les différents groupes industriels qui forment l'Omnium qui le convainquent de rester. Ceux-ci

---

[366] *Ibid.*, 92,1/-14, Procès-verbal, 28 avril 1925.

[367] *Ibid.*, 14 décembre 1921.

[368] *Ibid.*, 10 octobre 1922.

[369] *Ibid.*, 3 mai 1921.

[370] *Ibid.*, 9 janvier 1923.

exposent les difficultés qu'engendrerait sa démission et sa réélection se trouve alors assurée à l'unanimité des voix.

Dès le début de sa présidence, Mercier tente de diversifier l'activité de l'Omnium vers d'autres pays que la Roumanie. Une première mission est envoyée en Colombie en juin 1921 et puis une deuxième en Argentine au mois de mai 1923. Plusieurs développements internationaux sont envisagés au cours de cette période, notamment en Pologne et en Yougoslavie. La plupart de ces recherches seront interrompues faute de résultats positifs. C'est toutefois dans le même ordre d'idées que l'Omnium prend part à la création de la CFP en 1924. Cette collaboration se poursuit au cours des années 1920 et l'Omnium participe aux recherches menées par la compagnie nationale en Colombie. En 1928, la part de l'Omnium dans la CFP augmente de 100 millions de francs afin d'y participer « dans toute la mesure désirable »[371].

> Comme il est à supposer que la participation de la Compagnie française des pétroles dans la Turkish Petroleum Cy, ne se bornera pas à l'encaissement des dividendes, mais qu'une part du pétrole produit servira au ravitaillement de notre pays, on doit prévoir également un ensemble d'activité industrielle et commerciale ayant pour objet l'utilisation du pétrole brut de Mésopotamie dont pourra disposer la Compagnie française des pétroles[372].

Après la découverte de pétrole en Iraq, Mercier désire augmenter la part de l'Omnium dans la CFP au maximum. « Le président expose que la richesse maintenant prouvée des terrains de la Turkish Petroleum Cie permettant de passer à l'exploitation, la Cie Fr. des pétroles sera amenée à procéder à d'importantes augmentations de capital. Il est intéressant pour l'Omnium et les sociétés de son groupe, d'accroître leur participation dans cette affaire »[373]. Alors que la situation est de plus en plus difficile en Roumanie, Mercier assure le conseil d'administration qu'il est beaucoup plus avantageux d'investir dans les affaires d'Iraq.

Nous avons vu tous les efforts déployés durant la période pour obtenir de nouvelles concessions pétrolières en Roumanie. En 1925, la pression exercée pour obtenir quelques-uns de ces terrains aboutit finalement. La société Colombia obtient deux lots de dix hectares chacun. L'exploitation des nouveaux terrains nécessite de nouveaux investissements, la société

---

371 *Ibid.*, 92,1/-12, Assemblée générale ordinaire, 13 mars 1928.

372 *Ibid.*

373 *Ibid.*, 92,1/-14, Procès-verbal, 8 décembre 1927

ne verse donc toujours pas de dividendes. Selon Philippe Marguerat, il existe une méthode bien française pour ce genre d'investissements. « La vieille idée de l'affaire qui, avec un capital presque immuable, se développe sur ses propres ressources en consacrant à des investissements nouveaux la majeure partie de ses bénéfices et ne distribuant que peu ou pas de dividendes »[374]. Il semble bien que ce soit ce genre de politique que mène Mercier à la tête de l'Omnium. La même situation ne semble pas prévaloir au sein de la Steaua romana. Elle suit plutôt la méthode « anglo-saxonne, c'est à dire la distribution de la majeure partie des bénéfices quitte à procéder à des augmentations de capital »[375].

Grâce aux nouveaux terrains et au développement des techniques d'extraction, la production de la société augmente sensiblement. Elle passe de 27 148 tonnes en 1921 à 133 500 tonnes en 1927[376]. La compagnie Colombia fusionne en 1929 avec l'Aquila franco-romana. Le capital est alors porté à 300 millions de lei et la production totale atteint 220 000 tonnes. « La fusion effectuée a permis de réduire les frais généraux, d'organiser l'exploitation sur des bases plus rationnelles et de tirer un meilleur parti d'éléments d'outillage industriel qui se complétaient heureusement »[377]. Cette politique de développement permet à l'Omnium de se constituer de puissants atouts pétroliers en Roumanie. La société procède à la mise à niveau de l'équipement et des moyens de transport plutôt que de verser des dividendes. En France, le ministre du Commerce et de l'Industrie prend la peine de souligner la prudence avec laquelle cette affaire est conduite[378]. La presse spécialisée approuve elle aussi la gestion de la Colombia.

> L'industrie pétrolière demande une gestion prudente et prévoyante pour ne pas voir son essor brisé, par les trois grands maux qui, souvent, se liguent contre elle, à savoir : le fléchissement brutal de la production, l'avilissement du prix de vente des produits et les charges fiscales excessives.
>
> Pour y faire face, il faut incontestablement pratiquer une politique sévère d'économies et d'amortissements, constituer de larges disponibilités ;

---

374 Marguerat, *op. cit.*, p. 57.

375 *Ibid.*

376 Archives Total, 92,1/-14, Procès-verbal, 7 juin 1927.

377 *Ibid.*, 28 juin 1929.

378 MAE, 19RC22, Lettre du ministre du Commerce et de l'Industrie au ministre des Finances, 21 juillet 1931.

chercher, enfin, à planter son drapeau partout où il est possible de trouver du pétrole[379].

Les sociétés roumaines sont confrontées à une situation difficile dans les années qui suivent et la Colombia n'est pas épargnée. Une crise générale touche toutes les entreprises pétrolières. Elle est causée par un déséquilibre entre la production et la consommation mondiale qui provoque un effondrement des prix[380]. Une surproduction se manifeste aux États-Unis, au Venezuela et en Russie ; elle tend à fermer les débouchés aux pétroles roumains alors que les frais d'exploitation s'alourdissent. L'exportation du pétrole soviétique à des prix inférieurs a des conséquences particulièrement graves pour l'industrie roumaine. Face à la chute des prix, la plupart des sociétés envisagent d'établir un programme de conservation et de limiter la production. Pour que ces projets se réalisent, un accord préalable entre les principaux producteurs est nécessaire. Mercier et Mény prennent part aux discussions. Ils établissent les conditions pour qu'un tel programme soit acceptable aux intérêts français. « Tout d'abord, la réduction à demander à la Roumanie ne pourrait être proportionnellement plus grande qu'il n'est envisagé de le faire pour le Venezuela et les États-Unis »[381]. Ils insistent pour qu'il soit tenu compte du fait que la Roumanie est le pays le plus directement touché par la concurrence soviétique. Ils proposent que les différents producteurs garantissent à la Roumanie ses débouchés naturels d'une « manière suffisante pour qu'elle puisse y écouler son contingent à des prix sensiblement équivalents aux prix mondiaux »[382]. Ce n'est donc rien de moins qu'une politique d'exception pour la Roumanie que réclame Mercier.

4. La détérioration des affaires en Roumanie

L'année 1930 est particulièrement dure pour l'industrie pétrolière. La crise mondiale de l'année précédente affecte davantage l'équilibre entre la production et la consommation. Elle entraîne l'accumulation des stocks et une baisse des prix. La réduction de la production est vue comme

---

379 Article tiré de la *Revue pétrolifère*, 9 août 1930 dans *ibid.*, 19RC21.

380 Archives Total, 92,1/-12, Assemblée générale ordinaire, 11 juin 1931.

381 Archives Paribas, PTC/239/125, Note, 23 juillet 1931.

382 *Ibid.*

la seule solution à la crise sur le court terme. Les sociétés pétrolières roumaines passent alors par une période de réorganisation, d'adaptation et d'assainissement pour surmonter ces difficultés. La Steaua romana y fait face en réduisant son activité de forage pour comprimer ses dépenses, tout en évitant une trop grande variation de sa production. Elle achète du pétrole plutôt que de le produire afin de faire fonctionner ses raffineries. Elle investit aussi dans l'outillage pour être en mesure de profiter de la moindre amélioration du marché[383]. Une entente entre les producteurs roumains est signée en juillet 1930. Elle met en place un programme de conservation. La production de la Steaua romana doit être réduite de 252 à 186 wagons. La Colombia passe, quant à elle, de 110 à 83 wagons[384]. Cette collaboration ne dure pas longtemps. La crise met en lumière les divisions importantes qui subsistent au sein de l'industrie pétrolière roumaine.

Contrairement aux compagnies nationales, les sociétés étrangères sont en mesure de survivre à la crise grâce à leurs débouchés extérieurs[385]. C'est le cas du groupe de Paribas qui augmente constamment ses exportations vers la France durant ces années. Au mois d'octobre 1930, Mercier participe aux discussions avec les différents producteurs roumains[386]. Il estime que sous le régime de restriction, la Steaua romana travaille à perte ; elle risque de perdre des clients à l'étranger faute de produits à leur livrer. Il entend obtenir une augmentation de la production, sans quoi il s'engage à rompre l'accord de restriction. Cet exemple montre l'importance des considérations commerciales. Le groupe Paribas n'hésite pas à contourner le contingentement de la production par tous les moyens (rachat en sous-main à divers distributeurs de licences, introduction de tonnages en excès, ravitaillement de grossistes n'ayant pas adhéré aux accords)[387].

L'année 1934 marque un tournant alors que l'arrivée du pétrole iraquien en France menace la distribution du pétrole roumain dans ce pays[388]. Cette situation place Mercier dans une position précaire alors qu'il dirige

---

383 Archives Total, 83,11/52, Assemblée générale ordinaire, 21 mai 1931.

384 MAE, 19RC21, ministre de France en Roumanie au ministre des Affaires étrangères, 21 juillet 1930.

385 Pearton, *op. cit.*, p. 186.

386 Archives Paribas, PTC/239/120, Réunion du 7 octobre 1930 à Paris.

387 Marguerat, *op. cit.*, p. 116.

388 *Ibid.*, p. 90.

différentes sociétés dont les intérêts sont clairement en compétition. Ces intérêts, il essaie de les faire coexister sans interférences. Il affirme que « le groupe français qui contrôle le pétrole d'Iraq fait l'effort d'absorber toute la production pour ne pas la laisser peser sur les prix »[389]. Or la différence de prix est majeure. Le pétrole iraquien vaut 40 francs la tonne contre 120 francs pour la même quantité provenant de Roumanie[390].

Le gouvernement roumain contrôle étroitement le secteur pétrolier dans les années 1930. Le parti libéral est de retour au pouvoir en 1933. En 1937, il instaure une nouvelle loi sur les mines qui vient renforcer la position des compagnies nationales face aux compagnies étrangères[391]. Cette loi limite les possibilités des compagnies considérées comme étrangères. Elle invalide certains droits déjà acquis précédemment par ces sociétés. La Roumanie se réaligne aussi vers l'Allemagne, ce qui ne manque pas d'effrayer les investisseurs français. Pour parer aux difficultés que subit l'industrie roumaine durant ces années, l'Omnium et la Steaua française décident de fusionner. Mercier écrit alors en personne à Louis Pineau pour lui demander l'autorisation.

> Nous avons l'honneur de porter à votre connaissance que le Conseil d'administration de l'Omnium international des pétroles, dans sa séance du 27 octobre 1938, et celui de notre société, dans sa séance du même jour, ont déterminé les conditions dans lesquelles la Steaua française pourrait absorber l'Omnium international des pétroles, sous réserve d'obtenir l'autorisation prévue par le décret du 2 octobre 1937, faisant l'objet de la présente lettre[392].

C'est la Steaua française qui absorbe l'Omnium puisque son actif est plus important. La nouvelle société prend le nom d'Omnium français des pétroles. La fusion offre certains avantages fiscaux. L'échange de dividendes entre les deux sociétés se faisait sous de lourds impôts. La nouvelle société voit sa situation renforcée grâce à une diversification de ses intérêts. Mercier semble jeter l'éponge sur l'avenir des intérêts français en Roumanie à partir de 1937. Son opinion personnelle est : « qu'il faut tenter de retirer de Roumanie le plus d'argent possible, mais qu'on ne

---

389 Archives Total, Steaua romana, 83,11/78, Procès-verbal, 20 mars 1935.

390 *Ibid.*

391 Pearton, *op. cit.*, p. 205.

392 Archives Total, 92,1/17.

doit engager de nouvelles dépenses qu'avec parcimonie »[393]. Face à la situation politique (rapprochement de l'Allemagne et de la Roumanie, réglementation roumaine) cette décision apparaît prudente à l'époque.

Comme il est possible de constater, la gestion de la Steaua française a été différente de celle de l'Omnium. Le groupe français a beau être le mieux placé au sein de la Steaua romana, il n'est pas simple de faire accepter une décision aux groupes. Il ne semble pas que Mercier ait cherché à imposer une politique industrielle aux groupes anglais et roumain de la Steaua. Son travail à la tête de la compagnie révèle un constant souci de négocier avec les différents groupes. Les objectifs de Paribas sont doubles en Roumanie. Elle vise un profit industriel, d'où la présence d'hommes comme Mercier et Champin aux commandes. Elle vise aussi une rente financière, d'où l'intérêt du prêt que peine tant à rembourser le groupe roumain. La banque ne considère pas ses actions comme un simple « tremplin à bénéfices boursiers »[394]. Pourtant, elle cherche clairement une distribution rapide des profits. L'accent est mis sur la production de pétrole brut puisque « c'est une vérité d'expérience que les titres pétroliers évoluent en fonction des fluctuations de la production de brut »[395]. Dans la même veine, la Steaua romana fait appel à un endettement massif pour accroître son domaine minier[396]. Ces investissements se font aux dépens du raffinage. L'extraction du pétrole brut coûte cher et le pétrole roumain ne correspond pas aux besoins du marché. Les pétroles lourds sont présents en quantité alors que la demande favorise les pétroles légers.

À partir de 1926, la production de pétrole brut sature le marché intérieur de la Roumanie. On commence donc à déverser le brut roumain sur les marchés anglais et français, la Steaua française se transforme en agence de transport et de distribution. Elle profite d'un écoulement global atteignant 100 000 tonnes en France[397]. Pour Philippe Marguerat, l'année 1928 marque un tournant dans la gestion de la compagnie. Le handicap du raffinage est en voie d'être résolu et des améliorations augmentent

---

393 Philippe Marguerat, « Les investissements français dans le bassin danubien durant l'entre-deux guerres: pour une nouvelle interprétation », *Revue historique*, Paris, PUF, tome CCCVI/1, n° 629, janvier 2004, p. 154.

394 Marguerat, *op. cit.*, p. 44.

395 *Ibid.*, p. 49.

396 Ces investissements atteignent 900 000 livres sterling. *ibid.*, p. 58.

397 Archives Total, Steaua française, 92,2/3, Procès-verbal, 9 mars 1933.

la capacité de traitement[398], mais ce sont les activités de courtage qui « sont progressivement affirmées comme la principale source de revenus de la Steaua française »[399]. Celle-ci passe donc de promoteur industriel à courtier ; elle dépend des commissions sur les ventes de pétrole. « Dès 1928, la Steaua française s'organise de façon à pouvoir écouler elle-même de grandes quantités de produits pétroliers roumains. Son effort porte dans deux directions: implantation sur le marché français des carburants et conquête des débouchés de l'Afrique du Nord »[400]. Cette dernière région est considérée comme un débouché naturel pour les exportations roumaines. La Steaua française établit, dès 1929, une agence de vente en Tunisie. En 1930, elle acquiert une société de distribution au Maroc. En 1931 elle s'implante en Algérie puis, en 1933, une filiale commerciale est constituée en Égypte[401]. La société prend aussi pied au Portugal. L'alliance avec la Standard américaine se poursuit dans la sphère de la distribution. Une entente sur les prix est signée avec celle-ci pour éviter une concurrence sur les marchés d'Orient[402].

En France, la Steaua française agit en tant que courtier dans le nord où elle vend le pétrole roumain à des distributeurs alors que dans le sud elle possède son propre réseau de distribution. Celui-ci comprend la Société industrielle de Martigues (1929), la Société française des combustibles liquides (1930) et Huilcombus (1934)[403]. La Steaua française cherche alors à augmenter le tonnage qu'elle peut placer en France. Mercier prend part à des négociations dans ce but avec la Chambre syndicale de l'industrie du pétrole. « Le réseau ainsi établi, que ce soit en France ou en Afrique du Nord, devient si important à partir des années 1930 que le pétrole roumain ne suffit plus à l'alimenter »[404]. La Steaua française doit se tourner vers

---

398 *Ibid.*, p. 82.

399 *Ibid.*, p. 86.

400 Marguerat, *op. cit.*, p. 87.

401 La Steaua française fusionne alors la Société égyptienne des pétroles qu'elle possède déjà avec la *National Petroleum Company* dont elle acquiert la majorité des parts. Au Maroc elle passe des ententes avec les principaux distributeurs afin de réaliser des hausses de prix.

402 Archives Total, Steaua française, 92,2/2, Procès-verbal, 14 novembre 1922.

403 Huilcombus est une des plus importantes sociétés de distribution en France. Elle possède une licence de 32 000 tonnes de gas oil, ce qui porte à 69 000 tonnes les licences de gas oil du groupe. Huilcombus distribue aussi environ 80 000 tonnes de produits noirs.

404 Marguerat, *op. cit.*, p. 88.

de nouvelles sources d'approvisionnement. Ces développements tendent à faire de la compagnie un distributeur avec des intérêts distincts des autres groupes de la Steaua romana. Cette situation est accentuée par l'évolution mondiale des prix. « Il devient momentanément impossible de ravitailler les sociétés de ventes avec des produits roumains et on doit y suppléer avec des produits d'origines différentes achetés au comptant »[405]. Le prix du pétrole américain provoque une diminution des ventes de 30 %. À la veille de la guerre, la compagnie n'essaie plus d'augmenter son potentiel productif. Ses activités de courtage lui assurent entre 60 % et 75 % de ses recettes[406]. Le marché du pétrole en France est alors étroitement contrôlé. Les engagements de livraison font en sorte que le prix de vente est basé sur les cours établis périodiquement par la Chambre syndicale de l'industrie du pétrole. La société souffre du fait de son adhésion à la Compagnie française de raffinage (CFR) et du fait qu'elle doit respecter les arrangements intervenus entre celle-ci et ses collègues raffineurs. La CFR applique des prix élevés pour les mazouts, rendant impossible la création d'une nouvelle clientèle sur le marché de détail. « Cette seule question des prix de reprise des fuels a entraîné, pour notre société, des pertes considérables, tant en espèces qu'en potentiel de vente. Il est indéniable que si, à l'époque nous avions bénéficié des prix égaux à ceux de nos concurrents, nous aurions pu, comme certains de nos collègues créer une clientèle industrielle moyenne de fuels »[407]. En 1936, après de « laborieuses négociations », la société obtient 13,2 % du marché pour le gas-oil et 6,9 % pour les fuels.

La Roumanie représente aussi un débouché important pour les industriels français, notamment pour les groupes que représentent Champin et Mercier. Ceux-ci fournissent des équipements électriques et des produits métallurgiques. Un achat de 5 millions de francs est passé à l'industrie française dès 1924 pour du matériel[408]. Ces commandes sont une source de bénéfices importante pour la Steaua française, qui reçoit une commission de 3 % à chaque vente[409]. Il n'est donc pas étonnant que ces commandes finissent en partie par guider la politique de la société. En 1925, celle-ci avance un prêt à la Steaua romana pour la mise en

405 Archives Total, Steaua française, 92,2/3, Procès-verbal, 20 juin 1935.

406 Marguerat, *op. cit.*, p. 93.

407 Archives Paribas, PTC/243/154, Note sur la situation de la société.

408 Archives Total, Steaua française, 92,2/2, Procès-verbal, 12 février 1924.

409 *Ibid.*, 25 mai 1927.

valeur des terrains de l'État, mais elle exige en échange que la commande de matériel soit faite à l'industrie française pour la durée du prêt[410]. Cette politique contribue à une légère augmentation des exportations de matériel français. Ces contrats représentent 5 % des commandes de la Steaua romana en 1932, 10 % en 1934 et 16 % en 1935[411]. Elles sont facilitées par différentes ententes qui ont pour but de réduire les délais de livraison et de transport.

La situation change brutalement en 1935. Pour parer à la diminution des exportations de pétrole vers la France, le gouvernement roumain retire son autorisation pour les commandes de matériel français. « Cette situation est due à ce que, par suite de la diminution des importations de produits raffinés roumains en France, la balance commerciale est devenue défavorable à la Roumanie »[412]. La situation est particulièrement grave pour les industriels concernés. Le recours au Quai d'Orsay est immédiat, mais il ne permet pas de faire lever la décision roumaine. Les commandes futures sont passées dans d'autres pays. Les mêmes fonctionnaires roumains qui refusent d'autoriser ces commandes font savoir que les besoins de la Steaua romana peuvent très bien être satisfaits en Hongrie ou en Allemagne[413]. « Cet incident vous fait toucher du doigt combien profonde sera la crise qui frappera les exportations françaises si notre gouvernement ne saisit pas toutes les occasions qui lui seront offertes pour imposer comme le fait l'Allemagne et comme le fait la Hongrie, en contrepartie d'achats à l'étranger, des exportations de matériaux français »[414]. Avec l'arrivée d'Hitler au pouvoir, Mercier se préoccupe de plus en plus de diplomatie et sous les ministres Flandin et Laval il a l'occasion d'y participer directement. Ces derniers font appel à lui pour qu'il utilise son influence dans les milieux d'affaires afin d'appuyer leur politique étrangère[415]. Cette position ne lui permet pas d'infléchir la dégradation générale des relations avec la Roumanie. Mercier ne semble pas croire à un retournement. « Il ne paraît guère y avoir de moyens de remédier à cette situation, sur laquelle l'attention des pouvoirs publics

410 *Ibid.*, 8 décembre 1925.

411 Archives Total, Steaua française, 92,2/3, Procès-verbal, 10 janvier 1935.

412 *Ibid.*, 14 novembre 1935.

413 Archives Paribas, Steaua française, PTC/243/151, Lettre de Champin au ministre du Commerce, 6 novembre 1935

414 *Ibid.*

415 *Ibid.*, p. 127.

français a d'ailleurs été appelée »[416]. Cet épisode confirme le changement de politique qui vise à limiter les dommages et évacuer les intérêts français hors de Roumanie. « Je crois que notre actif, nos disponibilités doivent au maximum sortir de Roumanie, pour se répartir sur d'autres terrains. Là réside la solidité de Steaua française »[417].

La situation se détériore d'une manière générale dans tous les secteurs vers la fin des années 1930. La production de la Steaua romana, 1 536 000 tonnes en 1936, descend jusqu'à 732 000 tonnes en 1939[418]. Dans le secteur de la distribution, les sociétés en Égypte et à Tunis ont encore des bilans positifs, mais la situation des distributeurs se détériore en France. La filiale Huilcombus subit des pertes importantes ; elles atteignent 230 000 francs par mois en 1935[419]. Le marché français se ferme de plus en plus aux produits raffinés à l'étranger. En 1936, le tonnage placé n'est que de 400 000 comparé à 600 000 l'année précédente[420]. Mercier ne peut que dénoncer le traitement réservé au groupe français de la Steaua romana. La France perd graduellement le contrôle de l'affaire. Le tonnage attribué à la Steaua française est diminué au profit de sociétés intermédiaires. Cette situation nuit aux revenus que la Steaua française tire de ses commissions. Le volume d'affaires tombe « très au-dessous du quota auquel elle peut prétendre du fait de son contrat commercial avec la Steaua romana. M. Mercier ajoute que cet état de choses est préjudiciable non seulement à la Steaua française, mais à la Steaua romana qui n'a pas intérêt à payer double commission (l'une à l'intermédiaire, l'autre à Steaua française) »[421].

La situation ne s'améliore pas en 1937, la société fait valoir que la Roumanie est le pays qui suit le plus difficilement l'amélioration générale[422]. Certains actionnaires vont jusqu'à regretter la fusion avec l'Omnium en 1938. Ils soutiennent qu'il aurait mieux valu liquider, et non fusionner avec une société ayant des intérêts en Roumanie, alors même que ces intérêts sont menacés[423]. Les débuts de l'Omnium français

---

416 Archives Total, Steaua française, 92,2/3, Procès-verbal, 14 novembre 1935.

417 Archives Paribas, Steaua française, PTC/243/151, Lettre entre Mercier et Andriot, 3 juin 1935.

418 *Ibid.*, PTC/240/136, Note sur l'activité de la Steaua romana.

419 Archives Total, Steaua française, 92,2/3, Procès-verbal, 14 novembre 1935.

420 *Ibid.*

421 *Ibid.*, Steaua romana, 83,11/79, Réunion d'administrateurs, 11 mai 1936.

422 *Ibid.*, 92,2/1, Assemblée générale ordinaire, 21 mai 1937.

423 *Ibid.*, Omnium français des pétroles, 92,2/4, Note.

des pétroles sont marqués par de nouvelles difficultés. Les prix fléchissent de 20 % en 1938 et « les conditions économiques générales n'ont favorisé ni l'augmentation de la consommation, ni la régularité des transactions avec les différents marchés »[424]. Le déclenchement de la Deuxième Guerre mondiale en 1939 entraîne des changements importants pour les transactions commerciales existantes. La guerre crée des difficultés nouvelles « notamment en ce qui concerne le contrôle des changes et les transferts de capitaux »[425]. L'éloignement relatif de la Méditerranée par rapport aux théâtres des opérations permet, au début de la guerre, de maintenir les relations avec la Roumanie. Le groupe français semble avoir perdu toute influence sur la Steaua romana. Mercier écrit au président du Conseil et lui fait savoir que, depuis la guerre, il se trouve hors d'état d'empêcher la compagnie de conclure des contrats de fourniture avec l'Allemagne. Il ignore même si de tels contrats ont été conclus depuis l'ouverture des hostilités. Dans sa lettre, Mercier affirme qu'il utilise toute son influence pour éviter un tel scénario. Il offre de céder ses droits à la disposition du gouvernement pour qu'il puisse désigner lui-même les personnalités de son choix au sein de la compagnie « sans encourir le risque de tomber sous le coup des lois françaises visant les actes de commerce avec l'ennemi »[426]. Cette offre témoigne des liens étroits entretenus avec le gouvernement en temps de guerre. Cette carrière dans le pétrole roumain se termine donc dans des circonstances peu enviables.

5. La Roumanie au cœur des ambitions pétrolières françaises

Au rang de premier producteur de pétrole en Europe, la Roumanie a attiré l'attention de toute une génération de Français. Le rôle central que joue Ernest Mercier dans ce pays est symptomatique d'un intérêt nouveau qui touche banquiers, industriels, diplomates et bien d'autres encore. Il serait difficile de trouver une personnalité française dont l'action, en Roumanie, a mieux su incarner ces différentes ambitions. La quantité et la qualité des plans élaborés par le Quai d'Orsay ont de quoi surprendre. Ces objectifs attestent d'une vitalité qui contraste avec les

424 *Ibid.*, 96AA272/52, Assemblée générale ordinaire, 1939.

425 *Ibid.*, 27 mai 1940.

426 Archives Paribas, Steaua romana, 83,11/102, Correspondances.

hésitations politiques qu'ont soulevé les historiens durant cette période. La Roumanie a été un terrain d'apprentissage pour Mercier et les polytechniciens français qu'il y introduit. Cette première expérience des affaires de pétrole lui permet de forger de précieux contacts.

Dans son étude sur les différentes sociétés roumaines que contrôle Paribas, Philippe Marguerat est plutôt dur à l'égard de leur président. Celui-ci conclut que Mercier « ne domine pas les problèmes techniques du pétrole et n'a pas la mentalité d'un industriel : c'est un organisateur et un négociateur »[427]. On peut difficilement remettre en question ces deux derniers qualitatifs. Mercier participe aux grandes négociations internationales et il est l'homme auquel le gouvernement français s'adresse en Roumanie. Il est clair qu'il n'est pas un technicien du pétrole à l'instar de son collègue Jules Mény, un spécialiste qui maîtrise les techniques de forage. Il a su toutefois s'entourer d'un cercle d'ingénieurs compétents que l'on retrouvera non seulement en Roumanie, mais aussi au sein de la Compagnie française des pétroles. « À côté des aspects financiers et juridiques des affaires pétrolières dont il avait la gestion, [Mercier] se souciait autant des problèmes de personnel, veillait à former des ingénieurs sur le terrain et programmait avant la lettre leur carrière. Mény et Metz ne furent pas les seuls à entrer dans le circuit tracé par ce technocrate : d'autres ingénieurs transiteront par les pétroles roumains avant d'intégrer la CFP »[428]. En tant que président, Mercier ne joue pas le rôle du spécialiste. Un trait qui nous permet de l'associer à nouveau à la culture polytechnicienne. « Selon les fondateurs de l'école, la culture de l'ingénieur doit être encyclopédique »[429]. Un constat qui se traduit par la grande variété de postes qu'occupent alors les polytechniciens dans tous les domaines d'activité.

C'est l'image du négociateur qui ressort clairement de ce chapitre de sa carrière. Mercier prend part aux démarches qui permettent à Paribas de s'installer en Roumanie et ce aux dépens des projets centralisateurs du gouvernement français. On aperçoit déjà les balbutiements d'une politique pétrolière nationale. Contournant les plans gouvernementaux, le dynamisme des milieux financiers est impressionnant, « débordant les initiatives et les moyens officiels »[430]. Paribas fait fi des considérations

---

[427] Marguerat, *op. cit.*, p. 103.

[428] Emmanuel Catta, *Victor de Metz, de la CFP au groupe Total*, Paris, Total, 1990, p. 40.

[429] Miquel, *op. cit.*, p. 393.

[430] Marguerat, *loc. cit.*, « Les investissements… », p. 127.

diplomatiques, qui visent à priver la Roumanie de capitaux. « La banque reste ainsi pendant l'entre-deux-guerres un facteur constant de déstabilisation de l'action gouvernementale »[431]. Elle parvient aussi à déjouer un projet qui vise à centraliser les compagnies roumaines à capitaux français sous la tutelle du gouvernement. Philippe Marguerat fait référence à un « projet sauvage », mené en marge des plans gouvernementaux, au sujet des activités de la banque en Europe de l'Est. Alors même que le Quai d'Orsay cherche à s'émanciper de sa dépendance à l'égard des Américains, Paribas parvient à maintenir son alliance avec ceux-ci tout en obtenant l'appui de son gouvernement. Mercier est au cœur de toutes ces tractations et sa connaissance des milieux politiques roumains est largement mise à contribution.

Celui-ci prend aussi part aux négociations qui visent à dédommager l'industrie pétrolière roumaine. Il parvient à faire changer et accepter le principe des indemnités par le gouvernement français. La portée de son action, en Roumanie, dépasse le cadre des sociétés dont il assume la présidence ; c'est encore lui qu'on retrouve à la tête du Groupement des sinistrés français en Roumanie. Il parvient non seulement à obtenir les réparations demandées au gouvernement, mais à obtenir une avance représentant 60 % de celles-ci, puisée dans les fonds du Consortium du pétrole. Son action permet ainsi aux sociétés roumaines d'obtenir les ressources qui font gravement défaut à leur reconstruction.

Les contentieux qui se développent durant la période entre l'industrie pétrolière et l'État roumain sont nombreux. Ils concernent l'attribution des terrains de l'État, mais surtout, au sens large, son intervention dans l'économie. Plusieurs lois règlementent le secteur et les milieux politiques roumains envisagent même la nationalisation complète de l'industrie pétrolière. C'est toute la question de l'intervention de l'État qui se trouve alors posée en Roumanie. La position de Mercier est claire : la réglementation pose un danger au développement de l'industrie pétrolière roumaine. « Il est essentiel [...] de respecter le plus possible la liberté des transactions et les initiatives privées, indispensables tant comme instrument de progrès que comme moyen de favoriser les adaptations constantes qu'implique la vie économique moderne »[432]. C'est dans ce contexte qu'il multiplie les recours au Quai d'Orsay. Le

---

[431] Marguerat, *op. cit.*, p. 127.

[432] Marguerite Mercier-Dreyfus, *Ernest Mercier, une grande destinée*, Séfi, 1958, p. 201.

gouvernement français se trouve dans une position ambiguë alors qu'il défend, en France, le besoin de mener une politique pétrolière nationale. Ces idées aboutissent à la création d'une compagnie nationale en 1924 et à l'instauration d'un cadre légal en 1928, celui du monopole délégué. Au même moment, Mercier obtient l'intervention de la diplomatie française pour que soit respectée la liberté de marché. Les moyens entrepris pour obtenir un allègement des charges et pour acquérir de nouveaux terrains sont impressionnants : recours à la diplomatie française, négociations avec le gouvernement roumain, pression monétaire, contrats commerciaux et « nationalisation » partielle de la Steaua romana. La pression pour obtenir ces terrains se fait aussi par le biais d'une participation à un syndicat international (OPQ). Encore une fois, le rôle de Mercier dépasse le cadre des sociétés strictement contrôlées par Paribas. Il représente l'ensemble des intérêts français en Roumanie au sein de ce syndicat. C'est une nouvelle expérience des collaborations internationales avec les plus grandes sociétés pétrolières de l'époque.

Mercier entretient aussi des relations avec les groupes étrangers qui forment la Steaua romana. La dette des actionnaires roumains est un des sujets les plus importants qui réclame son attention. Cet emprunt, moyen de pression utile au départ, se révèle de plus en plus problématique alors que les banques roumaines ne sont pas en mesure de le rembourser à l'échéance. Les solutions envisagées se multiplient : garanties, terrains, cession des actions et prolongation de l'échéance. Encore une fois Mercier est au cœur des négociations. C'est avec sa participation que sont signés plusieurs accords.

Le travail de Mercier à la tête des différentes sociétés françaises opérant en Roumanie montre que celles-ci ne sont pas uniquement des tremplins financiers. On observe bel et bien une tentative de développement industriel que Mercier dirige. Cet effort inclut la construction d'un pipeline, la mise sur pied d'une usine électrique et l'exploitation de nouveaux terrains. Dans sa correspondance, le gouvernement français reconnaît à plusieurs reprises que l'Omnium gère la société Colombia avec prudence, la presse spécialisée aussi. Il faut attendre plusieurs années avant que ne soit versé un dividende aux actionnaires, car la société accorde la priorité au développement de son outillage. Ces efforts de rationalisation des opérations ne semblent jamais s'arrêter complètement, mais la politique de courtage devient de plus en plus prisée par la direction avec le temps et finit par représenter une part importante des profits. L'analyse de Philippe Marguerat le précise avec justesse. Est-ce dû à l'incompétence des industriels présents au sein du groupe Paribas? Il est certain qu'une financiarisation des objectifs nuit au développement industriel des sociétés roumaines. Comment expliquer ce tournant? En fait, il semble moins s'agir d'une stratégie imposée par des financiers à des industriels, que d'une adaptation devenue à la fois nécessaire et réaliste aux yeux de tous. Cette stratégie semble avoir été adoptée de manière unanime par la direction, les archives bancaires n'ont pas laissé de traces de conflits au sein de l'administration. Au contraire, Mercier pousse la compagnie dans ce sens vers la fin des années 1930. Lorsqu'on considère la situation politique roumaine, cette attitude est loin d'être étonnante. La crise économique, la compétition soviétique et la baisse des prix du pétrole représentent de puissants obstacles au développement de l'industrie pétrolière[433].

À la veille de la Deuxième Guerre mondiale, la position française en Roumanie est sérieusement compromise par l'évolution politique. La réglementation roumaine, la montée du nationalisme et surtout le rapprochement de la Roumanie avec l'Allemagne, n'encouragent pas l'adoption d'une politique industrielle sur le long terme. La loi de 1937 est particulièrement sévère à l'égard des sociétés étrangères. Lorsque Mercier se prononce en faveur de sortir les capitaux français du pays, cette réaction est avant tout prudente. Notons toutefois qu'elle nuit à la politique française « d'endiguement » de l'Allemagne en Europe de l'Est. Vers la fin des années 1930, la pression des diplomates français se fait toutefois moins pressante avec l'arrivée du pétrole iraquien en France. Ceux-ci n'entretiennent d'ailleurs pas d'illusions quant à la possibilité d'acheminer le pétrole roumain vers l'Hexagone en temps de guerre. Mercier sait aussi très bien que le pétrole roumain ne peut concurrencer la production iraquienne sur le long terme. La politique prise par les sociétés françaises doit donc être vue comme une réaction face à une situation devenue progressivement défavorable. Le gouvernement français entérine ces changements. Au cours de l'année 1939, il planifie une réduction de la production et un ralentissement des transports. Il veut désarmer la flotte anglo-française du Danube et intensifier les transports danubiens vers d'autres pays que l'Allemagne[434]. Le point culminant de cette politique est la planification du sabotage des puits de pétrole roumains comme au cours de la Première Guerre mondiale.

---

[433] Voir tableau 1 en annexe.

[434] SHD, GR6N329, Réunion au sujet du pétrole de Roumanie, 25 novembre 1939.

Comment doit-on comprendre les choix faits par Mercier durant cette période? La politique de l'État roumain impose de sérieuses contraintes à l'exploitation pétrolière. Si Mercier accepte le principe d'une telle intervention, il la juge excessive. Elle nuit de manière significative aux sociétés qu'il préside. Pour des raisons évidentes, Mercier remet en question l'ampleur de l'intervention roumaine dans le secteur pétrolier. Son rôle à la tête de l'Omnium et de la Steaua française ne laisse pas l'image d'un homme effacé du processus de décision, loin de là. Dans le cadre de ses fonctions, il est en contact avec les gouvernements roumain, français et anglais. Il prend part à des négociations internationales et côtoie les grands trusts pétroliers. Au début de la période, les Français sont optimistes et la gestion des sociétés roumaines n'est pas totalement dénuée d'une politique industrielle. Il y a bel et bien un effort de rationalisation en Roumanie, mais celui-ci se transforme dans le contexte d'une situation défavorable. L'industrie roumaine traverse alors des moments difficiles et l'avenir n'est pas prometteur. Grâce à la position privilégiée qu'occupe Mercier au sein de cette industrie, Mercier sait que le pétrole roumain ne pourra pas concurrencer la production du Moyen-Orient. Les investissements financiers de la Steaua et de l'Omnium dans la CFP expriment bien cette réalité.

Chapitre 4.

La naissance d'une société pétrolière nationale

1. La genèse de la CFP

Le travail de Mercier à la tête de la Compagnie française des pétroles représente le sommet de sa carrière dans ce secteur. Celle-ci débute dans des circonstances particulièrement difficiles. En 1923, les problèmes fusent les uns après les autres au lendemain de la création du Syndicat d'études pétrolières, l'entité en charge d'étudier la création d'une compagnie nationale. L'histoire de la CFP, durant l'entre-deux-guerres, conserve une dualité entre des obstacles internes et externes à son développement. L'intégrité de la société et son objet sont constamment menacés. Mercier fait face à tous ces problèmes avec une impressionnante ténacité. La première tâche consiste d'abord à unir des intérêts divergents, qui apparaissent parfois incompatibles, au sein d'une société chargée d'une mission d'intérêt national. Ces premiers mois de négociations révèlent déjà l'ampleur de la tâche. Rassembler les milieux d'affaires autour d'un objectif commun est un accomplissement en soi, car la compétition entre les grandes banques demeure féroce. L'implantation des capitaux français en Roumanie en témoigne. La création de la CFP est loin de mettre un terme à ces difficultés.

À l'extérieur, Mercier doit lutter pour que soient reconnus les droits de la CFP dans la Turkish Petroleum. Cette reconnaissance, il l'obtient au terme d'un long combat. « Dire que les premières années de la collaboration entre Français et Anglais, dans l'IPC, avant l'entrée des Américains dans cette affaire furent difficiles, constituerait un euphémisme »[435].

[435] Archives Total, 89,14/-24, Les pétroles de Mossoul au point de vue diplomatique, 9 février 1931, p. 6.

Les années qui suivent sont dominées par deux problèmes majeurs : la construction de raffineries en France et celle de pipelines au Moyen-Orient. Ces deux controverses sont toutes deux nées de la découverte du pétrole iraquien en 1927. À la tête de la compagnie, Mercier joue un rôle central dans toutes ces affaires. Il est si proche de certains dossiers qu'on lui reproche de gérer l'affaire en vase clos. Ces réprimandes proviennent du gouvernement, mais aussi de plusieurs collègues du secteur privé.

La création de la Compagnie française des pétroles est à replacer dans le cadre des considérations politiques qui émergent à la fin de la Première Guerre mondiale. La volonté de créer un groupe national, avec mission de ravitailler la France, existe bel et bien avant sa création en 1924. Nous l'avons vu, cette politique se déploie en Roumanie où le gouvernement cherche déjà à fédérer les intérêts français au sein d'un groupe national. L'action déstabilisatrice exercée par les milieux d'affaires en Roumanie se poursuit aussi en France. Les puissants trusts anglo-saxons, quant à eux, ont leur propre agenda.

Ce sont les droits acquis par la France lors du traité de San Remo qui vont permettre la création de la CFP. Un accord souvent considéré comme le fondement de la politique pétrolière française. L'intérêt de la France dans cette région du Proche-Orient remonte plus loin. Les accords Sykes-Picot, signés pendant la guerre, cèdent une large zone du nord de l'Iraq à l'influence française. L'Angleterre cherche, de cette manière, à créer une zone tampon entre sa propre zone d'influence et celle de la Russie. La révolution russe de 1917 change ces plans, puisque tous les accords signés au courant de la guerre sont reniés par les Soviétiques. Aux yeux des Anglais, la France perd alors toute raison d'être à Mossoul et au Kurdistan. Approché par Lloyd George, Clemenceau accepte en 1918 de renoncer au nord de l'Iraq. Faute de détenir Mossoul, la France obtient en échange 25 % des droits précédemment détenus par la Deutsche Bank dans la Turkish Petroleum Company. Une entente, signée le 8 avril 1919 par Henry Bérenger et Walter Long, en approuve le principe. Elle est sujette à confirmation par les ministères des Affaires étrangères de chaque pays. C'est cet accord qui est entériné à San Remo en avril 1920. Il concrétise la cession des parts de la Deutsche Bank à la France. Ce sont ces mêmes parts qui sont confiées à la CFP par le gouvernement français en 1924. La nouvelle société se substitue donc, en droit, aux intérêts allemands. Ce statut de droit est essentiel pour comprendre la suite des évènements. Le groupe français est en mesure de réclamer les mêmes droits que les précédents détenteurs des parts dont il a hérité.

L'histoire de cette concession pétrolière remonte aux années 1888 et 1889. Les droits sur la région appartiennent alors au sultan Abdul Hamid, qui les a fait inscrire à sa Liste civile, ce qui en fait sa propriété privée. En 1904, un premier contrat est signé pour l'exploration des concessions avec l'Anatolian Railway Company (ARC), dans laquelle sont présents des intérêts allemands. La compagnie peut réclamer tout pétrole découvert dans une zone de vingt kilomètres de part et d'autre du chemin de fer en construction. Deux ans plus tard, la Liste civile considère l'accord invalidé puisque l'exploitation n'a pas eu lieu. Elle engage alors des discussions avec William Knox D'Arcy[436] qui a l'appui de l'ambassadeur britannique à Constantinople. La révolution des Jeunes-Turcs, en 1908, vient brouiller les cartes. Les titres de la concession sont alors transférés au ministère des Finances. L'ARC refait surface en 1912 et s'efforce d'obtenir la confirmation de ses droits sur son ancienne concession. À ce moment, quatre groupes cherchent des concessions en Mésopotamie : la Deutsche Bank[437], D'Arcy (Anglo-Persian), l'Anglo-Saxon Oil et le groupe américain Chester. Les différents groupes européens sont alors déterminés à garder les Américains hors de la région. Les gouvernements britannique et allemand prennent alors contact pour trouver un terrain d'entente. Celui-ci prend la forme d'un groupement d'intérêt au sein d'une société, la Turkish Petroleum Company (TPC). Le fondateur est l'Arménien Calouste Sarkis Gulbenkian, un intermédiaire entre le monde des affaires, la diplomatie et la haute finance[438]. Durant cette période, Gulbenkian s'impose comme un négociateur expert et un architecte financier dont le concours est recherché par les pétroliers de la Californie jusqu'au Caucase[439]. En octobre 1911, celui-ci met sur papier les statuts de la nouvelle compagnie (TPC) qui voit le jour l'année suivante.

Le 23 octobre 1923, un accord entre les gouvernements allemand et britannique précise les garanties de non-concurrence entre les différents actionnaires de la TPC. La vocation de la nouvelle société est d'obtenir

---

436 William Knox D'Arcy est un homme d'affaire Anglais qui a joué un rôle clé pour le développement des ressources pétrolières de la Perse. Il a été directeur de l'Anglo-Persian Company.

437 Elle est le principal actionnaire de l'Anatolian Railway Company.

438 Jonathan Conlin, « Debt, diplomacy and dreadnoughts: the National Bank of Turkey, 1909–1919 », *Middle Eastern Studies*, 26 février 2016, p. 1.

439 Jonathan Conlin's, *Mr. Five Per Cent, The many lives of Calouste Gulbenkian. The world's richest man*, London, Profile Books, 2019, p. 3.

des concessions en Mésopotamie et dans l'Empire ottoman. Elle est formée avec un capital initial de 80 000£. Une entente subséquente, signée le 19 mars 1914 et connue sous le nom de *Foreign Office agreement*, règle la question des participations respectives. L'Anglo-Saxon Company et la Deutsche Bank deviennent chacun participants dans la société pour 25 %. Le reste des parts est attribué à la D'Arcy[440]. La nouvelle compagnie contacte le Grand Vizir Said Halim en 1914 et obtient une concession à Mossoul, mais la guerre met un terme aux négociations. Dans ces circonstances, les droits de la compagnie sur la région de Mossoul sont vagues. Il faut attendre le traité de Sèvres pour que la validité de la concession d'origine soit garantie par la Turquie.

La guerre permet à la France de mettre pied dans cette affaire. C'est la Royal-Dutch qui, par l'intermédiaire de Calouste Gulbenkian, attire l'attention du gouvernement français sur cette opportunité. Ce groupe est presque expulsé de la TPC par le gouvernement britannique avant la guerre. L'entrée de la France doit rééquilibrer les parts au sein de la compagnie. « C'est donc avec son plein accord que son principal conseiller pour les affaires pétrolières au Proche-Orient, l'Arménien Gulbenkian, avait poussé les Français à revendiquer la part allemande. Ainsi, en introduisant dans l'affaire un partenaire qui devenait en quelque sorte son débiteur, la Royal Dutch pensait rééquilibrer l'influence de l'Anglo-Persian et s'assurer l'appui diplomatique de la France en Iraq »[441]. Cette intervention aboutit à l'accord de San Remo. Le mémorandum signé entre Philippe Berthelot et John Cadman le 24 avril 1920 ne concerne pas seulement la Roumanie. Il est basé sur la coopération de la France et de l'Angleterre dans tous les pays où les intérêts pétroliers des deux nations peuvent se combiner. Il peut être étendu à d'autres pays par consentement mutuel. Les points 7 à 13 concernent la Mésopotamie.

7) Le gouvernement britannique s'engage à accorder au gouvernement français, ou à ceux qu'il désignera, une part de 25 % au prix courant du marché dans la production nette d'huiles brutes que le gouvernement de Sa Majesté pourra se procurer par les champs pétrolifères de Mésopotamie, au cas où ceux-ci seraient exploités par actions gouvernementales ; si cette exploitation des champs pétrolifères de Mésopotamie était faite par une société privée,

---

[440] Les partenaires de la Deutsch Bank sont mieux connus sous le nom de Royal Dutch et d'Anglo-Persian.

[441] Bussière, *op. cit.*, p. 183.

le gouvernement britannique s'engage à mettre à la disposition du gouvernement français une participation de 25 % dans cette société. Le prix à payer pour cette participation ne sera pas supérieur à celui payé par aucun autre participant à ladite société pétrolifère. Il est également convenu que ladite société pétrolifère sera sous le contrôle britannique permanent.

8) Il est convenu que, au cas où serait constituée ladite société prévue ci-dessus, le gouvernement local ou les autres intérêts indigènes seront admis, s'ils le désirent, à participer jusqu'à concurrence d'un maximum de 20 % dans la part du capital de ladite société. Les Français participant pour moitié dans les premiers 10 % de cette participation indigène et la participation additionnelle sera fournie par chaque participant dans la proportion de ce qu'il détiendra.

9) Le gouvernement britannique agrée d'appuyer tous arrangements par lesquels le gouvernement français pourrait se procurer de l'Anglo-Persian des fournitures de pétrole qui auraient été envoyées par canalisation de Perse à Méditerranée au moyen de conduites ayant été construites à travers un territoire sous mandat français et à l'égard desquelles la France aura donné des facilités spéciales, et ceci jusqu'à concurrence de 25 % du pétrole ainsi envoyé par canalisation à des conditions qui pourront être arrêtées d'accord entre le gouvernement français et l'Anglo Persian Cy.

10) En considération des arrangements ci-dessus mentionnés, le gouvernement français consentira, si le désir lui en est exprimé et dès que la demande lui en sera adressée, à la construction de deux pipelines distincts avec les voies ferrées nécessaires à leur construction et leur entretien, et au transport du pétrole de la Mésopotamie et de la Perse à travers les sphères d'influence française jusqu'à un ou plusieurs ports de la Méditerranée orientale à désigner par les deux gouvernements et d'un commun accord.

11) Au cas où de tels pipelines ou voies ferrées viendraient à traverser un territoire se trouvant dans une sphère d'influence française, la France s'engage à accorder toutes facilités de passage sans aucune taxe ni droit de passage sur le pétrole transporté. Néanmoins, une indemnité sera due aux propriétaires fonciers pour la surface occupée.

12) De même, la France accordera toutes facilités au port terminus pour l'acquisition de terrains nécessaires à la construction des dépôts, voies ferrées, raffineries, quais de débarquement, etc. Le pétrole ainsi exporté sera exempt de tous droits d'exportation ou de transit. Les matériaux nécessaires à la construction des pipelines, voies ferrées, raffineries et autres installations resteront libres de tous droits d'importation et de droits de passage.

13) Au cas où ladite compagnie de pétrole désirerait construire un pipeline et une voie ferrée allant jusqu'au Golfe persique, le gouvernement britannique offrira ses bons offices pour obtenir des facilités à cet effet[442].

Comme il est possible de constater, l'accord de San Remo dote l'Hexagone de droits importants sur les affaires pétrolières du Proche-Orient. Le gouvernement français tarde pourtant, après 1920, à désigner un groupe capable de prendre en charge les parts allemandes. L'opération est risquée ; l'exploitation pétrolière requiert d'importants capitaux. Le Trésor français hésite à investir les sommes nécessaires alors qu'il entreprend la reconstruction des régions dévastées par la guerre. « Les pétroliers français n'étaient pas capables, à eux seuls, d'assumer la mise en valeur des intérêts français en Iraq. Ils ne disposaient en 1919 que d'installations de stockage et de distribution encore modestes, ne raffinaient pas et n'exploitaient aucun gisement sur une vaste échelle »[443]. Il faut donc compter sur les banques. Or, les deux principales intéressées, Paribas et la BUP, ont encore des relations conflictuelles. « Leurs homologues continuent de privilégier une politique de portefeuille, notamment concernant le pétrole, et n'entendent pas s'immiscer dans les jeux complexes et risqués des guerres du pétrole »[444].

2. La rivalité des banques

Les deux banques entrent rapidement en conflit au sujet du pétrole de Mésopotamie. Pour avoir aidé la France à obtenir les parts allemandes dans la TPC, Royal Dutch-Shell entend participer à la formation du groupe français. La BUP est alors désignée par le ministère des Finances

---

[442] MAE, 19RC123, Accord de San Remo, 24 avril 1920.

[443] Bussière, *op. cit.*, p. 184.

[444] Bouguen, *op. cit.*, p. 63.

pour fonder la Société pour l'exploitation des pétroles (SPEP) qui doit reprendre les parts allemandes. Paribas y est associé, mais c'est la BUP qui a le contrôle de l'affaire. Ce rôle ne convient pas à Horace Finaly[445]. « Faute de réaction, Paribas risquait de devoir se contenter des seconds rôles en matière pétrolière. C'est donc à la fois pour défendre sa position de première banque d'affaires française et conformément à une vision globale du rôle que les Américains étaient destinés à jouer sur la scène économique mondiale que Paribas opta en faveur d'un renversement des alliances en faveur de la Standard Oil »[446]. Au mois de mai 1920, Finaly prend contact avec les Américains. Le point de vue de la banque est qu'il faut diversifier les alliances de la France en matière de pétrole. « L'alliance Paribas-Standard revêtait donc une dimension stratégique ; elle initiait une nouvelle orientation de la politique pétrolière de la France, qui ne serait plus désormais tournée exclusivement vers l'Angleterre »[447]. La prise de participation de Paribas dans la Steaua romana est la première remise en question d'une collaboration avec la BUP dans la SPEP. Si la BUP peut compter sur l'appui du ministère des Finances, Paribas s'appuie sur les fonctionnaires du Quai d'Orsay[448].

Les stratégies des deux banques sont alors foncièrement différentes. Admettre les Américains au sein de la TPC n'est pas sans risques, car cette décision remet en question l'alliance franco-anglaise signée à San Remo. Or, le système international sur lequel repose cet accord assure un accès privilégié aux colonies et à leurs ressources. Ce contrôle des territoires est étendu après la guerre grâce au système des mandats, il ferme, du même coup, d'importantes sections du globe aux investissements étrangers. Pour des raisons évidentes, cet ordre mondial ne convient pas aux Américains et se voit pris d'assaut dans la première moitié du XXe siècle. Les États-Unis visent alors à briser la domination britannique et à ouvrir le monde à la concurrence américaine. En matière de politique étrangère, le pétrole se conforme bien aux principes américains. L'objectif de Washington est l'égalité d'accès et de traitement pour ses nationaux à travers le monde. Cette politique est celle de la « Porte ouverte », au nom de laquelle les États-Unis prônent la mise en place d'un ordre économique libéral. En termes d'accès aux ressources pétrolières, elle vise des

445 Directeur de Paribas

446 Bussière, *op. cit.*, p. 185.

447 *Ibid.*, p. 186.

448 voir Bussière, « La Banque de… », *loc. cit.*

changements majeurs. C'est la question diplomatique la plus importante dans la décennie qui suit la fin de la guerre. Cette volonté d'abattre les barrières économiques à l'échelle internationale est un objectif commun que partagent le gouvernement américain et les compagnies pétrolières américaines.

Pour la France, accepter le principe de la Porte ouverte comporte donc le risque de remettre en cause l'accord de San Remo. Les Français craignent aussi une collusion anglo-américaine. Walter Teagle, le président de la Standard, intervient le 27 juillet 1922 et conteste le bien-fondé de l'attribution de 25 % des actions aux Français[449]. Pour Horace Finaly, le rapprochement avec la Standard prime, car la France risque de se trouver isolée dans l'éventualité d'une alliance anglo-américaine. La position de Paribas est donc claire : « tant que les Anglais domineront le Proche-Orient, la France collera aux intérêts américains dans la région »[450]. Durant cette période décisive, le contact est « direct et étroit » entre Finaly et Teagle[451]. Depuis la fin de la guerre, les Américains s'appuient sur les prétentions de l'amiral Chester pour mettre pied au Proche-Orient. Ils cherchent donc à faire reconnaître une concession qu'il a obtenue avant la guerre. Le futur de cette concession repose alors sur une question qui est en suspens depuis la fin du conflit, à savoir si la région de Mossoul doit revenir à la Turquie ou à l'Iraq. La TPC mise sur l'Iraq, mandat britannique, alors que les réclamations de Chester bénéficieraient d'un contrôle turc. En se rapprochant des Américains, Paribas a un autre objectif : convaincre ces derniers d'opérer au sein de la TPC plutôt qu'en dehors[452].

De son côté, la Société pour l'exploitation des pétroles (SPEP) s'est transformée pour répondre aux objectifs du gouvernement français. La compagnie, qui au départ est détenue à 60 % par le groupe hollandais et à 40 % par le groupe français, est ramenée à une proportion de 49 % pour Royal Dutch-Shell et 51 % pour les Français[453]. Elle défend le bien-fondé d'un rapprochement avec RDS. « La seule manière pour la France de contrebalancer dans la société la prépondérance britannique est

---

449 Bussière, *op. cit.*, p. 194.

450 *Ibid.*, p. 195.

451 *Ibid.*, p. 197.

452 *Ibid.*, p. 198.

453 MAE, 19RC123, Note concernant la Société pour l'exploitation des pétroles et la part française dans l'exploitation des pétroles de Mésopotamie, 17 octobre 1921.

justement de lier ses intérêts à ceux du groupe hollandais sinon malgré sa participation de 25 %, l'influence du groupe français sera nulle »[454]. La SPEP n'hésite pas à mettre de l'avant que c'est grâce au groupe hollandais que la France a obtenu une part dans la TPC. Cette alliance doit permettre d'obtenir « le maximum d'influence avec le minimum de débours »[455]. La SPEP insiste sur le fait que la Royal Dutch-Shell n'est pas une société anglaise, ce qui permet à la France de se détacher de sa dépendance à l'égard de l'Angleterre. « La société Royale néerlandaise est depuis longtemps intimement associée aux capitaux français. Les bénéfices effectués par le groupe font donc en grande partie retour au patrimoine français sous forme de dividendes »[456]. Ces arguments, sans cesse répétés auprès du public français, font fi des liens étroits qu'entretient RDS avec l'Angleterre. C'est précisément cette politique que Paribas cherche à faire échouer.

Alors que le groupe français qui doit prendre possession des actions de la TPC n'est toujours pas formé, c'est Louis Pineau qui représente le gouvernement. La question de désigner une société pour prendre part aux négociations apparaît alors urgente, car San Remo engage le gouvernement à mettre en œuvre une politique pétrolière nationale. Depuis 1918, des organismes civils tentent de définir ce que doit être la politique pétrolière. Les options qui s'offrent à l'État sont « le retour à la liberté de marché, le monopole absolu, le monopole partiel, ou la régie intéressée »[457]. Ce débat est étroitement lié à la création d'une société nationale. Pour les uns, « l'État n'est pas en mesure de mobiliser les compétences nécessaires pour développer une politique du pétrole efficace et ne peut pas non plus faire seul les investissements, lourds, mais nécessaires »[458]. Le débat se concentre entre le monopole partiel, limité aux achats et importations, ou une régie intéressée qui consisterait « à créer une société d'exploitation qui autorise la participation des intérêts privés, mais aussi de l'État »[459]. Malgré l'importance des moyens déployés par les milieux d'affaires, Paribas incluse, la dernière option séduit. Elle est d'ailleurs préconisée par le sénateur Henry Bérenger. Le

---

454 *Ibid.*

455 *Ibid.*

456 *Ibid.*

457 Bouguen, *op. cit.*, p. 120.

458 *Ibid.*, p. 121.

459 *Ibid.*

pétrole de Mésopotamie va-t-il passer aux mains de l'État? Le débat est complexe, pour certains, une participation étatique, « bien que mal vue, peut s'avérer une caution sécurisante »[460]. À l'hémicycle les deux camps s'entendent sur le besoin d'élaborer une politique nationale du pétrole et sur le fait que le marché doit être protégé, mais pas sur la forme que doit prendre cette intervention.

Comme nous l'avons vu, les intérêts anglais et américains sont étroitement liés à ce débat. La politique de l'Angleterre est de s'entendre directement avec l'État français pour établir une relation privilégiée. Elle favorise la création de sociétés franco-britanniques comme la SPEP. Elle s'oppose à la liberté de marché qui « donne la main aux raffineurs, inféodés à la Standard »[461]. La position de Paribas dans ce débat est claire. La banque « se révèle être l'atout le plus précieux de la Standard dans la lutte contre le monopole »[462]. C'est un véritable contrat d'alliance puisque l'une des clauses du contrat de la Standard franco-américaine mentionne la lutte contre le monopole d'État[463]. Les défenseurs d'un monopole ont leur propre agenda. L'historien et politologue Gregory Nowell y voit une tentative de certains responsables français, dont le sénateur Henry Bérenger, cherchant à renier la Standard Oil et à remettre le marché aux mains du groupe Shell. C'est effectivement la décision prise au lendemain de la guerre alors qu'est prolongé le monopole sur les importations de pétrole. Cette expérience se révèle être un dangereux fiasco. En guise de représailles, les pétroliers américains suspendent leurs livraisons de pétrole vers la France qui risque la pénurie. RDS manque à la fois de navires-citernes et de produits pétroliers pour approvisionner la France. Il faut dire qu'avant cet embargo, le pétrole en provenance des États-Unis représentait autour de 80 % des besoins du pays[464].

Alors qu'ils cherchent encore à diversifier leur approvisionnement, les responsables français envisagent remplacer le pétrole américain par des produits soviétiques. Au printemps 1922, Louis Pineau, à la Direction des Essences et Pétroles, soumet au ministère des Finances un plan pour former une entreprise franco-belge pour acquérir des titres pétroliers dans

---

460 *Ibid.*, p. 122.

461 *Ibid.*, p. 47.

462 *Ibid.*, p. 63.

463 *Ibid.*, p. 65.

464 Nowell, *op. cit.*, p. 137.

le Caucase, avec le soutien de l'État. L'objectif est d'utiliser le pétrole russe pour « libérer la France de la domination des trusts anglo-saxons »[465]. La compagnie existe déjà : Pétrofina. Cette société, fondée en février 1920, comptait sur le pétrole soviétique pour s'étendre sur les marchés européens[466]. En juillet 1923, la BUP, qui avait soutenu RDS jusque-là, prend une large participation dans Pétrofina. Poursuivant ses objectifs d'une alliance franco-belge pour le pétrole russe, Louis Pineau se rend à Londres en mai 1923 et négocie avec les compagnies internationales. En s'appuyant sur le pétrole soviétique, Pétrofina parvient à s'imposer comme un acteur clé dans les affaires de pétrole en France.

Face aux pressions exercées d'un côté et de l'autre par ces différentes factions, le gouvernement et la Chambre se renvoient constamment la responsabilité de prendre une décision et de choisir une politique pétrolière : c'est la paralysie. La presse est consciente de l'immobilisme[467]. C'est Raymond Poincaré, alors Président du Conseil, qui décide de faire avancer le dossier lorsqu'il écrit à Ernest Mercier pour le charger de constituer une compagnie nationale. L'option choisie par Poincaré en 1923 a l'allure d'un compromis. « En 1924, donc, il n'y a ni gagnant ni perdant. Les partisans d'un monopole d'État se félicitent de la création d'un outil permettant de mener une politique autonome. Les défenseurs du libre marché voient une structure affaiblie par un lobbying efficace avant même d'être créée, et contrôlée en partie par des intérêts qui lui sont défavorables »[468]. Comme le souligne Jean-Marie Bouguen, la création de la CFP peut être vue comme une « troisième voie », issue de l'épuisement du débat « né de la confrontation de stratégies d'influences »[469]. C'est tout de même la version la moins étatiste qui est adoptée parmi toutes celles qui avaient été proposées dans les cinq années précédentes.

3. La création du Syndicat d'études pétrolières

La solution préconisée par Poincaré est celle d'une société à caractère national. Cette mission il la confie à Mercier qui est déjà reconnu comme

---

465 *Ibid.*, p. 156.

466 Voir le tableau 5 en Annexe pour les importations de pétrole soviétique en France.

467 Bouguen, *op. cit.*, p. 127.

468 *Ibid.*, p. 19.

469 *Ibid.*, p. 18.

« éminent rompu aux grandes affaires »[470]. La lettre qui lui est transmise par le président du Conseil expose avec clarté la mission qu'on attend de lui.

Objet du gouvernement :

Le gouvernement désire créer un outil capable de réaliser une politique nationale du pétrole.

La société devra donc être essentiellement française et demeurer complètement indépendante.

Elle s'efforcera de développer une production de pétrole à contrôle français dans les différentes régions productrices.

Dans les conditions sus-indiquées, elle créera ou développera toutes les entreprises qu'elle jugera utiles pour sa prospérité.

Elle pourra, d'autre part, recevoir du gouvernement la mission d'entreprendre tels travaux que le gouvernement estimerait opportuns. S'il en résultait pour la société des charges non rémunératrices, l'État lui accorderait des compensations équitables.

Objet de la société :

Organiser la mise en valeur des ressources et des avantages que l'État tient ou tiendra des accords diplomatiques ou autres existants ou à intervenir, en ce qui touche le pétrole ;

De prendre toutes participations ou tous intérêts dans toutes entreprises exerçant leur activité dans les diverses régions en Amérique du Sud, en vue de l'équilibre de notre ravitaillement ;

D'aborder en temps utile et par des moyens convenables le problème des concessions russes, en vue d'éviter la dispersion des efforts français devant la concurrence étrangère ;

De concourir, avec l'appui du gouvernement, à la mise en valeur et à l'exploitation des richesses pétrolifères qui pourraient être découvertes en France, dans les régions et les pays du protectorat.

Pour chacune de ces entreprises, la société pourra opérer directement ou par le moyen d'une société filiale qu'elle aura créée à cet effet et dont elle conservera le contrôle.

La société recevra l'appui du gouvernement et le concours de ses administrateurs, dans les démarches et les travaux qu'elle entreprendra, en conformité avec les programmes arrêtés d'accord avec le gouvernement.

---

[470] Fontaine, *op. cit.*, p. 54.

Constitution et fonctionnement de la société :

> Pourront, en principe, participer à la société, soit lors de sa constitution, soit ultérieurement, toutes sociétés industrielles et financières françaises, dont l'objet social sera la production, le transport, le commerce, la distillation, le raffinage, la distribution du pétrole.
>
> En principe, le montant des participations sera calculé d'après l'importance des capitaux nationaux investis par chaque société participante.
>
> Le cas de certaines sociétés comportant des participations étrangères fera l'objet d'un examen particulier. Toutes dispositions nécessaires devront être insérées dans les statuts pour assurer la permanence du contrôle de la société par des capitaux français.
>
> Les administrateurs devront être Français et agréés par le gouvernement.
>
> Le directeur général et les directeurs devront être Français, sauf exceptions approuvées par le gouvernement[471].

C'est en vue de répondre à ces exigences qu'est fondé le Syndicat d'études pétrolières le 7 novembre 1923. Mercier est officiellement chargé d'étudier le projet de création d'une société nationale et de regrouper les principales industries françaises intéressées. Le choix de Mercier peut paraître suspect puisqu'il dirige déjà les intérêts pétroliers de Paribas en Roumanie. En fait, celui-ci est loin d'être un étranger pour les responsables français. Il a travaillé pendant la guerre auprès de Pineau et de Loucheur. On lui reconnaît de grandes capacités d'organisateur, non seulement pour son travail en Roumanie, mais pour le rôle fédérateur qu'il a joué dans le secteur électrique. Lors de la constitution de l'Union d'électricité, ses talents de négociateur ont permis de réunir des intérêts divergents autour d'un objectif commun. À côté de ces qualités, Mercier fait preuve d'un patriotisme qui, en l'occasion, ne peut que plaire au dessein de Raymond Poincaré. C'est aussi un homme reconnu pour une haute probité morale. Horace Finaly est le premier à le reconnaître dans une lettre qui en dit long sur leurs relations. « Le président, le colonel Mercier, est l'un de nos amis, ayant été placé par nous à la tête de l'Omnium international des pétroles. Un homme de caractère élevé dont il ne faut pas attendre de partialité en notre faveur, mais dont du moins on peut s'attendre à ce qu'il ne fasse rien à notre détriment »[472]. Sa connaissance des enjeux et des différents intervenants est un atout essentiel qui explique aussi le choix de

---

471 Cité dans *ibid.*

472 Bussière, *op. cit.*, p. 203.

Poincaré. Il ne s'agit pas simplement de diriger, mais d'assembler. « Vous serez chargé d'assurer la présidence dudit groupe et vous l'avez acceptée sous la réserve que ces principes et que votre désignation serait également acceptée par l'ensemble des principales sociétés françaises de l'industrie du pétrole »[473].

La création d'un syndicat est une chose, parvenir à rassembler les différentes sociétés intéressées au pétrole en est une autre. Les discussions avec les représentants des sociétés françaises intéressées sont lentes. Ces débats s'inscrivent dans la continuité des polémiques qui font rage depuis l'après-guerre entre interventionnisme et libéralisme. Les prémices de cette confrontation ne tardent pas à faire surface peu après la création du syndicat. Au début d'octobre 1923, Mercier prend part à une réunion au ministère des Finances durant laquelle sont discutées les bases de la mission de la compagnie. Celle-ci doit appuyer les négociations diplomatiques poursuivies par le gouvernement. Les milieux d'affaires se demandent déjà « si la compagnie sera limitée dans son activité par certaines restrictions imposées par le gouvernement français »[474]. C'est principalement Paribas qui demande à connaître, de manière précise, l'étendue et l'objet de l'engagement demandé. La banque s'interroge sur les moyens d'intervention de la compagnie dans le commerce du pétrole en France. « La réponse à cette question est importante pour la Banque de Paris et des Pays-Bas, car elle a réclamé, et les faits ont démontré qu'elle avait eu raison, le régime de la liberté pour le commerce du pétrole. Il ne faudrait pas que sous une forme indirecte ce résultat soit compromis par l'intervention dans le commerce, d'une société patronnée par l'État »[475]. Au nom du gouvernement, Pineau rassure alors la banque en répondant qu'en dehors de la mission conférée, l'État ne planifie pas de limitations commerciales. Jules Chevalier représente la banque lors de ces discussions ; il veut obtenir certaines garanties. Sa priorité est de s'assurer que la nouvelle compagnie n'aura droit à aucun monopole ou privilège particuliers qui pourraient nuire aux sociétés pétrolières existantes dans la continuation de leurs activités. Il se demande aussi si la participation d'origine engage les fondateurs pour l'avenir et s'ils pourront s'abstenir

---

473 Archives Total, 92AA091/-6, Lettre du ministère des Affaires étrangères à Mercier, 20 septembre 1923.

474 Archives Paribas, PTC/514, Compagnie nationale des pétroles, réunion tenue au ministère des Finances, 3 octobre 1923, p. 3.

475 *Ibid.*, p. 4.

s'ils jugent les affaires de la société non productives[476]. La banque obtient confirmation sur l'ensemble de ces points.

À ce stade, le projet est risqué puisqu'aucun pétrole n'a été découvert en Iraq. Pour attirer les milieux d'affaires, le gouvernement est prêt à offrir certaines garanties. « Si l'affaire ne paraît pas suffisamment rémunératrice, il pourra être fait appel au gouvernement qui, comme l'indique la lettre de Mr. Poincaré, recherchera les compensations à apporter à la société pour son intervention dans une affaire d'intérêt national »[477]. Les intervenants sont libres de limiter à volonté leur participation si cette compensation est jugée insuffisante. Paribas demande à nouveau de connaître de manière « très claire l'objet de l'engagement qu'on lui demande »[478]. Si la BUP regrette que la SPEP n'ait pas été choisie pour reprendre les parts allemandes, elle ne renonce pas pour autant à participer au projet de société nationale. Elle réclame une part égale à celle de Paribas et ne semble pas avoir complètement abandonné ses aspirations qui sont désormais associées à Pétrofina. Mercier informe Finaly en novembre de la même année que la BUP cherche à montrer au gouvernement qu'elle a une politique indépendante de Royal Dutch-Shell[479]. Ces tractations ne sont qu'un avant-goût. Le Syndicat d'études pétrolières devient bientôt le cadre exceptionnel au sein duquel est discuté l'avenir pétrolier de la France.

4. Des négociations difficiles

Le travail de Mercier ne tarde pas à engendrer des contestations. La commission chargée d'étudier le projet de syndicat exprime des réserves à ce que le gouvernement se mêle de ce qu'elle désire être une compagnie entièrement privée. Les membres de la commission « insistent sur la répugnance de beaucoup de sociétés à voir l'État discuter des questions aussi délicates que celle de la répartition des actions entre porteurs français et étrangers »[480]. Le sujet engendre la controverse, alors que certaines compagnies sont exclues du syndicat. C'est le cas de la Société des huiles

---

476 *Ibid.*, p. 5.

477 *Ibid.*

478 *Ibid.*, p. 8.

479 *Ibid.*, Lettre à Chevalier, 31 octobre 1923.

480 *Ibid.*, Procès-verbal, 12 octobre 1923.

de pétrole qui dénonce le fait qu'elle a été mise à l'écart à cause d'une participation étrangère. Elle dénonce, avec raison il faut dire, le fait que plusieurs sociétés participantes ont elles aussi des relations d'affaires avec les trusts. Ironiquement, c'est le représentant de Paribas qui répond que ce serait aller à l'encontre des directives du gouvernement que d'admettre cette société. Celui-ci fait remarquer que le conseil de la Société des huiles de pétrole « n'est, en réalité, que la personnification en France de l'Anglo-Persian »[481]. La répartition des parts entre les futurs actionnaires est une des questions les plus sensibles pour le syndicat naissant. Mercier veut rester neutre. Dans cet esprit, il propose d'augmenter d'un siège le conseil d'administration pour faire place à l'Omnium international des pétroles. Cet ajout lui permet de présider le syndicat sans avoir à y représenter aucune compagnie. « Le président de cette société devait être neutre et ne représenter aucun intérêt particulier »[482].

Les archives de Paribas révèlent l'existence d'une correspondance active entre Mercier et Finaly dès les débuts du syndicat. Finaly lui écrit au début d'octobre 1923 afin de lui signaler qu'il peut compter sur son entière collaboration[483]. C'est l'occasion d'obtenir de nouvelles assurances. La nouvelle compagnie ne doit pas porter atteinte à la liberté de commerce du pétrole. Elle ne doit pas non plus contrarier l'activité des sociétés existantes. Mercier se fait rassurant. « Je m'empresse de vous faire connaître que je suis personnellement entièrement d'accord avec les termes de votre lettre »[484]. La banque n'est pas entièrement rassurée face aux projets gouvernementaux et elle réplique dès janvier. « S'il s'agit de confier à l'Union[485] des missions d'intérêt public, des études théoriques ou des services qui, par leur nature, échappent à l'initiative privée, nous ne saurions y faire objection. Par contre, nous persistons à penser que la libre concurrence doit pouvoir, dans l'intérêt général, s'exercer dans tous les domaines où elle est susceptible d'agir »[486]. Paribas insiste surtout pour que la compagnie ne distribue pas elle-même du pétrole. Les réserves exprimées par la banque sont adoptées à l'unanimité par le conseil d'administration du syndicat. La Chambre syndicale des raffineurs va

---

481 *Ibid.*, Réunion à l'Union d'électricité, 7 novembre 1923.

482 *Ibid.*, Lettre à Chevalier, 31 octobre 1923.

483 *Ibid.*, Lettre à Ernest Mercier, 10 octobre 1923.

484 *Ibid.*, Lettre Mercier à Paribas, 11 octobre 1923.

485 La société doit alors prendre le nom d'Union nationale des pétroles.

486 Archives Paribas, PTC/514, Lettre à Mercier, 5 janvier 1924.

plus loin, elle refuse que la société raffine elle-même son pétrole. Cette pression exercée par le conseil d'administration du syndicat est visible dans une lettre destinée au président Poincaré. Il s'agit pour Mercier de faire accepter ces principes par le gouvernement. Le président du syndicat fait valoir que « les opérations de distribution font, par leur nature même, partie dans le monde entier du domaine réservé à l'initiative privée »[487]. Il ajoute qu'une intervention de la compagnie dans cette sphère d'activité implique des capitaux considérables, qui trouvent un meilleur emploi dans le domaine industriel, plus conforme à son objectif. « Si la production de la compagnie venait à dépasser la capacité d'absorption du marché français, ce n'est pas par la création en France d'installations et d'un d'outillage de distribution nouveau, mais par des mesures appropriées de commerce international que son écoulement pourrait être assuré »[488]. Mercier termine en exposant ce qui apparaît être la véritable nature de son intervention auprès du président. « Nous estimons que, pour mener à bien la tâche difficile qu'elle va entreprendre, la compagnie nationale a besoin d'obtenir de ses participants une adhésion sans arrière-pensées et un concours sans réserve qui ne pourront évidemment lui être donnés que si ces participants sont pleinement rassurés sur les buts qu'elle poursuit »[489]. Ce dernier passage montre que Mercier agit par souci de convaincre ses collègues et afin d'assurer un bon fonctionnement de la compagnie plus que par conviction idéologique.

Afin de faire plier le gouvernement, la pression s'accentue en janvier 1924. Les raffineurs rédigent une lettre à l'intention des responsables français. Elle établit « le principe de la liberté du commerce et démontre que la concurrence est de nature à assurer tous les besoins, y compris ceux de la Défense nationale »[490]. Paribas fait front commun avec les raffineurs. Mercier est prêt à limiter le potentiel commercial de la compagnie, mais il est aussi sous pression sur un autre front. La Chambre syndicale des pétroles veut limiter le capital de la société à 10 ou 20 millions de francs, augmentable jusqu'à 50 millions[491]. La logique de cette revendication laisse entrevoir toute l'influence qu'exercent encore les trusts sur les pétroliers français. « Les Anglais et les Américains ayant une conception

---

487 *Ibid.*, Mercier à Poincaré, 9 janvier 1924.

488 *Ibid.*

489 *Ibid.*

490 *Ibid.*, Visite à M. Martin, 23 janvier 1924.

491 *Ibid.*

très nette de ce qu'ils appellent le capital autorisé, ne seraient pas défavorablement frappés par le fait que le capital initial serait réduit »[492]. L'offensive menée par les milieux privés ne s'arrête pas là, Chevalier et Martin[493] demandent à Mercier de changer le tableau de répartition pour augmenter la part de la Standard dans la société nationale[494]. La Chambre syndicale et Paribas font front commun sur ces points. Toute immixtion de la compagnie dans le domaine de la distribution est considérée comme une superfétation, « une concurrence officielle à un commerce libre et privé »[495].

Ces tentatives aboutissent à une limitation significative des capacités et de l'indépendance de la compagnie. Mercier se fait diplomate, il défend ce qui doit être avant tout un projet national. Il expose « que l'intendant Pineau a déclaré que le gouvernement cédait à la compagnie nationale l'option sur les actions de la Turkish Petroleum sans aucune rémunération et que, pour justifier ce don gratuit, il était indispensable de créer une société nationale ayant une capacité pleine et des moyens d'action développés et non pas une société poursuivant uniquement des buts privés »[496]. C'est surtout face aux raffineurs que Mercier fait preuve de fermeté. Il considère « qu'il est impossible d'interdire à la compagnie nationale de créer des établissements en France »[497]. Ces discussions menacent déjà l'intégrité du syndicat. Les raffineurs refusent de céder. Ils « acceptent d'entrer dans une compagnie productrice et non pas dans une compagnie distributrice ou de raffinage »[498]. L'intervention de Paribas ne simplifie pas les choses. La banque considère ces idées comme conformes aux siennes en matière de pétrole. Elle est opposée à la création d'organismes d'État concurrençant l'industrie privée[499]. C'est un véritable bloc qui se forme dans le but explicite de limiter l'objet de la nouvelle société. Les intérêts privés craignent que le gouvernement ait des arrière-pensées. Ils désirent se protéger tout de suite en mettant des formules claires dans les statuts de la compagnie. Face à la pression

---

492 *Ibid.*

493 Président de la Chambre syndicale des pétroles.

494 Archives Paribas, PTC/514, Visite à M. Martin, 28 janvier 1924.

495 *Ibid.*, Compte rendu de la réunion du comité de direction, 29 janvier 1924, p. 2.

496 *Ibid.*, p. 3.

497 *Ibid.*

498 *Ibid.*

499 *Ibid.*, p. 4.

de son comité de direction, Mercier finit par accepter l'interdiction de distribution « à condition qu'il soit bien précisé que la vente interdite est la vente par pompes, wagons-citernes, caisses de bidons, etc. »[500]. Il refuse, par contre, de s'opposer à la vente en gros ou au raffinage. Sur ce dernier point, Mercier est ouvert à une entente extrastatutaire des actionnaires avec la société. Grâce à cette concession, Mercier obtient l'accord du comité de direction. Pour la vente du pétrole, Paribas préconise un *working agreement* du même genre que celui qui doit régler les rapports entre les compagnies internationales ; « donnant un droit d'achat par préférence aux membres du groupe, à conditions égales à celles qui seraient faites pour des personnes ne faisant pas partie du groupe »[501]. La banque obtient aussi que ses réserves soient inscrites dans l'objet social des Statuts de la société. Les raffineurs, quant à eux, veulent ajouter les points suivants :

- La société s'interdit toute opération directe ou indirecte de distribution en France.
- Ne tombent pas sous le coup de cette interdiction les opérations nécessaires à la répartition des produits de la société, entre ses actionnaires A.
- La société pourra créer en France une ou plusieurs raffineries, mais seulement dans le cas où la capacité des raffineries existantes en France serait inférieure aux besoins[502].

À ce stade des négociations, les pouvoirs des commissaires du gouvernement qui doivent siéger au conseil de la société sont considérés « abusifs et beaucoup trop étendus »[503]. Les intérêts privés s'entendent pour limiter ces pouvoirs au maximum. Mercier agit comme intermédiaire auprès du gouvernement pour discuter de ces questions. La Maison Desmarais appuie le choix de Mercier pour ces négociations, « en raison de son indépendance »[504]. Le président de la société considère que les négociations internationales ont la priorité. Il « estime que le plus urgent serait de constituer effectivement un groupement capable

[500] *Ibid.*

[501] *Ibid.*

[502] *Ibid.*, Compte-rendu de la réunion du comité de gestion, 8 février 1924.

[503] *Ibid.*

[504] *Ibid.*, Procès-verbal, 12 octobre 1923.

d'apporter au gouvernement la collaboration qu'il sollicite, en vue des pourparlers pendants »[505]. L'ambassade britannique a déjà adressé trois notes au président Poincaré pour la désignation d'un groupe français[506]. Or, avant de procéder à la création de la compagnie, Mercier doit concilier l'opinion de ses collègues aux visées du gouvernement. Une nouvelle réunion avec Pineau le 21 février 1924 montre toute la difficulté de la tâche. Ce dernier est « absolument opposé à l'introduction dans les Statuts des réserves formulées par les raffineurs en ce qui concerne l'interdiction de la distribution et la cession du pétrole aux porteurs d'actions A exclusivement, ces réserves ayant pour effet de limiter la capacité de la société »[507]. Le ministre du Commerce est du même avis. Mercier intervient pour que les réserves des raffineurs soient incluses dans une correspondance officielle communiquée à la société plutôt que dans les Statuts. Au sujet des pouvoirs attribués aux commissaires du gouvernement, le comité réussit à faire accepter qu'ils ne puissent pas s'ingérer dans la gestion technique et commerciale de la société. « Les commissaires du gouvernement veilleront à l'observation des Statuts de la société, en ce qui concerne les droits de l'État, ainsi qu'à l'exécution de toutes les conventions que la société pourrait passer avec l'État »[508]. C'est une limitation importante, les commissaires auront très peu de pouvoirs. Ils assisteront aux séances du conseil dotés seulement d'une voix consultative. La question du raffinage pose toujours problème. Pineau refuse de céder du terrain face aux revendications des raffineurs ; la société ne doit pas être limitée dans ses moyens. C'est pour sortir de cette impasse que Mercier accepte, poussé par la Chambre syndicale, de passer outre le commissaire général aux essences et de communiquer directement avec le président du Conseil.

Les questions qui concernent le capital de la société ralentissent aussi les négociations. Pour les intérêts privés, les augmentations de capital doivent être libres de toute ingérence, « autrement le gouvernement pourrait s'en servir comme d'un moyen de pression pour faire accepter à la société d'autres demandes auxquelles elle résisterait »[509]. Le comité est

---

505 *Ibid.*

506 Archives Total, 92,47/-2, Lettre du président du Conseil au ministre du Commerce, 27 septembre 1923.

507 Archives Paribas, PTC/514, Réunion du 21 février 1924, p. 1.

508 *Ibid.*, Commissaires du gouvernement, 16 février 1924.

509 *Ibid.*, Réunion du 21 février 1924, p. 3.

unanime sur cette question. Il ne s'entend pas, par contre, sur la répartition du capital financier entre les différentes sociétés membres. La Maison Desmarais, un distributeur indépendant, s'oppose à une répartition égale. Elle désire une part plus grande que les autres actionnaires. Son but est de tirer un maximum de pétrole d'Iraq puisqu'elle ne possède aucune source de production. « La Maison Desmarais ne cache pas qu'elle veut obtenir le maximum d'avantages dans la Turkish Petroleum »[510]. La Chambre syndicale des pétroles, quant à elle, défend une répartition égale entre les actionnaires. Mercier s'interpose en rappelant que le gouvernement n'est pas acquis au principe de la répartition égale et qu'il est d'opinion de donner satisfaction à Desmarais. Il utilise tout le poids de son influence pour obtenir un arrangement le plus rapidement possible. Malgré ces efforts, la répartition du capital demeure un sujet sensible qui continue à semer la controverse. Les enjeux sont importants, car le contrôle de la société est en cause, chaque membre s'estime lésé. Les intérêts polonais[511] protestent « violemment » contre la part qui leur est faite. Ils estiment que, sur la base de leurs capitaux, ils ont droit à une part de 40 % et ne voient pas pourquoi une place est faite aux banques. Ils menacent de mettre en jeu la presse et le Parlement s'ils n'obtiennent pas satisfaction. Mercier, exaspéré par ces conflits internes, s'en remet au gouvernement.

Le président du syndicat se trouve coincé entre deux positions difficilement conciliables. Pour le gouvernement, « il faut que la société puisse faire tout ce que fait normalement une société de pétrole »[512]. C'est par le biais de son représentant, Louis Pineau, que les négociations continuent d'être menées. Mercier le tient au courant des difficultés pour la répartition du capital. Au sujet de la prétention de Desmarais à une plus grande part, Mercier lui pose la question suivante : que fera-t-on si tous les raffineurs sont d'accord sur le tableau de répartition sauf Desmarais? Pineau répond sévèrement, « il faut que Desmarais obtienne satisfaction d'une manière ou d'une autre : le gouvernement trouvera facilement des amateurs en dehors du syndicat Mercier »[513]. La Maison Desmarais a la faveur du gouvernement. Elle est en mesure de jouer la carte nationale auprès de l'État puisqu'elle est une des seules sociétés dont le capital

---

510 *Ibid.*, p. 6.

511 Les sociétés Dabrowa, Pétrole premier et la Franco-polonaise.

512 Archives Paribas, PTC/514-515, Visite de M. Chevalier et de M. Martin à M. Hurll, 16 février 1924, p. 1.

513 *Ibid.*, p. 2.

est entièrement français. C'est la plus importante firme indépendante. Ses intérêts sont liés à ceux de Pétrofina pour l'écoulement du pétrole russe. Au sein de la CFP, Desmarais s'appuie sur la lettre de Poincaré du 20 septembre 1923 et dénonce le fait que « la Standard exerce une très grande influence sur tous les autres raffineurs »[514]. Paribas ne tarde pas à répliquer. Sans même le cacher, son représentant favorise une combinaison dans laquelle la Standard obtiendrait des actions prioritaires (A). Les revendications de Desmarais ne passent pas inaperçues. La banque y fait face en francisant le conseil d'administration de certaines sociétés dans lesquelles elle a des intérêts afin d'obtenir une plus grande part du capital[515].

Il faut attendre le 28 février 1924 pour que les raffineurs de la Chambre syndicale s'entendent sur un projet de répartition[516]. La répartition finale compte 75 participants[517]. Mercier est autorisé à faire des ajustements éventuels. Les banques ont un poids déterminant ; ce sont principalement Paribas, la BUP, le Crédit mobilier français et la Banque Nationale du crédit. Parmi les industriels, trois importateurs dominent : Desmarais, Pétroles Jupiter et la Pétroléenne. Les deux exploitants les plus importants sont l'Omnium international des pétroles et Pétrofina[518]. C'est le début d'une fragile collaboration entre ces différentes firmes. Le résultat ne plaît pas à tout le monde. En janvier 1925, la société française des pétroles « Premier » écrit au président Poincaré pour dénoncer une situation décriée comme injuste. « Pour des raisons qu'il ne nous convient pas de rechercher, notre société qui représente 125 millions de francs de capitaux exclusivement français et qui aurait certainement pu apporter une collaboration utile à l'œuvre que vous avez entendu réaliser, a été écartée du Syndicat national dans des conditions qu'il nous coûterait de vous rapporter »[519]. Ce n'est pas le seul exemple d'une exclusion orchestrée. À la demande de Paribas, Mercier refuse la présence de Léon Wenger au sein du conseil d'administration. Ce dernier possède pourtant de puissants appuis au sein de la Chambre syndicale du pétrole, mais la

514 *Ibid.*, p. 3.

515 *Ibid.*, p. 4.

516 *Ibid.*, Réunion du comité de direction, 28 février 1924.

517 Voir tableau 2 en annexe.

518 Nouschi, *op. cit.*, *La France…*, p. 80.

519 MAE, 19RC123, Lettre de la société française des pétroles 'Premier' au président Poincaré, 25 janvier 1924.

banque est intransigeante[520]. Son opposition vient essentiellement du fait que Wenger est un ancien fonctionnaire du Commissariat aux essences et qu'il entretient des liens avec Pétrofina.

Au début du mois de mars, la création de la Compagnie française des pétroles est imminente. Mercier écrit à Poincaré pour lui annoncer que le syndicat va disparaître et faire place à la compagnie. La lettre qu'il écrit au président du Conseil montre qu'il a pris conscience de l'ampleur de la tâche après l'expérience des négociations des derniers mois. « En raison des conditions particulières de sa constitution, et plus particulièrement, en raison des rapports qu'elle entretiendra avec l'État, le développement de cette entreprise posera des problèmes délicats »[521]. L'état des négociations est alors résumé dans un projet de contrat de travail.

1) La compagnie nouvelle ne doit pas s'immiscer dans l'industrie du raffinage et la distribution des produits en France qui est largement assurée par ses adhérents industriels du pétrole.
2) Il est admis que l'importation de l'huile brute est subordonnée au rétablissement des tarifs douaniers applicables à l'entrée en France et aux colonies des huiles brutes et raffinées, d'un écart suffisant pour rendre bénéficiaire le travail des raffineries en France.
3) Sauf entente, les excédents qui ne peuvent pas être absorbés par le marché français et les marchés coloniaux pourront être écoulés sur les marchés étrangers.
4) La société pourra librement construire des raffineries dans les pays de production ou ports d'embarquement ; mais elle ne pourra construire une ou plusieurs raffineries en France ou aux colonies que si les raffineries françaises ou coloniales appartenant à ses adhérents ne peuvent assurer le traitement de l'huile brute nécessaire à l'approvisionnement de la France ou, respectivement, des colonies. Si des raffineries venaient à être construites, les produits traités seront destinés en premier lieu aux besoins de la défense nationale puis en second lieu aux distributeurs adhérents. Dans le cas où ceux-ci ne se déclarent pas acheteurs, les produits devront être offerts aux adhérents distributeurs à l'étranger avant que la société puisse disposer librement des excédents[522].

---

520 Archives Paribas, PTC/514-515, Réunion du comité de direction, 29 novembre 1923.

521 *Ibid.*, Lettre de Mercier à Poincaré, 29 février 1924.

522 *Ibid.*, Projet de contrat.

L'objet social tel qu'il est rédigé semble lui aussi porté à limiter le plus possible le potentiel de la compagnie nationale.

> La société s'interdit l'acquisition de tous avantages, immunités, privilèges ou monopoles en dehors de l'attribution qui lui sera faite de la part française dans les affaires de pétrole en Turquie et plus généralement en dehors des apports gouvernementaux qui pourraient lui être effectués à la suite de conventions diplomatiques ; la société s'interdit également la conclusion avec l'État français de tous accords ou conventions mettant dans une situation désavantageuse par rapport à elle les autres sociétés ou entreprises françaises constituées sous le régime de la liberté du commerce et de l'industrie[523].

Les Statuts et l'objet social désirés par les adhérents du syndicat mettent Mercier dans une position délicate. Le gouvernement refuse de limiter l'objet de la compagnie et négocie pour qu'elle conserve toute sa liberté d'action. Le ministre du Commerce et de l'Industrie n'est pas d'accord avec certains articles des Statuts, notamment sur l'interdiction pour la société de participer à toute opération directe ou indirecte de distribution en France. « Mon administration a refusé sur ces divers points d'aliéner la liberté industrielle et commerciale de la société »[524]. Le ministre est prêt à accepter que la société limite ses opérations de distribution, mais seulement aux produits autres que ceux de sa propre production. Il « refuse énergiquement » de limiter la CFP au pétrole d'Iraq. Il obtient une formule qui laisse intact le droit des participants d'exercer leur activité dans les affaires pétrolières de tous les pays. Le principe obtenu est le suivant : « ni monopole pour la société en dehors de l'exploitation des avantages diplomatiques obtenus par l'État, ni monopole contre cette société »[525]. Ces considérations respectées, le ministère donne son accord à l'écriture des Statuts.

Le projet prévoit que l'État puisse réclamer jusqu'à 80 % de la production pour les besoins de la Défense nationale. La question de satisfaire les besoins de l'armée française est apparue très tôt en parallèle au projet de société nationale. Mercier rencontre personnellement les responsables militaires dès janvier 1923. « Cette réunion avait pour objet de mettre en relations les représentants de la Guerre et de la Marine avec

523 *Ibid.*, Objet social.

524 MAE, 19RC123, Lettre du ministère du Commerce et de l'Industrie au président du Conseil, 7 mars 1924.

525 *Ibid.*

ceux de l'UNP »[526]. Ce sont essentiellement des dispositions de nature financière qui sont envisagées à l'époque. Il faut fixer le taux d'intérêt que l'État doit servir aux capitaux privés engagés dans l'affaire (30 millions de francs pour la construction de réservoirs, 400 ou 500 millions pour la constitution du stock) et prévoir les conséquences financières des variations de la cote des changes[527]. Les militaires sont donc intéressés, dès le début, à la création de la compagnie. Pour le Conseil supérieur de la défense nationale, 1924 marque le commencement de la réalisation de la politique pétrolière nationale préconisée depuis longtemps[528]. Ce droit d'option de l'État ne manque pas d'inquiéter Paribas. Malgré une intervention du directeur de la compagnie, la banque craint que l'État puisse utiliser ce droit de priorité pour des besoins autres que ceux de la Défense nationale[529]. C'est le spectre d'une intervention directe de l'État sur le marché français qui refait surface. « L'attribution de 80 % de la production de pétrole à l'État a soulevé des inquiétudes qui n'ont pas été partagées par le colonel Mercier »[530]. Deux jours plus tard, Paribas exige une confirmation de la part des ministres concernés avant que ne soit signée la convention. Dans un esprit de conciliation, Mercier écrit de nouveau au ministre du Commerce et de l'Industrie et reçoit confirmation que le droit de priorité de l'État ne prendra pas le caractère d'une exploitation commerciale[531].

5. Paribas et les Américains

Les craintes engendrées par le projet de société nationale sont clairement visibles dans la correspondance qu'entretient Paribas avec ses alliés américains. Le représentant de la banque, Chevalier, est en contact avec Henry Bedford de la Standard. Les projets de Statuts sont commentés point par point et plusieurs articles sont remis en question. C'est le cas de l'article 3, qui interdit à la compagnie de distribuer des produits en France sauf ceux issus de ses propres raffineries. Les Américains

---

526 À cette date, la société nationale doit prendre le nom d'Union nationale des pétroles. Nayberg, *op. cit.*, p. 510.

527 *Ibid.*, p. 511.

528 SHD, GR2N16.

529 Archives Paribas, PTC/514-515, Lettre de Tronchère à Chevalier, 10 juin 1924.

530 *Ibid.*, Réunion du conseil d'administration, 25 juin 1924.

531 Archives Total, 92,5/-13, Conventions avec l'État.

craignent que la CFP puisse ouvrir une raffinerie au Moyen-Orient et importer des produits finis sur le marché français[532]. Ils s'inquiètent aussi des restrictions envisagées au sujet de la nationalité des membres de la compagnie, telles qu'inscrites à l'article 24. Les Américains veulent aussi s'assurer que la société puisse employer des experts de nationalité étrangère[533]. Paribas soutient les revendications de ses alliés et parvient à faire confirmer qu'il sera possible d'engager des ingénieurs de nationalité étrangère. La banque s'avoue toutefois vaincue au sujet de l'article 3, mais ce n'est pas faute d'avoir essayé. « Il a été impossible de demander des limitations encore plus restrictives à la capacité de la société »[534]. La plupart des efforts déployés par la Standard visent à empêcher la CFP de raffiner elle-même son pétrole. Elle développe une série d'arguments qui visent à la dissuader de ce développement. Elle avance que le consommateur français paiera son essence plus cher pour favoriser l'industrie de raffinage française, puisque les produits finis importés devront s'acquitter de droits de douane élevés[535]. La France perdra aussi un revenu provenant de la taxe sur les produits finis, car les produits bruts ne seront pas taxés. La note américaine estime qu'il s'agit de 30 à 50 millions de francs de pertes pour le gouvernement chaque année. Elle ajoute qu'aucune société ne voudra prendre le parti de reconstruire l'industrie de raffinage à moins que le gouvernement offre de fortes garanties. Quant aux investissements requis, ils nécessitent l'appui des grandes compagnies étrangères ce qui rendrait permanent le contrôle étranger dans le domaine pétrolier. La critique américaine ne s'arrête pas là. Une industrie de raffinage en France conduirait à une surproduction de certains produits, ceux-ci devraient alors être exportés, mais ne pourraient concurrencer les produits américains. Cette perte serait, une fois de plus, payée par le consommateur français par une augmentation du prix de l'essence. « *It is a fallacy to assume that France could more easily supply herself with crude oil than with finished products* »[536]. Finalement, comme la France n'exploite pas de pétrole brut sur son sol, elle risque d'être éventuellement coupée de ses livraisons et son industrie de raffinage aura été inutile. « *It is fundamentally unsound to depend either from the economic or military*

532 Archives Paribas, PTC/514-515, Lettre de F. D. Asche à Hurll, 2 mai 1924.

533 *Ibid.*

534 *Ibid.*, Réponse à la note transmise par M. Bedford relative aux statuts, juin 1924.

535 *Ibid.*, *Reasons against re-establishing the refining industry in France*, 2 juin 1924.

536 *Ibid.*

point of view on an essential product derived from a parasitical industry. This would be the case if France tried to build up a refining industry without having within her own borders the essential production of crude oil »[537].

Les contacts qu'entretient Ernest Mercier avec Paribas demeurent fréquents durant cette période. Cette « relation spéciale » est entretenue et favorisée par une amitié personnelle avec son directeur général, Horace Finaly. On aurait pourtant tort de considérer que Mercier est au service des intérêts de la banque et indirectement, de ceux des Américains. Il entend raffiner le pétrole d'Iraq en France, et ce malgré les multiples récriminations de la banque, des trusts et de la Chambre syndicale du pétrole. La question ne se règle pas en 1924, mais elle revient de front lorsque les ressources pétrolières iraquiennes sont confirmées après 1927. Mercier peut finalement écrire à Poincaré à la fin de février 1924 et préciser « l'étendue et les limites de la future société »[538]. Il est en mesure d'affirmer le « désir unanime » des adhérents de conduire la société dans la voie tracée par le président du Conseil[539]. Fort de l'accord du gouvernement, la CFP peut finalement signer la convention lui attribuant sa part dans la Turkish Petroleum le 17 mai 1924. Cet acte légal autorise la société à souscrire aux actions de la TPC. Elle ne réserve pas à l'État une participation dans le capital. Ce choix s'explique partiellement par une crainte de prendre part aux risques et les aléas des opérations pétrolières. Mercier s'assure alors personnellement que la convention ne soit pas sujette à des conflits d'interprétations et obtient la confirmation du gouvernement le 11 juillet 1924[540].

La convention signée avec le gouvernement met fin à de longues discussions et permet à la Compagnie française des pétroles de s'asseoir à la table de négociation avec ses partenaires à Londres. Cet épisode montre déjà la difficulté de la tâche qui attend Mercier. Ses collègues font pression sur lui, car ils redoutent la création d'une société intégrée et tentent d'en limiter la portée. De son côté, le gouvernement n'attend rien de moins que la création de l'outil qui doit permettre la libération nationale tant attendue. Les débats qui marquent les débuts du syndicat s'inscrivent en continuité directe avec les discussions sur l'intervention

537 *Ibid.*

538 Archives Total, 89,14/-22, Maurice Mercier, l'œuvre et le rôle de la Compagnie française des pétroles, p. 5.

539 *Ibid.*, 92,2/5, Lettre de Mercier, 29 février 1924.

540 *Ibid.*, 92,5/-13, Conventions avec l'État.

de l'État dans les affaires de pétrole qui durent depuis la fin de la guerre. La création de la compagnie ne résout pas complètement ces questions et Mercier joue un rôle clé pour faire aboutir ces négociations. Il prend parti avec les raffineurs et Paribas à quelques reprises, justifiant son raisonnement à la fois par des considérations économiques, mais aussi par le besoin de rassurer des partenaires dont la présence au sein de la compagnie est jugée indispensable. Paribas a-t-elle exercé une influence particulière sur le président du syndicat? La position de la banque et de ses alliés américains est exposée clairement lors de ces débats. Horace Finaly a certainement bénéficié de ses contacts personnels avec Mercier ; les tête-à-tête organisés à la banque en témoignent. Pourtant, malgré l'insistance des Américains et de la banque au sujet du raffinage, Mercier s'est montré intraitable et refuse d'aliéner la liberté de la compagnie. La Compagnie française des pétroles naît, malgré tout, sur des bases fragiles en 1924. L'entente entre les différents actionnaires n'est pas encore éprouvée et l'affaire comporte tous les risques inhérents à la recherche pétrolière. La TPC n'a pas encore de gisement en exploitation et elle est encore à l'étape des recherches sur le terrain. Dans les années qui suivent, l'obstacle principal au développement de la société provient de ses partenaires internationaux. En se rappelant les années qui suivent la constitution de la compagnie, Mercier fait référence aux quatre années les plus dures de sa vie[541].

---

[541] *Ibid.*, 82,5/-2, Note sur les activités diverses de M. Ernest Mercier.

Ernest Mercier, président de la CFP (1940)
Archives Total,

Sénateur Henry Berenger (1925)
Agence Meurisse,
Bibliothèque nationale de France

Léon Blum au gymnase Japy, lors du congrès socialiste de 1925.
Agence de presse Meurisse,
Bibliothèque nationale de France

Portrait officiel dédicacé de Raymond Poincaré, président de la République Française (1913-1920)

Bibliothèque nationale de France

Horace Finaly, directeur général de la Banque de Paris et des Pays-Bas (1919-1937)

Archives historiques BNP Paribas

Éruption de pétrole à Kirkouk, Iraq (1932)
Collection: G. Eric and Edith Matson, Library of Congress

Tracé des pipelines de l'IPC jusqu'à la méditerranée
Bibliothèque nationale de France

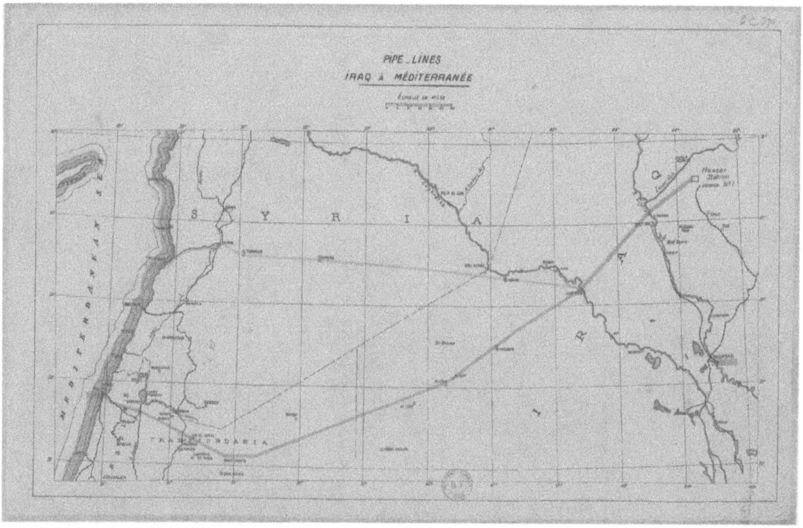

Des collaborateurs de l'IPC soudant des tuyaux ensemble sur le tronçon d'Esdraelon dans les années 1930

American Colony Photographic Department, Library of Congress

Réservoires de l'IPC à Haïfa
American Colony Photographic Department, Library of Congress

Chapitre 5.

Le groupe français rejoint la *Turkish Petroleum*

1. Premier contact

La société constituée, Mercier considère comme une priorité de prendre possession des titres obtenus par la France à San Remo. Le gouvernement français partage ce sentiment d'urgence et entreprend, en parallèle, des démarches auprès des autorités britanniques. La question est d'autant plus pressante que les actionnaires de la TPC risquent de parvenir à une entente concernant l'entrée des Américains dans la compagnie sans que les Français soient consultés. Le ministre du Commerce et de l'Industrie en témoigne : « je partage entièrement l'avis de M. Mercier sur l'urgence de cette notification, en vue de mettre fin dans le plus bref délai à une situation qui a pour effet de laisser les groupes britanniques négocier seuls avec les Américains »[542]. Or, aux yeux des Français, les Anglais ne font rien pour accélérer les démarches de la compagnie naissante. Le président directeur-général de la TPC, Nichols, subordonne le transfert des actions à certaines assurances, tel que l'acceptation préalable par la CFP d'un *working agreement*. Les responsables français sont unanimes, les droits de la France dans la TPC résultent d'accords diplomatiques et ne peuvent, en aucun cas, être subordonnés à des conditions additionnelles[543]. Mercier est, quant à lui, prêt à accepter ces conditions. Il martèle à répétition l'importance de faire avancer le dossier auprès du gouvernement. « Il nous semble que toute nouvelle perte de temps ne pourrait qu'affaiblir notre situation vis-à-vis des groupes anglais qui continuent, en notre

[542] *Ibid.*, 81,1/-7, Lettre du ministre du Commerce au président du Conseil, 24 janvier 1924.

[543] *Ibid.*, Lettre du ministre du Commerce et de l'Industrie à Mercier, 26 février 1924.

absence, à gérer seuls l'affaire et qui poursuivent avec les Américains des négociations dont on nous opposera les conclusions comme un fait acquis, si nous ne pouvons intervenir à temps »[544].

Dans une lettre à Nichols, Mercier se dit prêt à donner à la TPC les assurances demandées. « Il serait désirable d'éviter sur ce point une discussion qui m'apparaît sans intérêt »[545]. Aux yeux du président, l'urgence de la situation justifie un accord. L'opposition vient plutôt du gouvernement, qui réclame un strict respect des droits acquis à San Remo. Les diplomates français ont l'impression que les Anglais ne mettent aucune bonne volonté à remettre à la France les actions auxquelles elle a droit. Mercier lui-même commence à douter des intentions anglaises alors qu'il n'a aucune nouvelle ni du séquestre ni du gouvernement britannique par rapport à ses démarches. C'est dans cet état d'esprit général qu'il écrit au ministre des Affaires étrangères pour lui faire part d'une situation qu'il juge anormale depuis le 28 janvier 1924, date de la désignation officielle de la compagnie comme détentrice des actions.

> Depuis cette date, nous recevons régulièrement des autorités britanniques et des administrateurs de la Turkish Petroleum Cy, les assurances les plus cordiales et les plus apaisantes, mais, pour une série de raisons multiples et sans cesse renaissantes, nous ne parvenons, ni à être mis en possession régulière des actions auxquelles nous avons droit, ni même à être convoqués par la Turkish Petroleum Cy comme futurs actionnaires et administrateurs de cette compagnie[546].

Ces retards font envisager la possibilité d'un recours diplomatique qui commence à prendre l'allure d'une menace auprès des partenaires anglais. Personnellement, Mercier préfère une entente à l'amiable. « Il serait, je crois, désirable d'éviter, dans la mesure du possible, une intervention officielle puisque, sur le fond, nous sommes, je crois, parfaitement d'accord. Il me semble donc qu'il y a tout intérêt à ce qu'une conclusion rapide intervienne et je vous serais personnellement fort reconnaissant de ce que vous ferez pour l'accélérer »[547]. Parallèlement, Mercier fait parvenir à la TPC la position de la compagnie dans un protocole qu'elle s'engage

---

[544] *Ibid.*

[545] *Ibid.*, Lettre de Mercier à Nichols, février 1924.

[546] MAE, 19RC52, Lettre de Mercier au ministre des Affaires étrangères, 28 mai 1924.

[547] *Ibid.*, 18 mars 1924.

à respecter. L'article le plus important de celui-ci vise l'adhésion à un *working agreement.*

1) Nous acceptons et approuvons les termes de la convention actuellement en cours de négociation avec le gouvernement d'Iraq, convention que vous nous avez communiquée et par laquelle la Turkish Petroleum Cie recevra le droit d'exploiter les ressources en pétroles des Vilayets de Mossoul et de Bagdad. Il demeure entendu que si des modifications devaient être introduites dans cette convention, vous nous le feriez connaître et que vous nous consulteriez à leur sujet dans la mesure du possible.
2) Nous acceptons la formule de la Porte ouverte que vous nous avez fait connaître et nous nous engageons à agir en conformité avec ses stipulations. Si, à un moment quelconque la pratique de la Porte ouverte est entravée, nous nous efforcerons à la requête de la Turkish Petroleum Cie d'obtenir l'appui diplomatique du gouvernement français dans tous les cas où cet appui serait de nature à faire cesser ces entraves.
3) Nous acceptons de participer au *working agreement* qui devra intervenir entre les quatre groupes constituant la Turkish Petroleum Cie, étant entendu que ce *working agreement* sera établi sur les principes du projet de *working agreement* que vous nous avez communiqué.
4) Nous nous rallions à l'accord déjà intervenu entre les autres groupes, et par lequel en supplément de sa participation de 25 % dans la Turkish Petroleum Cie, l'Anglo-Persian Oil Cie recevra une royalty de 10 % sur l'huile appartenant à Turkish Petroleum Cie et recueillie dans ses réservoirs sur les lieux de production d'Iraq et ceci pour l'ensemble des 24 périmètres qui doivent être exploités par Turkish Petroleum Cie. Anglo-Persian Oil Cie aura au contraire à supporter les frais de transport ou autres, au-delà des susdits réservoirs.
5) Nous acceptons le mémorandum de la société et les articles de ses Statuts, rectifiés et complétés conformément aux principes suivants:
   a) La totalité des actions possédant droit de vote, doit être détenue par l'ensemble des quatre groupes et être émise en quatre séries réservées à chacun des quatre groupes. Chaque série possédera le droit de désigner le même nombre d'administrateurs, étant spécifié que le nombre des administrateurs désignés par

une série quelconque sera modifié si le nombre des actions appartenant à cette série est modifié.
Il est suggéré que pour avoir le droit de désigner un administrateur il faudra un total de 12 1/2 pour cent des actions droit de vote.

b) La concession elle-même, ni les périmètres choisis ou exploités par la compagnie, ne pourront être vendus transférés, hypothéqués ou aliénés si ce n'est à une compagnie filiale dont les actions à droit de vote seront possédées intégralement par la Turkish Petroleum à moins d'un vote recueillant l'unanimité des quatre groupes, votant en tant que groupes. Les filiales susdites devront être liées par la même clause. Aucun changement dans le rang ou les droits des actions à droit de vote ne pourra être opéré, si ce n'est dans les mêmes conditions d'unanimité.

6) Nous acceptons d'acquérir au pair les 40000 actions de la Turkish Petroleum Cie actuellement détenues par le gouvernement britannique, actions qui représentent une participation de 25 % dans ladite compagnie. Nous acceptons que les émissions d'actions faites ultérieurement par la Turkish Petroleum Cie soient souscrites par les groupes ou le public, ou les deux à la fois, dans les conditions stipulées par le Working Agreement ainsi que le mémorandum et les articles des statuts modifiés comme il a été dit.

7) Nous acceptons que la part d'intérêt de 4 % de Gulbenkian, dont les conditions précises restent à fixer, soit considérée comme une charge supportée par Turkish Petroleum Cie ou ses participants, et payée par priorité avant toute distribution de bénéfices au prorata des actions possédées par les quatre groupes. Cette part d'intérêt sera considérée comme une charge grevant le prix de revient de Turkish Petroleum Cie.

8) Nous acceptons la formule de sous concession que vous nous avez communiquée, pour qu'elle soit appliquée aux sous concessionnaires dans la pratique de la Porte ouverte[548].

Il faut attendre la fin de juin 1924 pour que Mercier obtienne confirmation du transfert des actions de la TPC. Les Anglais justifient ces délais par un constant va-et-vient avec les services diplomatiques.

---

[548] *Ibid.*, 14 avril 1924.

Il a fallu six mois et une volumineuse correspondance échangée entre Mercier et Nichols pour que la CFP entre en possession de ses actions. Durant cette attente, le président de la CFP ne cache pas son impatience et considère que les Anglais cherchent à gagner du temps. Nichols soulèvera d'ailleurs une ultime difficulté. « Il nous a, en effet, demandé, non seulement le paiement du nominal des 40 000£, conformément aux accords diplomatiques, mais, en outre, le versement d'un intérêt de retard calculé depuis le début du séquestre »[549]. Un intérêt que Mercier juge sans fondement. « Je l'ai cependant accepté, pensant qu'il fallait à tout prix entrer dans la place, et nous avons payé les intérêts en nous réservant d'en discuter plus tard le bien-fondé »[550]. En juillet 1924 la CFP entre finalement en possession de ses titres.

L'entrée du groupe français dans la TPC est une étape importante, mais elle est loin de mettre un terme aux conflits d'intérêts avec les autres actionnaires de la compagnie. Une des premières questions abordées est la répartition du capital. L'Anglo-Persian accepte de céder aux Américains 25 % des parts de la compagnie, mais elle réclame des contreparties importantes. Il s'agit d'un prélèvement en sa faveur de 10 % du pétrole brut produit et d'un droit à 35 % des bénéfices. Mercier s'insurge contre ces prétentions. La situation est propice à un rapprochement avec les Américains. C'est l'option que préconise Horace Finaly. Les Américains s'attendent à ce que l'entente de base comprenne le même traitement pour chacun des membres, mais ils sont prêts à accepter le 10 % de compensation[551]. Mercier estime pouvoir obtenir une solution satisfaisante en conservant l'égalité entre les différents actionnaires. Il propose que la compensation soit calculée sur la production nette exportable après les déductions prévues pour calculer les redevances du gouvernement iraquien[552]. Il veut éviter toute allusion à l'Iraq durant les négociations. Si le contrat de base avec ce pays est accepté, l'Anglo-Persian aura intérêt à modifier le contrat de concession pour augmenter le tonnage sur lequel sont calculées les redevances et ainsi augmenter sa *royalty*[553]. Mercier veut aussi que l'A-P prenne à sa charge la totalité des

549 Archives Total, 92AA060-207, La Compagnie française des pétroles, compte-rendu de son président Ernest Mercier, 20 décembre 1940.

550 *Ibid.*

551 Archives Paribas, 3CABET/1/283, Télégramme de M. Teagle, 26 décembre 1923.

552 *Ibid.*, Télégramme de Finaly à Boyer.

553 *Ibid.*

coûts financiers relatifs aux pipelines et aux réservoirs. Finalement, il désire que les charges financières soient calculées sur une base d'intérêt de 10 %. Les Américains appuient ce plan.

2. Une alliance franco-américaine

Mercier adopte rapidement le principe d'une alliance avec les Américains dans la TPC. L'objectif des deux groupes est d'agir de concert pour réduire les prétentions de l'A-P.

> Bien que la France ait tendance à y participer en raison de ses besoins de ravitaillement en pétrole, le fait que cette affaire doit être financée par un groupe privé, n'ayant aucune subvention ni garantie du gouvernement, rapproche forcément l'idée française de l'idée américaine : à savoir qu'avant tout l'affaire doit être rémunératrice.
>
> Au contraire, l'Anglo-Persian, société anglaise avec participation du gouvernement, et la Royal-Dutch agissant par l'intermédiaire d'une filiale anglaise, l'Anglo-Saxon, sont influencées dans leur conception de la conduite de la T. P. par des éléments d'ordre politique auxquels les groupes français et américain sont absolument étrangers[554].

Le rapprochement franco-américain doit permettre une opposition de 50 % face aux groupes britanniques. En fait, ces derniers sont loin de former un bloc soudé, mais c'est la perception qu'ont les Français à cette époque. La participation de Paribas accentue cette dichotomie, car la banque se fait l'avocate du rapprochement avec les Américains. Une entente avec ceux-ci risque de passer par une acceptation du principe de la Porte ouverte. C'est ouvrir le Moyen-Orient à la concurrence internationale et renoncer aux accords diplomatiques. Dans le passé, la banque avait soutenu que cette politique n'était pas un abandon de la participation française et n'était pas en contradiction avec l'accord de San Remo[555]. Elle avait même encouragé la France à mener une politique indépendante en Iraq et d'y obtenir ses propres concessions. Paribas avait soutenu que la création de sociétés françaises opérant en Mésopotamie permettrait de faire contrepoids à la politique du gouvernement britannique. « Efforçons-nous donc de reprendre une indépendance

---

554 *Ibid.*, Turkish petroleum, 18 juillet 1925, p. 2.

555 *Ibid.*, Étude sur la question des pétroles de Mésopotamie pour Mr. Finaly, 14 février 1924, p. 5.

partielle qui répondra mieux à nos véritables intérêts et dégageons-nous d'un contrôle exclusif qui pourrait fort bien nous empêcher de tirer profit du pétrole mésopotamien avant de très longues année »[556]. Alors que les Américains utilisent le concept de la Porte ouverte pour entrer dans la compagnie, Paribas veut l'utiliser pour en sortir. « Une politique pétrolière de coopération avec la Grande-Bretagne, telle que l'a prévue l'accord de San Remo, serait peut-être utile si nous avions l'assurance de recevoir un traitement équitable. Mais ce serait témoigner d'une confiance aveugle que de l'espérer encore »[557]. Ces idées sont potentiellement dangereuses. Les sociétés françaises dont Paribas prône la création auraient à concurrencer les puissants trusts pétroliers dans un territoire sous juridiction britannique. Quoi qu'il en soit, ces arguments sont loin de convaincre Mercier, ou le gouvernement français, pour qui l'avenir de la CFP se joue au sein de la Turkish Petroleum. Mercier ne rejette pas pour autant le principe d'une alliance franco-américaine. Cette voie, habilement préparée par Finaly, est adoptée sans véritable résistance de la part du président de la CFP. La Standard, quant à elle, est motivée par la crainte que l'A-P veuille ralentir le développement de la Mésopotamie au profit du développement intensif de la Perse et ainsi concurrencer les compagnies américaines sur le marché des produits raffinés[558].

Encore faut-il que les Américains puissent entrer officiellement dans la compagnie. Les négociations se prolongent et aboutissent à un nouvel échec en novembre 1925. Le groupe américain fait savoir, le même mois, qu'il renonce à entrer dans la TPC[559]. C'est un coup dur pour Paribas, qui considère que l'alliance américaine est « son plus sérieux atout dans la Turkish Petroleum »[560]. Le retrait américain s'explique par les difficultés entourant l'adoption d'un *working agreement*. Les Américains insistent pour que ce document soit signé avant une éventuelle réorganisation de la compagnie. Cette entente doit notamment permettre de régler les relations entre les différents groupes. Il doit, par exemple, limiter le dividende des actions à un certain chiffre et trancher sur la livraison du pétrole à des prix inférieurs aux prix mondiaux. Il doit aussi éviter

---

556 *Ibid.*, p. 3.

557 *Ibid.*, p. 2.

558 *Ibid.*, p. 40.

559 *Ibid.*, Renseignements fournis par le colonel Mercier, 13 novembre 1925, p. 1.

560 *Ibid.*, Compagnie française des pétroles, 16 novembre 1925, p. 1.

la superposition des taxes et impôts dans les différents pays. Un tel arrangement n'est possible, aux termes de la loi anglaise, que si tous les actionnaires sont d'accord[561].

3. Monsieur cinq pour cent

À ce stade des négociations, c'est l'opposition de Calouste Gulbenkian, actionnaire de la compagnie depuis novembre 1919, qui empêche la signature d'un accord. Celui-ci refuse de donner son aval au projet. Gulbenkian avait bénéficié de son amitié personnelle avec le patron de RDS, Henri Deterding, pour établir sa réputation dans le secteur pétrolier. Au cours des années 1920, cette relation se gâte et Deterding cherche à évincer Gulbenkian de la TPC[562].

Le conflit opposant Gulbenkian aux Américains est structurel. Pour éviter une double taxation, ceux-ci ne veulent pas que la TPC produise des profits ou le moins possible. Ils refusent donc que celle-ci commercialise son propre pétrole, car c'est à la distribution que sont réalisés les profits. Or Gulbenkian veut que la TPC soit une compagnie intégrée. Contrairement aux autres actionnaires, il ne dispose pas de réseaux ou d'accords de distribution. Le groupe français travaille sans relâche à trouver une solution à ce problème pour permettre l'entrée des Américains. Mercier se rend lui-même aux États-Unis pour s'entretenir avec Teagle. Ces efforts n'aboutissent pas sur le court terme ; le président de la Standard refuse de rejoindre la compagnie avant que ne soit signé l'accord entre les groupes. Le voyage de Mercier permet toutefois de confirmer le principe d'une coopération entre franco-américaines. Il en sort convaincu. « Le groupe français et moi-même personnellement, nous attachons la plus grande importance à agir, dans cette affaire, en parfait accord avec le groupe américain »[563].

Les intérêts réservés à Gulbenkian sont spécifiés dans la convention du Foreign office du 19 mars 1914. La CFP est la première à mettre de l'avant la contradiction entre les droits revendiqués par Gulbenkian et ceux garantis par la convention. Plutôt que de reconnaître ces contradictions, les groupes anglais déclarent la convention invalide. Les implications

---

561 *Ibid.*, Affaire Gulbenkian, 31 août 1925, p. 1.

562 Conlin, *op. cit.*, p. 160.

563 Archives Paribas, 3CABET/1/283, Lettre de Mercier à Teagle, 31 décembre 1925.

de cette décision sont importantes. Le groupe français est informé que Gulbenkian détient 1 000 actions de la société depuis novembre 1919[564]. La CFP envoie un mémorandum aux groupes dans lequel elle dénonce le fait que ces informations n'ont pas été divulguées avant leur acquisition des actions de la TPC. La première réaction de Mercier est d'obtenir un avis juridique. Cet avis semble lui donner raison. La convention du 19 mars 1914 est toujours valide. Le transfert des 1 000 actions qu'a reçu Gulbenkian ne respecte pas la convention initiale. « *If the D'Arcy Exploration and the Anglo-Saxon had any good reason between 1914 and 1919 and 1921 to increase to such extent Mr. Gulbenkian's remuneration they have done so on their own account and without the Turkish Petroleum having derived any benefit. It is therefore incumbent upon them to bear the burden of what they have done* »[565]. La pression s'accentue sur la CFP dans l'espoir de l'amener à assumer une part des obligations qui ont été consenties à Gulbenkian. Mercier ne cède pas pour autant et défend la validité des conventions en conformité avec l'avis juridique qu'il a reçu. « *If Mr. Gulbenkian's rights, as entitled to an interest of 5 per cent in shares, are reserved and secured by the four groups, it seems incredible that he should be able to prevent a reorganization which is in the interest of the Company and of the majority of shareholders* »[566].

4. La menace d'un procès

Les répercussions de ce conflit sur la validité des accords risquent de dégénérer et engendrent l'hostilité entre les groupes. « Les difficultés qui avaient marqué la première prise de contact ne devaient pas tarder à se réveiller et à prendre une ampleur telle que la position du groupe français s'accusait de plus en plus périlleuse et menaçait de devenir désespérée »[567]. La première entente dont il est question date du 23 octobre 1912, elle est signée entre la TPC et la Deutsche Bank et précise les garanties de non-concurrence. L'accord subséquent, du 19 mars 1914, confirme la non-concurrence directe ou indirecte dans toutes les limites de l'ancien Empire ottoman. Sans le respect de ces clauses, la TPC risque de devenir

---

564 *Ibid.*, Mémorandum envoyé aux groupes, p. 3.

565 *Ibid.*, p. 5.

566 *Ibid.*, p. 9.

567 Archives Total, 92AA060-207, Compte-rendu d'Ernest Mercier…

une coquille vide. La menace est réelle, c'est une tentative de limiter la société à un rôle de prospection alors que le soin d'exploiter serait réservé à d'autres entreprises dont la CFP serait exclue. La position de Royal Dutch-Shell montre que le danger est réel. La compagnie entreprend des recherches aux îles Farsan par le biais d'une filiale, et ce malgré le fait que ces îles sont comprises dans les limites de l'ancien Empire ottoman. Ces recherches remettent en question la validité des accords. Mercier défend les droits de la Deutsche Bank tels qu'ils étaient lors de la signature des conventions. Cette interprétation fait de la CFP la tributaire autant des droits que des devoirs allemands impliqués depuis le transfert des actions. Les efforts de Mercier visent à assurer, sur des bases définitivement stables, les droits contractuels de la participation française. Pour ce faire, il fait appel à une firme d'avocats anglaise : Denton, Hall and Burgin. La position française est résumée dans un mémorandum envoyé aux autres groupes en décembre 1927.

> *To sum up the situation in a sentence, the attitude of my clients, who directly represent the French government, is that the Turkish Petroleum Company is one of the means selected by the signatories to the Foreign Office Agreement to carry that Agreement into effect and that when after the War the German government and the Deutsche Bank were no longer able to participate it was agreed that the French government and the Compagnie française des pétroles, as their nominated Company, should take the position in the Turkish Petroleum Company, formerly held by the German Government and the Deutsche Bank and should of course do so subject to acquiring all the rights and to bearing all the obligations which that position entailed*[568].

Les relations au sein de la compagnie ne tardent pas à s'envenimer dans les mois qui suivent. « Les choses, en 1927, en étaient arrivées au point que nous n'assistions plus aux réunions des groupes ni aux séances du conseil, qu'accompagnés de notre *solicitor*, ainsi d'ailleurs que la loi anglaise nous y autorisait »[569]. Le rapprochement de la CFP avec la Standard est un échec. Les Anglais s'efforcent de séparer petit à petit la politique française des pétroles de la politique américaine. Ils vont jusqu'à reprendre le principe de la Porte ouverte pour remettre en question le traité de San Remo. Isolé, Mercier s'appuie sur le strict respect des conventions. « On mettait à nouveau en question toute la répartition

---

568 *Ibid.*, 81,1/44, Denton, Hall & Burgin to Sir Adam Ritchie, 13 décembre 1926.

569 *Ibid.*, 92AA060-207, Compte-rendu d'Ernest Mercier, 20 décembre 1940.

déjà faite des actions »[570]. Cette situation aboutit à un encerclement « solide des intérêts minoritaires français »[571]. Au début de 1928, Mercier se résigne à déposer une injonction.

> Pour apprécier la gravité d'une telle initiative, il faut connaître les usages anglais en matière juridique, les effroyables dépenses auxquelles entraîne la procédure quand elle est définitivement engagée, et la liberté des juges en matière de fixation de dommages. Mais il ne nous restait plus d'autre alternative que de voir définitivement perdus les quelque cent millions de l'épargne française déjà engagés dans cette affaire, sur notre nom, ou de courir les risques d'un pareil procès[572].

Le printemps de 1928 est employé à la rédaction des *Pleadings* et à la réfutation de ceux du camp adverse. Le besoin de prouver la validité des accords de 1912 et de 1914 a, sans conteste, abouti à un rapprochement avec Calouste Gulbenkian. Ce dernier a alors intérêt à voir la thèse française réussir ; il craint que les actionnaires de la TPC quittent la compagnie pour en former une nouvelle dont il serait exclu. Ce rapprochement est favorisé par la querelle personnelle qui oppose Gulbenkian à Henry Deterding. L'aide offerte par Gulbenkian est cruciale pour faire avancer le dossier. Celui-ci met à la disposition du groupe français ses conseillers juridiques et tous les documents concernant la TPC. Sa contribution est aussi personnelle, Gulbenkian connaît très bien tous les acteurs liés au dossier depuis des années.

Mercier fait aussi appel au Quai d'Orsay. Il sépare nettement deux questions : la reconnaissance des engagements pris en 1912 par les groupes et la réparation immédiate du tort occasionné à la TPC aux îles Farsan. Le respect des accords pousse Mercier à refuser la nomination d'un nouveau président qui ne serait pas issu de l'un des groupes lors de la mort de Nichols. Une telle nomination implique de modifier la convention et donc de porter atteinte aux accords de 1912 et 1914. Le gouvernement français est consulté à cette occasion. « La CFP, pour sa part, demandera au département des Affaires étrangères, de lui indiquer un certain nombre de personnalités connues pour leurs sentiments sympathiques à la France »[573]. Mercier, quant à lui, défend la candidature

---

[570] Archives Paribas, 3CABET/1/283, La question de Mossoul pendant les années 1924 et 1925, 31 janvier 1927, p. 4.

[571] *Ibid.*, p. 11.

[572] Archives Total, 92AA060-207, Compte-rendu…

[573] Archives Total, SC91/-6, Procès-verbal du 15 décembre 1926, p. 65.

de John Cadman. « J'estime, comme je l'ai toujours soutenu, que l'intérêt du groupe français est que Sir John Cadman devienne effectivement le *Chairman* plutôt que de voir le fauteuil occupé par une nouvelle personnalité britannique moins indépendante et plus influençable par l'Administration anglaise »[574]. Mercier suggère qu'il soit promu au grade supérieur dans la Légion d'honneur. « Une telle distinction ne lui sera pas insensible »[575].

Le gouvernement français prône, lui aussi, une stricte interprétation des conventions. Il refuse toute restriction concernant l'étendue de la zone géographique à laquelle s'appliquent les conventions. « La seule adhésion de la Turkish Petroleum à la validité des accords reste insuffisante, et il demeure indispensable de constater l'adhésion individuelle des groupes »[576]. Louis Pineau représente le gouvernement dans cette affaire et suit de très près les pourparlers. Les modalités sont étudiées en commun avec le groupe français avant chaque réunion du conseil de la compagnie. Chaque détail de la procédure est évalué afin de faire aboutir la thèse française. Parallèlement, le Quai d'Orsay écrit à Londres pour faire valoir les droits acquis par la France lors de l'accord de San Remo[577]. Il demande une action du Foreign Office auprès des groupes de la TPC. Cette double pression porte ses fruits. À la dernière minute, avant que le juge ne soit saisi du dossier, les groupes anglais s'inclinent. Les Français sont priés de présenter un projet d'accord réglant toutes les questions en suspens. Les trois groupes doivent ensuite s'entendre à partir du projet français et définir le texte d'un accord définitif. Celui-ci doit finalement être soumis pour acceptation au groupe américain et à Gulbenkian.

5. La signature d'une entente

Mercier dirige ces négociations pour le compte de la CFP. Il est satisfait du résultat. « Après une série de discussions, dont certaines particulièrement longues et difficiles, la thèse française a fini par triompher, avec peu de retouches d'ailleurs secondaires et parfois heureuses »[578].

---

[574] *Ibid.*, 89,14/-23, Note sur la situation actuelle de la participation français dans la TPC, 8 septembre 1927, p. 5.

[575] *Ibid.*

[576] *Ibid.*, 81,1/44, Lettre de Mercier à Pineau, 16 mai 1927.

[577] *Ibid.*, 81,1/42, Lettre à M. Fleuriau, ambassadeur à Londres, 31 mai 1927.

[578] *Ibid.*, 89,14/-23, Note sur la situation…, p. 2.

L'accord de principe est obtenu le 25 août. Gulbenkian donne son assentiment le 4 septembre après que le groupe français lui a accordé une garantie concernant le rachat de sa part de pétrole. Les pourparlers sont l'occasion pour Mercier de se rapprocher de Gulbenkian. « Il est juste également de signaler que depuis que les circonstances ont rendu presque identiques, dans ces débats, les intérêts des Français et ceux de monsieur Gulbenkian, ce dernier avec l'aide de ses excellents conseils juridiques, a constamment apporté aux Français un concours très actif et utile »[579]. L'importance de la nouvelle entente est significative. « On peut envisager, par conséquent, en partant des bases constituées par les présents accords, le développement méthodique d'une politique réellement française des pétroles englobant, comme c'est nécessaire, la production, le transport, le raffinage et le commerce »[580]. Mercier énumère lui-même les résultats acquis.

1) La TPC fonctionnera comme il est prévu dans ses statuts ;
2) Elle sera garantie contre la concurrence de ses actionnaires dans toute l'étendue de l'ancien Empire turc, sauf l'île Farsan, sur laquelle on passe l'éponge bien volontiers ;

   Seuls, pour donner satisfaction au State Department, et parce que l'Iraq est un pays de mandat, le groupe américain et les 5 sociétés qui le constituent, auront le droit de soumissionner directement en leur nom pour les périmètres mis en adjudication en Iraq en dehors des périmètres concédés à la TPC. Mais monsieur Teagle a déclaré officiellement que les Américains n'entendaient pas profiter de ce droit, mais bien coopérer sur ce point également avec les autres groupes. Si, d'ailleurs, les Américains changeaient d'avis, la faculté qui leur a été laissée serait facilement neutralisée par l'action de la Turkish ;
3) L'Anglo-Persian cède la moitié de son holding aux Américains et reçoit une royalty de 10 % de l'huile produite sur 24 périmètres en Iraq ;
4) Monsieur Gulbenkian devient actionnaire régulier pour 5 % du capital total, sans aucun privilège par rapport aux autres actionnaires ;
5) La CFP rétrocède 1,25 % du capital total à l'Anglo-Saxon ;

---

579 *Ibid.*, p. 3.

580 *Ibid.*, p. 6.

6) Le fonctionnement des sociétés filiales d'exploitation, et celui des filiales pour les pipelines, les ports, les raffineries, etc. est précisé ;
7) Des dispositions sont prises pour que chaque associé puisse recevoir par les soins de la Turkish, les terrains qui lui seront nécessaires pour ses installations propres sans risque que certains soient évincés ou moins bien traités ;
8) Le working agreement est adopté, et par suite, la CFP recevra pour sa part 23,75 % de l'huile produite et disponible, au prix de revient ;
9) Une résolution séparée du Conseil de la TPC nous assure une participation équitable de l'industrie française dans les commandes et un pourcentage équitable d'ingénieurs et d'agents français dans les cadres[581].

Cet accord, signé le 31 juillet 1928, définit de façon très précise les liens contractuels des actionnaires de la TPC. C'est à cette occasion que se joignent les Américains à la compagnie. Pour Mercier, la signature du *working agreement* est une étape importante. La société se trouve dans une position qui n'a plus rien à voir avec celle où l'avait placée le gouvernement français quatre années auparavant. « Il n'est que juste d'ajouter que ces résultats étaient dus, pour une très large part, au constant appui que la Compagnie française des pétroles avait à tout instant reçu de la part des Départements ministériels intéressés, et plus particulièrement du Quai d'Orsay »[582]. Mercier peut finalement écrire au président Poincaré pour lui signaler la portée des accords. Ces négociations ont été menées avec une relative indépendance. Paribas estime qu'elle n'a pas été suffisamment renseignée sur les affaires de la CFP. « Le président a été obligé, à raison de la complexité des affaires et des luttes entre groupes, de se montrer plus discret qu'un président ne l'est d'ordinaire à l'égard d'un conseil »[583]. La banque accuse Mercier « de mener l'affaire trop bureaucratiquement, en seul contact avec les Ministères, ce qui nous oblige à des interventions constantes pour obtenir d'être renseigné »[584]. Ces témoignages montrent un certain degré d'indépendance dont fait preuve Mercier à la tête de la compagnie. Il s'oppose plus d'une fois à son conseil. Il le fait concernant la candidature de son ami Marcel

581 *Ibid.*, p. 4.
582 Archives Total, 92AA060-207, Compte-rendu d'Ernest…
583 Archives Paribas, PTC/514/15, Visite de M. Cayrol, 9 février 1926.
584 *Ibid.*, Compagnie française des pétroles, 20 janvier 1926, p. 2.

Champin qu'il veut nommer administrateur de la TPC. La majorité du conseil est, en l'occasion, opposée à cette nomination. Approché par les administrateurs, Mercier répond « qu'il n'y a pas de question, car la désignation d'un administrateur dans une société en relation avec la Compagnie française ne peut revenir qu'au président. Néanmoins, il admet qu'il doit être d'accord moralement avec le plus grand nombre possible des membres du conseil »[585]. Mercier va jusqu'à menacer le conseil de sa démission. Cette menace est prise au sérieux ; ni la Standard ni Paribas ne veulent risquer une crise présidentielle et redoutent la nomination d'un nouveau président.

Les relations au sein de la CFP et de la TPC ont été particulièrement turbulentes durant les années 1924–1928. La signature du *working agreement* met fin à de sérieux contentieux qui ont perduré pendant quatre longues années, mais ce n'est pas la fin des difficultés. « Ce succès n'a pas assuré notre tranquillité définitive, il a encore été nécessaire de mener de durs combats pour la mise en exploitation de l'Iraq »[586]. Parallèlement à ces négociations, la TPC entreprend la prospection géologique et géophysique de l'Iraq septentrional. Elle poursuit des recherches par sondage, par forage et procède à des travaux préparatoires. Mercier insiste pour que la CFP y participe en fournissant sa part de personnel. Il défend que la TPC a une « obligation morale à recourir soit au personnel français soit à l'industrie française chaque fois que la chose était possible, techniquement ou financièrement, tout au moins dans la proportion des capitaux »[587]. Mercier dénonce le faible nombre de techniciens français sur le terrain depuis le début des recherches. Sur les trois à quatre mille agents en fonction, il y a un seul Français.

> En ce qui concerne le matériel, la situation est encore plus extraordinaire. Nous ne prétendons pas que la France ait pu fournir les appareils de sondage proprement dits, mais pour tout le reste du matériel : derricks, outillage de toute nature, fers, charpentes, réservoirs et canalisations d'eau, tubes de sondage, matériel de transport automobile et matériel d'entreprise qui représentent plusieurs centaines de mille livres sterling, la France pouvait être mise avantageusement en concurrence avec n'importe quel autre pays. La seule fourniture française qui soit parvenue à notre connaissance est une

585 *Ibid.*, Réunion d'Henry Bedford et de l'Amiral Grasset, p. 3.

586 Archives nationales du monde du travail, 98 AQ 1, Compte-rendu écrit par Mercier.

587 Archives Total, 81,1/44, Lettre de Mercier à Pineau, 16 mai 1927.

livraison de 80 tonnes de tubes [...]. Les tubes achetés par la TPC dépassent dès maintenant trois mille tonnes très certainement[588].

Pour Mercier, il s'agit d'un « ostracisme systématique » de la part de la TPC. Il réclame que les fournisseurs français soient consultés. « Les relations personnelles que nous trouvons auprès des administrateurs sont correctes et même très courtoises, mais les relations d'affaires sont loin de réaliser la coopération loyale et cordiale que laissait espérer l'esprit dans lequel a été signé l'accord de San Remo »[589].

En Iraq, les relations de la TPC avec les autorités locales sont régies par une entente signée en 1923. Cette convention engage la société à commencer les prospections dans les six mois qui suivent sa signature. Elle doit ensuite, dans un délai de trois années, débuter les opérations de forage[590]. En compensation des privilèges concédés, la TPC doit s'acquitter d'une somme de 4 shillings par tonne de pétrole brut chaque année. Cet accord permet à la compagnie d'importer en Iraq exempte de taxes sur les matériaux, machines, plans, approvisionnements et équipements nécessaires à ses travaux[591]. La validité de ces accords dépend en partie de la situation politique dans la région. Il s'agit principalement des négociations concernant la frontière entre l'Iraq et la Turquie, celles-ci vont remettre en question l'entente initiale. En 1925, le vilayet de Mossoul est officiellement reconnu à l'Iraq. C'est l'occasion pour la TPC de signer une nouvelle convention. Or, la France s'inquiète à nouveau de l'attitude de ses collègues. « Sous prétexte d'aboutir rapidement et de lever des objections soulevées in extremis par le gouvernement de l'Iraq, l'agent britannique de la Turkish Petroleum, outrepassant complètement le mandat conféré par les actionnaires dont nous sommes, a cru devoir présenter des modifications au contrat de concession, qui nous paraissent léser gravement les droits de la France »[592]. Les craintes françaises peuvent se résumer essentiellement en deux points. On s'inquiète d'une provision du nouveau contrat qui stipule qu'à l'expiration de la concession les propriétés immobilières de la TPC appartiendront à l'Iraq. Cette

---

[588] *Ibid.*

[589] *Ibid.*

[590] Archives Paribas, 3CABET/1/283, Convention de la TPC avec le gouvernement iraquien, p. 3.

[591] *Ibid.*

[592] MAE, 19RC52, Note, 4 décembre 1924.

provision s'applique « qu'elles soient situées sur le territoire de celui-ci, ou dans la zone comprise entre l'Iraq et la Méditerranée »[593]. Cette clause peut constituer une atteinte aux droits des États sous mandat français puisque la CFP veut investir des sommes importantes dans un pipeline syrien. Mercier refuse aussi le droit de l'Iraq de désigner un administrateur jouissant des mêmes droits et privilèges que les autres administrateurs de la compagnie. Cette clause, dénonce-t-il, est en contradiction formelle avec les conventions intervenues à Londres entre les actionnaires. « Au cours des importantes négociations menées à cette époque au nom de la France par l'intendant Pineau, directeur des essences, il avait été expressément convenu que les actionnaires anglais, américains et français de la Turkish Petroleum, refuseraient tout droit de vote à l'Iraq »[594]. La France défend l'égalité de vote entre quatre actionnaires, pas plus.

> Si nous avons consenti à faire les frais de l'entrée des Américains dans la Turkish Petroleum, sous forme d'une participation proportionnelle à la redevance en pétrole que doit recevoir l'Anglo-Persian en échange de la cession de la moitié de sa part aux Américains, nous l'avons fait uniquement dans la perspective d'égaliser les votes.
>
> Il saute aux yeux que tout cet équilibre, condition essentielle des accords, se trouvera renversé si l'Iraq, détenteur d'une nouvelle voix nouvelle au conseil, peut constituer une majorité par son appoint[595].

La publication d'un mémorandum sur l'état des négociations avec le gouvernement iraquien rassure les milieux diplomatiques français qui ont été saisis de l'affaire. La question d'offrir une participation à l'Iraq dans la compagnie est reconnue comme impraticable puisque le gouvernement iraquien n'est pas en mesure d'avancer les fonds nécessaires. On opte plutôt pour la formule d'une garantie représentant un revenu déterminé plutôt qu'une participation de l'Iraq[596]. Le deuxième problème est résolu grâce à l'entêtement du Quai d'Orsay. La clause concernant les biens immobiliers est modifiée pour stipuler que la compagnie ne peut garantir que les lois des gouvernements où se trouvent les propriétés de la compagnie permettent à l'Iraq d'entrer en possession de celles-ci[597].

---

593 *Ibid.*

594 *Ibid.*

595 *Ibid.*

596 *Ibid.*, Mémorandum sur l'état des négociations avec le gouvernement de l'Iraq.

597 *Ibid.*, Lettre de Nichols à Tronchère, 30 décembre 1924.

Le groupe français ayant obtenu le respect de ses intérêts, la nouvelle convention est signée avec l'Iraq le 14 mars 1925. Elle concède les gisements des vilayets de Mossoul et de Bagdad à la compagnie pour une durée de 75 ans. Elle assigne à l'IPC[598] un délai de 32 mois pour procéder à une prospection définitive du gisement et au choix de 24 lots de huit milles carrés chacun. Plusieurs campagnes de prospections géologiques sont menées durant cette période et dix puits de recherches dispersés sur dix formations sont forés. Le 15 octobre 1927, un puits entre en éruption à Baba Gurgur, dans les plaines de Mossoul. Cette découverte vient confirmer la valeur de la société. La Compagnie française des pétroles n'attire pas vraiment l'attention du public depuis les débats initiaux de 1923–1924. La découverte de pétrole à Baba Gurgur soulève l'intérêt du public. Celle-ci permet à Mercier de doubler le capital de la compagnie en France. Grâce à l'entente établie par le groupe en juillet 1928, la TPC devient une société productrice. Le montant de pétrole attribué à chaque membre est établi proportionnellement à leur participation financière[599].

La découverte du pétrole iraquien et l'entente avec les autres groupes de l'Iraq Petroleum sont des étapes importantes pour le développement de la CFP. Certains actionnaires, Paribas en tête, tentent de limiter la sphère d'activité de la compagnie à l'Iraq. La banque refuse, par exemple, toute ingérence dans les affaires roumaines. C'est aussi l'opinion des raffineurs, qui désirent limiter le champ d'activité de la compagnie à l'Iraq[600]. Mercier refuse cette vision restrictive. « Si notre participation dans la TPC absorbe et doit vraisemblablement absorber dans l'avenir la part la plus importante de notre activité, elle ne constitue pas la limite de notre objet social »[601]. Le président multiplie les engagements de la compagnie à l'étranger. Dès 1924, elle participe à une mission en Russie. Elle prend une participation dans la Société nationale de recherches sur le traitement des combustibles[602]. Mercier discute avec les Soviets de la construction d'un pipeline entre Bakou et Batoum et d'une concession dans le périmètre de Sourakhany. Ce n'est que le début d'une politique de recherche active pour la compagnie. Mercier prend l'initiative d'une

598 La Turkish petroleum company prend alors le nom d'Irak petroleum company
599 Kuisel, *Ernest…*, *op. cit.*, p. 36.
600 Archives Total, SC91/-6, Procès-verbal du 16 juin 1926, p. 52.
601 *Ibid.*, Assemblée générale ordinaire, 23 juin 1925, p. 3.
602 *Ibid.*

participation de 33 % dans un groupe colombien. Face aux objections de son conseil, le président est sans équivoque. « Nous nous bornerons à vous rappeler que notre initiative en Amérique du Sud s'était inspirée des principes exprimés par le gouvernement dans la lettre par laquelle il a provoqué la constitution de notre compagnie »[603]. En Europe centrale, la CFP prend part à la création de la Société de prospection géophysique dont Mercier sera lui-même administrateur. À la demande de la Direction des essences, la société étudie la possibilité de forer au Maroc. En France la CFP conduit une enquête géologique dans la région des Pyrénées dès 1925[604]. Ces recherches n'aboutissent pas, mais elles montrent une volonté de diversifier l'approvisionnement français.

La question des liens avec Paribas demeure ouverte. Comment peut-on qualifier ceux-ci durant ces premières années de gestion? Il est clair que Mercier a fréquemment tenu tête à la banque. Les liens n'en demeurent pas moins étroits. L'augmentation de capital de la compagnie en mars 1927 offre un exemple frappant de la nature de ces rapports. Mercier craint alors de ne pas pouvoir boucler l'augmentation de capital de la compagnie à cause de la défaillance de plusieurs actionnaires.

> À ce moment, M. Finaly, dans le but unique de tirer le Colonel Mercier d'embarras, a proposé de prendre 4 ou 5 millions de francs d'actions, en dehors de la souscription irréductible de la Banque de Paris. M. Finaly entendait par là qu'il s'agissait d'une prise ferme. Or, le Colonel Mercier ayant fait part de cette décision à l'Union parisienne, représentée par M. Cahen Fuzier, celui-ci a émis l'appréciation que la Banque de Paris « voulait tout avaler » et, en ayant fait part à son conseil, il a décidé de prendre le même montant que la Banque de Paris[605].

Paribas entraîne du même coup les milieux financiers derrière elle. Peu de temps après, le Crédit mobilier manifeste le désir d'être traité sur un pied d'égalité. Mercier reconnaît que la banque a sauvé la situation. Il déclare « qu'en reconnaissance du geste fait par elle, il établirait un contact plus étroit avec elle qu'avec les autres banques et que si des opérations syndicales ou d'introduction en Bourse se présentaient, il ferait son affaire de réserver à la Banque de Paris un rôle de direction »[606]. Voilà qui répond

---

603 *Ibid.*, 10 juin 1927, p. 3.

604 *Ibid.*, SC91/-6, Procès-verbal du 13 mai 1925, p. 30.

605 Archives Paribas, PTC/517/17, Réunion dans le bureau de Finaly avec Mercier, 30 mars 1927, p. 1.

606 *Ibid.*, p. 3.

parfaitement au désir exprimé par Horace Finaly quelques semaines plus tôt. « La Banque [...] désirerait simplement que le rôle spécial qu'elle va ainsi jouer soit reconnu par la CFP et que celle-ci travaille un peu plus étroitement avec Paribas »[607]. En fait, les archives de la banque montrent qu'elle veut aller plus loin. Elle aimerait bien « discipliner » la CFP et en prendre la direction[608]. Mercier n'a jamais cédé face à ces velléités, mais il a bel et bien entretenu des liens étroits avec elle. Il s'est laissé convaincre par Horace Finaly du bien-fondé d'une alliance américaine. Il a d'ailleurs largement bénéficié de son entremise pour prendre contact avec Walter Teagle, le président de la Standard. Mercier semble être parvenu à utiliser ses contacts sans pour autant en dépendre.

---

607 *Ibid.*, CFP, 15 mars 1927, p. 1.

608 *Ibid.*, Réunion dans le bureau...

Chapitre 6.

Le Parlement et la question pétrolière

1. Le problème du raffinage

L'entente de principe signée avec les autres groupes et la découverte du pétrole iraquien laissent présager la fin des difficultés pour la Compagnie française des pétroles. Or, en France, l'arrivée imminente de ce pétrole relance le débat sur le raffinage qui avait marqué les premiers jours de la société. La question de l'intervention de l'État revient de front alors que celui-ci entend règlementer l'importation du pétrole en France. C'est l'instauration du monopole-délégué. La réglementation du marché français a largement été décrite par les historiens comme une condition nécessaire au placement du pétrole iraquien, mais d'autres considérations sont aussi en jeu. Les enjeux de la réglementation sont majeurs, car elle offre l'opportunité de reconfigurer le marché. En France, les distributeurs indépendants que Pétrofina approvisionne en pétrole soviétique ont beaucoup a gagné d'un règlement qui leur serait favorable. Les importations de pétrole russe sont alors en pleine croissance, de 56 000 tonnes en 1923 à 222 000 tonnes en 1928, soit 10 % du marché français[609]. En 1928, Pétrofina signe une entente pour 2,2 millions de tonnes avec les Soviétiques ; un contrat qui menace la position des trusts en France. Vu les intérêts en jeu, cette question engendre d'importants efforts de lobbyisme auprès du gouvernement français.

Les actionnaires de la CFP sont nombreux à demander à Mercier de s'immiscer dans les débats parlementaires sur le régime de pétrole. Le président de la compagnie s'y refuse ; il juge cette intervention

609 Nowell, *op. cit.*, p. 162. Voir le tableau 5 en Annexe sur les importations de pétrole soviétique vers la France.

dangereuse. Initialement, Mercier craignait que la réglementation aurait pu endommager les relations avec les trusts. Il aurait préféré reprendre le pétrole soviétique par le biais de la CFP, forçant ainsi Pétrofina à partager ses privilèges avec les autres actionnaires[610]. Cette option ne fait pas l'affaire des distributeurs indépendants et, dès l'été 1928, de sérieuses difficultés apparaissent au sein de la CFP. L'écoulement du pétrole iraquien en fait partie. Mercier défend à nouveau le droit pour la société de raffiner elle-même son pétrole. « Chacune des sociétés qui a accepté de prendre effectivement sa participation a pris, par là même, l'engagement implicite de ne pas s'opposer, en tant qu'actionnaire, au développement normal de la société »[611]. Pour Mercier, si la société ne traite pas elle-même son pétrole, elle sera pratiquement jugulée. « Autant il est indispensable à la société d'étendre son industrie jusqu'au raffinage, autant il est opportun de s'en tenir là sans se lancer dans la vente au détail »[612]. Cet engagement est renouvelé quelques jours plus tard dans un projet de résolutions. La compagnie renonce à toute activité dans le secteur de la distribution ; un abandon plus large que celui prévu initialement dans les Statuts[613].

C'est la question du raffinage qui retient l'attention. Certains actionnaires sont favorables à la création d'une raffinerie par la CFP et à l'organisation directe des transports. Mercier leur donne tort. Une participation directe risque d'enfler le capital de la société[614]. Il anticipe déjà la volonté de l'État de participer à la compagnie de raffinage ; il entend limiter cette participation au maximum. Le problème qui s'impose est celui de l'écoulement des produits traités. Il est de taille, l'ensemble du marché français est aux mains de distributeurs bien installés. Dès novembre, Mercier propose au comité de direction les bases d'un système d'entente avec les distributeurs. Ce projet d'accord comprend l'engagement définitif de la CFP et de la filiale de raffinage de ne créer aucune concurrence commerciale. La compagnie s'engage à ne pas réclamer de privilège en matière de raffinage et à créer un cartel avec les trusts pour assurer un écoulement rationnel du pétrole brut de Mésopotamie vendu en dehors de la France[615]. Mercier ne veut obliger

---

610 *Ibid.*, p. 180.

611 Archives Paribas, PTC/514/12, Réunion du conseil d'administration, 11 juin 1928.

612 *Ibid.*

613 *Ibid.*, Résolutions, 21 juin 1928.

614 *Ibid.*, Comité et conseil, 10 octobre 1928.

615 *Ibid.*, Réunion du comité, 7 novembre 1928.

aucune société à prendre cet engagement ; il doit être volontaire. Il reconnaît qu'il ne peut y avoir aucune sanction contre une société qui refuse de participer à l'écoulement du pétrole iraquien. En contrepartie, il propose la mise en place d'une prime pour celles qui participent puisque « les sociétés distributrices, ayant déclaré qu'elles renonceraient à raffiner et à consacrer toute leur capacité de distribution à l'écoulement du pétrole de Mésopotamie, ne sont pas nombreuses »[616]. On envisage une ristourne de 2,5 % pour les sociétés fournissant la totalité de leur capacité de distribution. La prime doit suivre une échelle dégressive pour les sociétés assurant une distribution moindre entre 100 % et 25 %[617]. Ce projet, Mercier en défend le principe, car il permet un écoulement relativement indépendant et libre, qui ne dépend pas des trusts. « Je dois dire [...] que j'ai eu beaucoup de mal à faire accepter mon système. M. Loucheur le considérait insuffisamment protecteur pour l'État »[618].

La question des ristournes est problématique ; elle déchaîne les passions au comité et au conseil de la compagnie. Deux camps opposés se forment. Robert Cayrol, qui représente la Maison Desmarais, en défend le principe. Il considère qu'une ristourne est un usage commercial courant et adapté à la situation. Il voit difficilement comment assurer la distribution sans une entente du genre. Pour Paribas, on risque de vendre l'essence trop bon marché au détriment de tous les actionnaires, c'est-à-dire aux dépens des intérêts de la banque et de ses alliés. Mercier enchaîne, « nous voulons assurer aux trusts que nous ne voulons nullement les brimer, sous couvert d'une société de raffinage qui se présente avec une teinte plus nationaliste que la CFP »[619]. Il fait référence aux avances de la Standard pour distribuer les produits raffinés. C'est la question de l'intérêt national qui refait surface, cette fois dans un contexte commercial. Mercier est sous pression pour ne pas faire dépendre le système de distribution français de sociétés ayant des attaches étrangères ; il juge d'ailleurs que l'opinion n'est pas prête à accepter cette solution[620]. S'il considère que son plan ne conduit pas à mettre la société nationale sur un pied d'égalité avec les trusts, il juge qu'il conduit à la mettre sur un pied de dignité dans ses rapports. Afin de faire face aux critiques, Mercier entend confirmer que

---

616 *Ibid.*

617 *Ibid.*

618 *Ibid.*

619 *Ibid.*

620 *Ibid.*

son projet est conforme aux habitudes commerciales auprès du président de la Chambre de commerce de Paris.

La Standard est franchement hostile aux plans de Mercier. Pour Henry Bedford, le projet de ristourne équivaut à « créer artificiellement, au détriment des autres actionnaires, un groupe recevant un avantage important »[621]. Il dénonce une « prime de non-activité » puisque les distributeurs sont exonérés de toutes les difficultés d'exploitation et des risques reliés au raffinage. « Le but poursuivi par tout ce mécanisme est de former un groupe de soi-disant raffineurs qui ont beaucoup plus de liens qu'on ne peut croire avec les autres trusts et qui entretiennent leur industrie dans une sorte de serre chaude grâce à des subventions formées au détriment des actionnaires »[622]. L'opinion des grands pétroliers se fait pesante lors des débats qui ont lieu au sein de la société. Bedford lance une nouvelle proposition, appuyée par les trois grands trusts, qui vise à régler la question. Elle « consiste à faire assurer l'écoulement de la production des raffineries de la CFP en répartissant cette production entre les différents distributeurs au prorata de leurs capacités respectives et à un prix uniforme pour tous »[623]. Mercier juge cette offre incomplète, la CFP a besoin de 45 % de la distribution française. Les banques, toutes liées aux majors, se mêlent de la partie. Elles s'opposent au plan du président et critiquent que « les bénéfices sont exagérés ; que la raffinerie est une affaire beaucoup moins brillante qu'il ne la présente ; que la prime, qui est garantie en tous cas, même au cas où le compte de profits et perte serait déficitaire, est beaucoup trop élevée par rapport au dividende possible »[624].

C'est le principe même d'une raffinerie qui est remis en question par les principaux actionnaires de la compagnie. Mercier y répond par une logique simple et efficace : si les trusts « établissent de grandes raffineries en France, ce n'est probablement pas pour perdre de l'argent »[625]. Pourtant, certains membres du conseil continuent d'insister qu'on « ne gagne presque rien à raffiner en France »[626]. Les contradictions sont

[621] *Ibid.*, Réunion rue de Presbourg, 8 novembre 1928.

[622] *Ibid.*

[623] *Ibid.*, Étude sur la constitution d'une filiale de raffinage, 9 novembre 1928.

[624] *Ibid.*, Réunion du comité, 17 novembre 1928.

[625] *Ibid.*

[626] *Ibid.*

nombreuses lorsqu'il s'agit des estimations avancées par les différents membres du comité. Mercier veut aller au fond de l'affaire. « En présence des contradictions soulevées, il faut reprendre toute la question, fut-il nécessaire de dépenser un mois en études ou même plus, le comité devra être pleinement éclairé »[627]. Le projet de ristourne, quant à lui, recueille assez de participants, mais les banques, qui occupent 33 % de la compagnie, ne sont pas chaudes à l'idée. Elles demandent une étude complète sur les possibilités de rémunération d'une raffinerie instituée comme filiale indépendante et sur la nécessité ou l'inutilité d'attribuer une ristourne à certains raffineurs pour assurer la distribution. C'est, du même coup, remettre en question une étude déjà menée par Tronchère, le directeur de la compagnie, sur le projet de raffinerie. Envers et contre tous, Mercier continue d'affirmer que le projet de raffinerie est rentable.

L'opposition aux ristournes s'inscrit dans un conflit plus large entre les banques et la Maison Desmarais. Cette dernière se sépare alors de Pétrofina et veut, avec un groupe de distributeurs indépendants, réserver la totalité de ses capacités à la production iraquienne. Paribas n'apprécie pas du tout le rapprochement de Mercier avec cette maison. « Le projet présenté par le colonel Mercier, qu'on le dise ou non, favorise une maison française »[628]. Ce conflit d'intérêts explose avec « violence » au comité de direction de la compagnie. Cayrol défend le principe de ristourne en attaquant les « faveurs » reçues par les banques lors de la dernière augmentation de capital. Les banques répondent qu'on ne peut pas comparer la ristourne à une augmentation de capital. Mercier perd patience. « Il constate que chaque fois qu'on arrive au point d'établir un accord, de nouvelles propositions sont présentées qui l'éloignent »[629]. Ces retards le mettent dans l'impossibilité de répondre à l'ONCL de la politique de la société. Louis Loucheur, alors ministre du Travail, lui a fait savoir qu'il n'est pas impressionné par la lenteur et l'hésitation que met la société à adopter un plan quelconque[630]. Le ministre fait aussi part au président de la compagnie d'un mouvement d'opinion peu favorable à la société au Parlement. C'est le spectre de l'étatisme qui refait surface. Pour Mercier, cela prouve qu'il faut en finir. Afin de concilier l'opinion du conseil, il accepte que soit menée une enquête auprès des distributeurs

---

627 *Ibid.*

628 *Ibid.*, Note confidentielle, 16 novembre 1928, p. 2.

629 *Ibid.*, Réunion du comité, 24 novembre 1928.

630 *Ibid.*

au sujet de la ristourne. Une fois de plus, il confie cette mission au directeur, Louis Tronchère. Un mois plus tard, alors que l'enquête est presque terminée, la Standard fait part de son mécontentement à Paribas.

> Sauf erreur, bien qu'affirmant avoir fait tout ce qui dépendait de lui pour unir l'industrie afin d'arriver à une solution du problème, le colonel Mercier n'a jamais discuté personnellement les questions soulevées avec les représentants de plusieurs Maisons importantes. Il est vraiment extraordinaire qu'un problème d'une aussi grande importance puisse être résolu aussi hâtivement et que des conclusions aussi légères que celles émises par le colonel Mercier puissent être présentées au conseil d'administration, et cela tant en ce qui concerne l'attitude de l'industrie que le bénéfice qui pourrait être réalisé par la raffinerie[631].

La solution préconisée par Paribas est transmise à Mercier sous la forme d'une note. La banque propose une entente à l'amiable dans laquelle chaque actionnaire contribuerait chacun sa part, sans frais pour la société[632]. C'est soumettre l'écoulement du pétrole mésopotamien à l'instabilité du marché et du moment. Mercier, au contraire, cherche une solution stable, basée sur des contrats à long terme. Paribas critique un autre projet. Elle juge excessif que les sociétés engageant la totalité de leur distribution le fassent moyennant un droit à souscrire une part double de leur attribution normale. La prime, quant à elle, est jugée inutile vu que la nouvelle loi du 30 mars 1928 impose l'exécution des contrats d'intérêt national, sans comporter d'avantages particuliers. Ce cadre prouve, pour la banque, que la prime est injustifiable auprès des actionnaires. La Maison Desmarais est encore visée. « On peut se demander si les administrateurs de la société peuvent prendre une telle décision dans l'intérêt particulier de quelques-uns d'entre eux »[633]. La banque considère que la prime compromet le dividende et risque d'entamer le capital puisqu'elle est une charge fixe, exigible même en cas de perte. C'est compromettre le financement de la CFP, de ses filiales et ce au détriment de l'intérêt national. À la recherche d'une solution, Paribas ne cache pas ses liens avec les trusts.

> En refusant le concours gratuit des puissants distributeurs, en rapport avec les trusts, et en servant une rémunération factice à quelques-uns de leurs

[631] *Ibid.*, Lettre de Bedford à Chevalier, 19 décembre 1928.

[632] *Ibid.*, Note remise par Paribas, 19 décembre 1928.

[633] *Ibid.*, p. 5.

concurrents, on donnerait à croire que le principe d'égalité, établi à l'origine de l'affaire, se trouve abandonné.

N'est-il pas dangereux de donner cette idée aux trusts qui possèdent le contrôle dans la Turkish Petroleum? Une attitude d'hostilité à leur égard n'est-elle pas de nature à entraîner de graves conséquences, surtout en cas de guerre où comme l'expérience l'a prouvé, leur concours est absolument indispensable?

Telles sont les raisons d'intérêt général qui ont porté la Banque de Paris, ainsi que les autres établissements financiers administrateurs de la CFP, à résister aux suggestions qui leur étaient adressées par M. Mercier[634].

Les difficultés se poursuivent au sujet du raffinage. Mercier se fait dire, « si vous aviez proposé du brut, vous auriez trouvé plus d'adhérents »[635]. Il réplique qu'il veut un système complet entièrement français. « Il n'y a pas de pétrole sans raffinage. Tout producteur raffine »[636]. Une part importante des réticences est à replacer dans la crainte de plusieurs sociétés d'être submergées par les produits de la CFP. Mercier s'attache à défendre que son projet ne comporte pas de privilèges, mais bien la liberté de commerce. Le principe d'égalité absolue défendue par les trusts lui paraît inadmissible.

Il est matériellement impossible d'exiger que toutes les sociétés associées mettent chacune à la disposition de la CFP 45 % de sa capacité de production, cette attitude ne pouvait avoir qu'une conséquence, celle de réduire dans des proportions inacceptables la capacité de raffinage de la CFP, de la maintenir en fait sous la dépendance d'un syndicat de sociétés, toutes intéressées à des entreprises extérieures de raffinage et toutes bien décidées à n'apporter leur effort de développement qu'à ces dernières[637].

2. Mercier fait appel au Président Poincaré

À ce stade, les réticences des différents actionnaires semblent insurmontables, et ce malgré l'ampleur des efforts déployés. Mercier éprouve un profond dépit, il ne croit plus possible d'arriver à une

634 *Ibid.*, p. 6.

635 *Ibid.*, Réunion du conseil, 19 décembre 1928.

636 *Ibid.*

637 *Ibid.*, PTC/744/2, Rapport au président du conseil des ministres sur la Compagnie française des pétroles, p. 16.

entente. « Il ne m'est pas possible, en opposition formelle avec mon comité, de poursuivre les négociations sur une base quelconque »[638]. C'est à ce moment qu'il annonce au conseil son intention d'exposer à Poincaré les difficultés qu'il a rencontrées en matière de distribution et de raffinage, difficultés « que ni lui, ni le comité de direction n'auraient pu solutionner »[639]. Mercier réalise que parmi les actionnaires, « il ne se dégageait pas une majorité capable de se solidariser réellement avec l'œuvre à accomplir. Il fallait un apport nouveau, capable d'entraîner les hésitants et d'empêcher, par un soutien constant, les initiatives du groupe de sombrer dans les atermoiements. Cet apport ne pouvait venir que des Pouvoirs publics »[640]. Il écrit au président Poincaré le 18 décembre 1928. « Les circonstances présentes sont trop graves pour l'avenir même de la Cie Française des Pétroles pour qu'il me soit possible de poursuivre ma tâche sans avoir pris contact avec vous »[641].

Le rapport présenté par Mercier au président du Conseil révèle toute l'ampleur des difficultés rencontrées. Mercier dénonce l'importance prise par les banques, reliées aux trusts. Ce poids, il le décrit pourtant comme inévitable dans les conditions dans lesquelles la CFP a été créée. « Il est douteux d'ailleurs que nous eussions pu recourir alors à d'autres et plus satisfaisantes formules. Il n'en résulte pas moins une situation de fait qui pèse désormais sur la CFP : les sociétés qui la contrôlent et dont les représentants l'administrent ne possèdent pas avec elle de communauté réelle d'intérêts financiers »[642]. Mercier justifie l'importance pour la CFP de raffiner elle-même son pétrole. « C'est pour elle une nécessité absolue que d'y participer, et d'y participer d'une manière très large – je dirai même prépondérante »[643]. Mercier s'explique aisément les difficultés rencontrées, créer une raffinerie « c'est entrer en concurrence directe immédiate avec tous les actionnaires principaux de la CFP elle-même »[644]. C'est précisément pour cela que, « pour que l'entreprise de

638 *Ibid.*, p. 19.

639 *Ibid.*, PTC/514/12, Note…, 19 décembre 1928.

640 Archives Total, 92AA091-73, Un cinquantenaire: 1929–1979. La CFP et le problème de la création de la Compagnie française de raffinage, p. 4.

641 *Ibid.*, 89,14/-22, Lettre de Mercier à Poincaré, 18 décembre 1928.

642 *Ibid.*, Rapport au président du Conseil des ministres sur la Compagnie française des pétroles par Ernest Mercier, p. 3.

643 *Ibid.*, p. 9.

644 *Ibid.*, p. 10.

raffinage envisagée puisse prospérer, [...] il faut lui éviter d'être contrôlée par ceux-là mêmes dont les intérêts s'opposent à son développement »[645]. Mercier n'a pas trouvé le soutien nécessaire au sein de la compagnie. « Cet élément d'appui, je l'ai cherché, sans plus de succès, auprès du comité de direction, qui s'est réuni, presque chaque semaine, au cours des derniers mois »[646]. Cette lettre à Poincaré est aussi l'occasion d'admettre un échec personnel. Mercier n'a pas été en mesure d'unir les différents éléments de la société autour d'un projet commun. Il constate qu'il n'y a aucun lien industriel ou financier entre les groupes. « De même qu'en 1923, il a été nécessaire pour créer la CFP qu'intervienne l'autorité personnelle du président du Conseil, de même, aujourd'hui, à la fin de 1928, les dernières résistances, les ultimes hésitations, ne seront définitivement surmontées que par une nouvelle intervention de la même autorité »[647].

Paribas s'oppose au recours de Mercier auprès du gouvernement. Elle s'interroge, comme d'autres membres du conseil, sur une éventuelle démission de Mercier. On lui répond : « tout au contraire, il a même été jusqu'à dire : au cas où le conseil ne serait pas d'accord et bien, nous changerons le conseil »[648]. Les relations entre le président de la compagnie et Paribas traversent leur crise la plus importante. La banque écrit au ministère des Finances pour faire connaître ses objections à l'intervention de Mercier auprès du président du Conseil[649]. « La question n'est pas mûre. On ne sait pas si une raffinerie est, à elle seule, suffisamment rémunératrice pour motiver un appel à des concours extérieurs »[650]. Elle se plaint que toutes les idées de Mercier en matière de pétrole lui viennent de Robert Cayrol. Elle estime que le projet de ristourne vient du fait que la Maison Desmarais veut une redevance pour la dispense de ne pas construire une raffinerie qu'elle n'a pas le moyen de construire. Pour Mercier, la prime est, en effet, à justifier par la renonciation des Maisons qui doivent en bénéficier à construire des raffineries.

C'est le président de la société lui-même qui finit par être la cible des attaques au conseil de la compagnie. « Il nous a rendus ridicules

645 *Ibid.*, p. 12.
646 *Ibid.*, p. 17.
647 *Ibid.*, p. 20.
648 Archives Paribas, PTC/514/12, Visite de M. Gascheau, 21 novembre 1928.
649 *Ibid.*, Note..., 19 décembre 1928.
650 *Ibid.*

dans l'affaire de la Colombie. Il recommence maintenant à propos de la raffinerie »[651]. Pour Paribas, la méthode employée pour l'étude du problème, l'absence de méthode, est la principale cause du désaccord.

> Il faut constater tout d'abord que ni le colonel Mercier, ni son principal collaborateur, M. Tronchère, n'ont d'expérience pratique dans les questions de raffinage de pétrole et du traitement de leurs sous-produits, questions capitales.
>
> M. Mercier qui ne peut manquer de sentir son inexpérience et d'autre part, sa position très délicate de président, n'en a pas moins proposé une formule qui surprend, étant donné qu'elle a sinon pour but, du moins comme conséquence de créer une sorte de traitement privilégié en faveur de quelques maisons françaises de raffinage[652].

La compagnie demeure profondément divisée sur la décision à prendre. La prime d'écoulement est attaquée comme étant dénuée de tout fondement juridique. Pour ses détracteurs, elle est contraire aux usages commerciaux et inconciliable avec la loi du 30 mars 1928. Cette dernière impose aux distributeurs la participation aux organismes constitués pour l'exécution des contrats d'intérêt national « sans attribution d'aucun avantage particulier »[653]. Le principe d'une filiale est encore remis en question. Les maisons favorables au projet Mercier sont : Desmarais, Lille-Bonnières-Colombes, Carburants, Pechelbronn. L'écoulement total réservé par ces compagnies s'élève à 388 000 tonnes. La maison Desmarais représente 60 % de ce total. Les maisons en faveur d'un projet sans ristourne et établis dans l'égalité sont au nombre de 14. Leur plein tonnage représente 1,5 million de tonnes. Il est facile de voir pourquoi Mercier préfère faire affaire avec des sociétés françaises accordant leur pleine capacité au pétrole iraquien. C'est dans ce contexte de blocage qu'intervient l'État. La consultation de Mercier auprès de Poincaré aboutit à un projet de participation dans le capital de la société. C'est aussi l'occasion pour les Pouvoirs publics de renouveler leur confiance envers le président de la CFP qui a offert sa démission. « Je ne rejette, naturellement, sur nul autre que moi-même la responsabilité de cet échec. Sans doute, un homme moins usé devant son conseil par

---

[651] *Ibid.*, Visite de M. Gascheau…

[652] *Ibid.*, Note, 21 décembre 1928, p. 2.

[653] *Ibid.*, Raffinerie de la CFP – Critique du projet présenté par le président, 4 janvier 1929.

les quatre années de luttes déjà écoulées, aurait-il pu établir, à l'heure opportune, plus d'unité dans l'action »[654]. Le gouvernement refuse cette démission, il estime que « le départ de M. Mercier pourrait avoir de sérieux inconvénients pour l'activité de la Compagnie française des pétroles, tant en France qu'en Mésopotamie »[655]. La note continue, « la présidence de la Compagnie française des pétroles exige [...] beaucoup de diplomatie, de patience et d'autorité, qualités que possède M. Mercier au plus haut point et qui sont indispensables pour arriver à faire accepter par des actionnaires d'intérêts si divers, un programme de raffinage pour le pétrole de Mésopotamie »[656].

3. L'intervention du gouvernement

C'est donc fort de l'appui du gouvernement que Mercier fait part du projet à son conseil le 13 février 1929. Il explique cette initiative par la nécessité d'établir une coopération avec l'État « en raison du caractère national de la compagnie »[657]. L'engagement du gouvernement est concrétisé par la convention du 19 mars 1929. Le lendemain, Mercier en fait l'annonce aux actionnaires lors d'une assemblée générale extraordinaire.

> Il est apparu à ceux qui partagent la responsabilité du développement de notre entreprise que, pour permettre à la CFP de devenir effectivement l'organe d'action essentiel de la politique française du pétrole, pour lui garantir, d'autre part, l'appui du gouvernement français, non seulement pour les affaires de Mésopotamie, mais dans tous les domaines où la CFP sera conduite à agir, il était nécessaire d'établir d'une manière définitive une solidarité générale d'intérêts entre la compagnie et l'État[658].

Mercier a pris soin de justifier l'intervention de l'État. Elle est légitime dans le cadre des Statuts de la CFP. La société peut passer « tous accords avec le gouvernement français en vue de la mise en valeur de toutes concessions ou droits pouvant résulter pour ce dernier de tous

---

654 *Ibid.*, PTC/744/2, Rapport au président..., p. 19.

655 MAE, 19RC128, Note, M. Mercier, Président de la Compagnie française des pétroles, 20 décembre 1928.

656 *Ibid.*

657 Archives Total, 92AA091-73, Un cinquantenaire..., p. 4.

658 *Ibid.*, Assemblée générale extraordinaire, 20 mars 1929, p. 2.

accords diplomatiques ou autres »[659]. Le besoin de justifier l'entrée de l'État dans la compagnie est très important pour Mercier et pour le futur des rapports avec les actionnaires.

> La CFP ne peut entreprendre, aujourd'hui, le développement de son activité que si elle est assurée, pour l'avenir, de l'appui du gouvernement français, comme elle en a bénéficié dans le passé. Le caractère national de la compagnie lui ouvre un droit certain à cet appui : le fait qu'elle sera désormais obligée de demander à l'épargne l'essentiel des ressources considérables qui lui seront nécessaires ne fait que renforcer encore ce caractère national et, par suite, ce droit[660].

Pour Mercier, la nouvelle convention représente un lien de droit et la concrétisation d'une solidarité d'intérêts plus étroite avec le gouvernement. C'est la seule méthode « susceptible d'assurer et de manifester à l'extérieur la solidarité nécessaire entre l'État et la compagnie »[661]. L'entrée des capitaux publics doit permettre de briser l'obstruction du conseil, mais elle soulève bien d'autres problèmes. « En invitant l'État à participer au capital de la CFP et de la CFR, les signataires de la convention du 19 mars 1929 amenaient le Parlement à intervenir puisqu'ils provoquaient un engagement de dépenses des fonds publics nécessitant l'autorisation législative »[662]. La création d'une filiale de raffinage est acceptée en principe, mais elle est ralentie par les débats au Parlement. Le retrait politique de Poincaré contribue aux difficultés. André Tardieu, son remplaçant, ne jouit pas de la même autorité pour faire admettre le bien-fondé des dispositions envisagées. Les différentes commissions multiplient les projets d'amendements « jusqu'à remettre en cause le principe même de la ratification de cette convention »[663].

Certains parlementaires profitent de l'occasion pour réévaluer la convention de 1924. C'est le cas des socialistes. Ils arguent que le nouveau projet de contrat n'a pas force de loi puisque la précédente convention n'a pas reçu de ratification législative[664]. On accuse le gouvernement

[659] MAE, 19RC64, Note pour M. Berthelot, 15 février 1929.

[660] *Ibid.*, Note de Mercier, 13 février 1929.

[661] *Ibid.*

[662] Archives Total, 92AA091-73, Un cinquantenaire..., p. 6.

[663] *Ibid.*, p. 7.

[664] André Nouschi, « Léon Blum, les socialistes et la politique pétrolière française », *Cahiers Léon Blum*, n° 9, mai, 1981, p. 30

d'avoir aliéné le patrimoine national en le cédant à une société privée. Au contraire, pour Mercier, il s'agissait d'autoriser une compagnie à souscrire à des actions qui n'avaient, à aucun moment, appartenu à l'État[665]. Il soutient que le gouvernement se serait heurté à des difficultés beaucoup plus grandes s'il avait voulu souscrire lui-même au projet de société. Il aurait dû, entre autres, courir des risques qui étaient indéterminés à l'époque. Ces arguments sont repris pour répondre aux interventions de Léon Blum et des socialistes. Ce dernier critique le fait que le Parlement n'a pas été consulté à l'origine. « Alors que toute la presse spécialisée évoque les questions pétrolières dans le détail, le plus surprenant est que les parlementaires français sont laissés dans l'ignorance la plus complète, durant plusieurs années »[666]. Les socialistes réclament le contrôle de l'État par le biais de la nationalisation. Blum est un intervenant majeur durant ces débats. Il rejette les deux conventions. Il a l'appui des radicaux et des communistes. C'est lui qui présente l'ensemble du dossier et c'est à lui que répond le gouvernement[667]. L'opposition vient aussi de l'extrême droite. « Il paraît évident que l'État avait fait un marché de dupe, en abandonnant à une société privée ses droits sur les pétroles à provenir de Mossoul, et dans des conditions devenues, par des tractations postérieures à la convention primitive, désastreuses pour ledit État »[668]. La compagnie défend le choix fait par Poincaré en 1924 ; une formule qui a porté fruit dans le cadre du procès intenté à Londres par la CFP. Pour Mercier, si le gouvernement français avait mené une opération de cette nature, elle aurait eu un impact néfaste sur l'opinion publique britannique. Une situation qui aurait pu mettre en jeu l'avenir des relations avec l'Angleterre.

> Le jeu conjugué d'une société, dont un échec éventuel, inévitable sur certains points, ne présente aucun inconvénient pour l'orgueil national, et de l'État par l'intermédiaire de ses organes diplomatiques, d'une part, et de ses services métropolitains de l'autre, présente infiniment plus de souplesse et de ressources que l'intervention directe et brutale de l'État : parce qu'elle laisse un recours aux administrateurs français quand ils ont épuisé toutes les ressources de leur compétence professionnelle, et qu'elle permet une action concertée à double détente[669].

---

665 *Ibid.*, 89,14/11, Remarques sur la convention de 1924, 24 janvier 1931.

666 Nouschi, « Léon Blum… », *loc. cit.*, p. 14.

667 *Ibid.*, p. 16.

668 Picot de Pledran, « L'affaire des pétroles », *L'Action française*, 9 avril 1930.

669 Archives Total, 89,14/11, Remarques…

La compagnie envisage de recourir aux tribunaux afin de défendre la légalité du contrat signé en 1924. Un transfert d'actions est jugé impossible. Il faudrait que l'État se substitue aux sociétés présentes. « Il est difficile de concevoir comment on peut exproprier les actionnaires, même par une loi spéciale. Les actionnaires auront toujours un recours juridique »[670]. Pour Mercier, la question légale ne se pose pas. L'autorisation législative n'est pas nécessaire puisqu'il n'y a aucune cession du domaine public. « Aucune autorité juridique sérieuse ne saurait soutenir le contraire, et sur ce point nous n'avons rien à craindre »[671].

Les choses se compliquent avec la défaite du Cartel des gauches qui n'amène au pouvoir qu'une majorité composite, souvent divisée sur les problèmes économiques. Plusieurs cabinets sont renversés à partir de 1929, les crises ministérielles retardent l'examen de la ratification par le corps législatif. Cette situation inquiète Mercier qui multiplie les lettres aux différents ministres alors que la question est tenue en suspens depuis déjà 13 mois. Il dénonce une situation « extrêmement préjudiciable ». Il souligne qu'il ne s'est jamais soulevé aucune opposition d'idées ou d'intérêts entre le gouvernement et la compagnie. « C'est sous son entière responsabilité, mais avec l'approbation entière et l'appui constant du gouvernement, que la Compagnie française des pétroles a poursuivi, plusieurs années, une lutte très dure pour obtenir la reconnaissance de droits que l'État français n'avait pas été à même de lui transmettre dans toute leur plénitude »[672]. La presse spécialisée agit de concert avec la compagnie. « Est-il besoin d'insister sur la gêne considérable créée par cette longue incertitude? »[673]. Il y a effectivement un risque que cette situation précaire empêche la CFP de se conformer aux stipulations du *working agreement* signé avec les partenaires de l'IPC[674]. Mercier est successivement reçu en audience par deux présidents du Conseil, Steeg et Laval, auprès desquels il plaide pour une ratification rapide. Il demande « instamment au gouvernement de saisir le Parlement sans délai, afin qu'un débat au grand jour mette un terme à une situation qui ne saurait

---

670 *Ibid.*, 89,14/13, Note sur les conventions.

671 Archives Paribas, PTC/514/13, Allocution de M. Mercier.

672 *Ibid.*, Lettre de Mercier au président du Conseil, 1er avril 1930.

673 Anonyme, « La convention passée entre l'État et la Compagnie française des pétroles », *Le courrier des pétroles*, 6 janvier 1930.

674 Archives Total, 92AA091-73, Un cinquantenaire..., p. 8.

matériellement pas durer plus longtemps »[675]. Le premier débat a lieu le 8 juillet 1930, il se clôt par une motion préalable acquise de justesse (297 voix contre 275). Il faut attendre le 11 février 1931 pour qu'une seconde séance soit consacrée à la ratification des deux conventions.

4. Débats à l'Hémicycle

Au-delà de la lenteur de la procédure, plusieurs dispositions rencontrent une opposition très forte à la Chambre. Blum s'inquiète que des sociétés participantes à la CFP soient en fait contrôlées par les trusts. « La seule façon de vous en tirer, ce sera d'asseoir sur tout cela l'autorité de l'État et de transformer toute cette industrie, industrie de vie pendant la paix, industrie indispensable en cas de malheur, en une organisation d'État »[676]. Pour les socialistes, la question posée est celle de consacrer une spoliation de l'État. C'est l'abandon d'une part du prix de la victoire pendant la guerre, sans rien en échange[677]. Blum a peu d'enthousiasme pour les formes de gestion mixte ; il ne croit pas que les représentants du gouvernement auront un rôle important. « Même si vous mettiez là des gens actifs et vigilants, vous savez ce qui leur arriverait au bout de peu de temps : ils seraient comme ces ambassadeurs qui, après un trop long séjour dans une capitale étrangère, sont beaucoup moins du pays qui les délègue que du pays où ils vivent »[678]. Les besoins pétroliers de l'État sont au cœur des discussions. La convention de 1924 garantit au gouvernement un droit d'option sur 80 % des produits pouvant revenir à la CFP. Pour Mercier, cette clause concerne uniquement les départements de la Guerre et de la Marine ; elle n'inclut pas les services publics. Le gouvernement d'Édouard Herriot veut inclure ces derniers. Mercier refuse ce qu'il considère être une extension d'une entente déjà établie. La question « soulève une tempête» au conseil d'administration de la compagnie. Mercier reçoit le « mandat impératif » de faire accepter un texte comportant la mention : « n'ayant en aucune façon le caractère d'une exploitation commerciale »[679]. Au terme des négociations, c'est

---

[675] Archives Paribas, PTC/514/13, Lettre de Mercier…

[676] Nouschi, « Léon Blum… », *loc. cit.*, p. 27.

[677] *Ibid.*, p. 30.

[678] *Ibid.*, p. 33.

[679] Archives Total, 92AA091-73, Un cinquantenaire…, p. 24.

cette formule qui est adoptée. Il s'agit d'une définition étroite, elle exclut toute activité commerciale de l'État pour la poste, les tabacs, les poudres et les chemins de fer[680]. Le gouvernement ne peut donc pas faire usage, en temps de paix, de la totalité des 80 % auxquels il a droit[681]. Cet accord est intolérable pour les socialistes. « Un industriel quelconque peut acheter dans les mêmes conditions que vous et peut faire de votre pétrole ce qu'il lui plaît ; mais vous, vous ne le pouvez pas. Vous serez condamnés à vous cantonner, à vous limiter dans certains usages »[682].

Ce droit d'option de l'État soulève la question du prix auquel le pétrole doit lui être livré. Mercier doit trouver une solution compatible avec la rentabilité des opérations commerciales, mais susceptible d'être adoptée par la Chambre. Il écrit : « après tous les sacrifices qu'elle a déjà consentis, notre compagnie désire manifester une fois de plus, au gouvernement et à la Chambre, sa déférence, dans toute la mesure où elle peut le faire, sans compromettre la nécessité du très lourd programme qui est le sien et par suite de la mission même dont elle a la charge »[683]. Il propose une adjonction au texte de la convention de 1929. « La priorité revenant à l'État s'exercera dans les conditions stipulées à l'article 5 de la Convention du 17 mai 1924, mais à un prix qui sera la moyenne arithmétique entre le prix courant du marché, à la date envisagée, et le prix de revient à la CFP et ses filiales des produits faisant l'objet de l'option, compte tenu des charges financières diverses »[684]. L'interruption des débats à l'Hémicycle, entre le 12 février et le 20 mars 1931, permet à la CFP et au gouvernement de se mettre d'accord sur une entente simplifiée. Elle est introduite dans l'avenant du 4 mars 1931. Il s'agit d'une « ristourne uniformément fixée à 8 francs par tonne de produits livrés, quelle que soit la nature du produit »[685]. Le gouvernement Herriot défend cette formule devant le Parlement. « Vous voyez que nous avons fait tout ce que nous avons pu pour défendre les intérêts de l'État et améliorer la convention »[686]. Ces débats parlementaires révèlent toute l'influence exercée par le patronat désormais regroupé autour de Mercier face au danger que représente une

---

680 Nouschi, « Léon Blum... », *loc. cit.*, p. 45.

681 Ce pourcentage est estimé à 800000 tonnes.

682 Nouschi, « Léon Blum... », *loc. cit.*, p. 46.

683 Archives Total, 92AA091-73, Un cinquantenaire..., p. 26.

684 *Ibid.*

685 *Ibid.*

686 Nouschi, « Léon Blum... », *loc. cit.*, p. 47.

ingérence de l'État. Pour André Nouschi, il est faux de dire que la droite conservatrice sert les intérêts des milieux financiers. Elle cherche, elle aussi, à assurer les besoins de l'État, mais ni la gauche ni la droite ne semblent en mesure d'imposer leur volonté sur ce groupement imposant d'industriels et de banquiers que constitue la CFP[687].

Le droit d'option du gouvernement est loin d'être la seule clause des conventions discutée au Parlement. Le pétrole suscite une vive attention et soulève les passions. Le projet de raffinerie est passé au peigne fin. Les interventions sont regroupées autour de quatre thèmes.

1) Le raffinage en France de la production de brut de la CFP doit être confié à l'État.
2) Le raffinage est une opération trop risquée.
3) Le placement en France de la production de la CFP sert la politique des trusts.
4) L'organisation des débouchés de la CFP doit respecter le principe de la concurrence.

On remet à nouveau en question la création d'une filiale de raffinage. L'opinion des banques et des trusts rejoint celle des socialistes. « Ainsi, tentaient-ils par leurs efforts d'atteindre le même but que la proposition soutenue par Léon Blum et ses amis, tout en se tenant sur un autre terrain »[688]. L'opinion de certains parlementaires, visiblement soutenus par les trusts, vise « à dessaisir la filiale de son rôle de traiter le brut de sa maison mère »[689]. L'alternative préconisée consiste à charger d'autres raffineries de recevoir le brut de Mossoul. Mercier écrit personnellement au ministre des Finances pour souligner son opposition à ce projet. Les socialistes, quant à eux, proposent le monopole du raffinage à la Chambre. « Il s'agissait, en fait, de la reprise d'un point du programme des partisans de l'étatisation de l'économie »[690]. Ce dernier projet vise la création d'une raffinerie en mesure de traiter le droit d'option de l'État. Mercier parvient à démontrer qu'une raffinerie d'État impose un effort financier important pour une usine de faible capacité. Il souligne que la raffinerie de la compagnie aura un rendement supérieur et pourra traiter

687 *Ibid.*
688 Archives Total, 92AA091-73, Un cinquantenaire..., p. 13.
689 *Ibid.*, p. 33.
690 *Ibid.*, p. 14.

jusqu'à deux millions de tonnes. C'est surtout grâce aux interventions de Louis Pineau que le projet d'une raffinerie d'État finit par s'estomper. L'opposition exagère les incertitudes du marché et la faiblesse de la CFP ; elle craint qu'elle devienne l'instrument des trusts. « Il semble que cette tentative qui, dans son expression la plus feutrée, consistait à dire qu'en raison des conditions difficiles du marché, la CFP et la CFR ne pouvaient que jouer le jeu des trusts, était une ficelle trop grosse pour trouver une majorité à la Chambre »[691]. C'est l'amendement du 25 juin 1930, « considéré comme le texte même de la convention », qui parvient à résoudre cette question[692]. Il place sous obligation, d'absorber les produits de la CFR, tous les titulaires d'importation à concurrence de 25 % de leurs besoins, sous le contrôle de l'État. La clause des 25 % permet de dispenser la CFP « des aléas que comporte la conquête d'un marché de distribution »[693].

Les négociations avec l'État n'ont pas été faciles. Mercier est en contact permanent avec le gouvernement durant cette période. Au-delà du raffinage, c'est la part que doit prendre l'État dans la compagnie qui est en cause. Le ministre du Commerce, Pierre-Étienne Flandin, estime que pour faire accepter la convention par le Parlement, il est nécessaire d'augmenter la part de l'État jusqu'à 51 %[694]. Mercier accepte le principe d'une société mixte, mais il est catégorique, l'intervention de l'État doit s'effectuer dans des limites raisonnables. Il croit qu'une société avec prépondérance de l'État dans le capital défendrait très mal ses droits face à ses associés dans l'IPC.

> M'étant toujours considéré, du fait de la mission dont j'avais été investi, comme un défenseur des intérêts de l'État, autant que de ceux de la compagnie, j'ai insisté pour qu'on ne s'exagérât pas le côté quelque peu arbitraire du geste de l'État, et pour que ceux-là qui avaient couru, absolument seuls, tous les risques financiers, tous les risques techniques et tous les risques contentieux, acceptassent au profit de l'État une certaine amputation de leurs droits légitimes[695].

691 *Ibid.*, p. 19.

692 *Ibid.*, p. 34.

693 *Ibid.*, p. 39.

694 Archives Paribas, PTC/514/13, Réunion chez Mercier, 31 mai 1930.

695 *Ibid.*, Allocution…, p. 6.

Le Parlement est loin de s'entendre sur l'ampleur que doit prendre l'intervention étatique. La question traîne. La situation est telle, vers la fin de mars 1930, que Mercier envisage de tout laisser tomber. Il planifie de retirer la convention de 1929 pour se rabattre sur celle de 1924[696]. La distribution du pétrole serait faite par le biais d'une entente à l'amiable. Le fait que Mercier considère cette solution après tous les efforts déployés durant ces années montre l'ampleur des difficultés que pose la ratification des conventions par la Chambre. Une entente à l'amiable comporte le risque d'affaiblir l'autonomie du groupe français en demandant service aux trusts. Une solution que Mercier a déjà refusée à plusieurs reprises par souci d'indépendance. Il bénéficie pourtant de puissants appuis au gouvernement pour faire avancer les choses. Il s'agit surtout d'André Tardieu et de Louis Loucheur[697]. Le premier promet à Mercier de faire décider une procédure d'urgence pour accélérer le processus. Le deuxième a une connaissance intime de la genèse et des développements de la CFP[698]. Loucheur défend l'idée qui a prévalu depuis la création de la compagnie, c'est-à-dire d'éviter les risques reliés à une intervention directe de l'État. Ses interventions à la Chambre sont déterminantes. D'un point de vue extérieur, la Compagnie française des pétroles se trouve dans une position délicate. Les appels de fonds de l'Iraq Petroleum, la construction prochaine d'un pipeline et la création d'une filiale de raffinage impliquent un besoin important de ressources. Mercier estime ce montant à 150 millions de francs[699]. L'entrée de l'État doit fournir 50 millions à la compagnie. La situation peut faire croire à de nombreux parlementaires que la CFP a un besoin urgent de l'État. Convaincus d'être en position de force, ces députés font des revendications jugées excessives. Mercier y répond de deux façons. Premièrement, il proclame haut et fort qu'en ce qui concerne la nouvelle convention « la Compagnie française des pétroles a le devoir de rappeler aujourd'hui qu'elle n'a pas été et qu'elle n'est pas demanderesse en cette matière »[700]. C'est une déformation certaine de la réalité. Mercier soutient

---

696 *Ibid.*, Visite…

697 André Tardieu est président du Conseil du 3 novembre 1929 au 17 février 1930. Il forme un deuxième gouvernement du 2 mars au 4 décembre 1930. Louis Loucheur est successivement ministre du Travail puis ministre de l'Économie nationale.

698 Archives Total, 92AA091-73, Un cinquantenaire…, p. 10.

699 Archives Paribas, PTC/514/13, Compte-rendu du comité et du conseil, 14 avril 1930.

700 *Ibid.*, Lettre de Mercier…

que c'est le gouvernement qui a demandé à la compagnie de modifier la convention lorsqu'il est venu rendre compte au président du Conseil de la situation générale de la société. Il envisage aussi une augmentation du capital afin de montrer que la CFP ne tient pas à voir ratifier la convention pour des raisons financières. Le but est de modifier l'état d'esprit à la Chambre. Mercier est l'instigateur de ce projet. Il n'aboutit pas, mais il montre l'ampleur de l'effort déployé pour influencer les débats à l'Hémicycle. Ce sont les banques qui refusent de porter le poids financier de l'augmentation. Elles défendent que, tenant compte « de la mauvaise situation du marché et des attaques de presse contre la CFP, on ne réussirait qu'à troubler davantage la situation parlementaire »[701].

La solution préconisée par Mercier est celle d'une participation de l'État représentant 25 % du capital et 35 % des votes. Il est pris en étau entre les revendications des parlementaires et les réticences du conseil d'administration de la compagnie. Mercier estime possible, par exemple, de gagner quelques sympathies auprès du parti radical par de nouvelles concessions. Or, les actionnaires de la CFP sont « absolument contre » de nouvelles concessions. Les négociations se poursuivent aussi avec le cabinet des ministres qui a plusieurs demandes. Celui-ci exprime son désir qu'en cas de veto des commissaires du gouvernement, tout arbitrage soit établi par les ministres des Finances et du Commerce. Le comité de direction de la compagnie finit par accepter le principe d'un arbitrage, mais par le conseil des ministres dans son entier. Le gouvernement demande aussi une participation aux superbénéfices de la société, une clause qui est déjà présente dans la convention de 1924. Mercier recommande d'accepter ce sacrifice qui doit être très utile pour rendre la Chambre favorable au projet. Il parvient à obtenir l'accord de son conseil. La dernière demande du gouvernement concerne la mise en place des dispositions nécessaires pour que le contrôle de la société demeure entre des mains françaises. Lors de ces discussions, la Maison Desmarais exprime ses craintes au sujet d'une mainmise de l'État sur la société de raffinage. Si le gouvernement contrôle la CFP il contrôlera aussi la CFR, raison pour laquelle plusieurs membres désirent que la CFP ne détienne que 49 % des actions de sa filiale de raffinage. Le conseil hésite, « l'ingérence de l'État deviendra de plus en plus grande. On sait très bien qu'il faut céder, mais il ne faut pas s'illusionner sur les avantages

701 *Ibid.*, Réunion chez Mercier…

de cette [...] solution »[702]. Mercier répond avec fermeté et refuse de porter une fois de plus la responsabilité d'un échec. Il fait valoir que, dans les négociations avec l'État, « il est impossible d'arriver à une solution qui soit entièrement satisfaisante pour nous. Il faut un compromis. Il faut donner des chances de succès au gouvernement qui est plein de bonne volonté »[703].

Les efforts personnels de Mercier afin de faire ratifier les deux conventions dans un délai raisonnable sont impressionnants. Il rencontre personnellement plusieurs parlementaires (De Monicault, Bonnet, Charlot, Malvy, etc.). Il surveille aussi la presse et tente de contrôler les articles malveillants grâce à l'aide et à l'influence d'Horace Finaly. Il défend la raison d'être de la compagnie alors que le principe de la participation à l'Iraq Petroleum est remis en question. On accuse cette dernière compagnie de malthusianisme industriel, une accusation qui n'est pas entièrement dénuée de fondement. Pour justifier la participation française à ce projet, Mercier nie et défend ses collègues de l'IPC[704]. Une remise en cause de la participation française dans cette compagnie risque de nuire aux débats à la Chambre. Mercier répond de son mieux aux inquiétudes des parlementaires. Il a l'occasion de le faire lors de sa déposition devant la commission d'enquête sur les pétroles. Celle-ci s'interroge sur l'intégrité de la CFP et l'influence qu'y exercent les trusts. C'est aussi le rôle de certains actionnaires français qui est examiné de près. Cette question a peu d'importance pour Mercier.

> D'abord, parce que les hommes qui y étaient délégués ont été courtois et corrects ; ensuite, parce que, comme en toutes choses, il y a la règle du jeu et que dans les sociétés anonymes, les administrateurs défendent les intérêts de la société anonyme qu'on a constituée et non pas les intérêts des sociétés constituantes, qui sont ses actionnaires. C'est la règle du jeu que nous avons pu faire respecter, qui a joué et qui fait que jusqu'à présent, malgré les causes de difficulté que nous avons rencontrée, comme je vous l'indiquerai tout à l'heure, dans les négociations que nous avons dû poursuivre avec les trusts, nous n'avons pas rencontré de difficultés dans le sein même de notre société. Il s'est créé un esprit « Compagnie française des pétroles », qui s'est imposé

---

702 *Ibid.*, Réunion du conseil d'administration, 7 juin 1930.

703 *Ibid.*

704 Archives Paribas, PTC/515/16, Audition devant la commission des mines de la Chambre, 28 novembre 1929, p. 2.

au conseil et qui permet maintenant de respecter l'individualité morale de cette entreprise[705].

Mercier lui-même devient la cible de certains députés. On l'accuse d'être le représentant des trusts en France. Ces accusations proviennent surtout du porte-parole du parti communiste, Jacques Doriot. La position de Mercier à l'égard des trusts, exposée ouvertement dans la presse, ne plait pas du tout à gauche.

> L'action des sociétés étrangères chez nous, a été critiquée par les membres du Parlement et n'a pas manqué de susciter tous les griefs qu'un pays jaloux de son indépendance formule toujours. Mais il ne faut pas oublier tout d'abord que ces sociétés ont effectué chez nous de très gros investissements en introduisant un outillage extrêmement important : appareils distributeurs d'essence, camions automobiles, péniches, installations de stockage, etc. Elles ont par là rendu un incontestable service au public[706].

C'est aussi faire preuve d'un certain réalisme. Mercier sait que la politique pétrolière, en France, ne peut se faire entièrement aux dépens des trusts. Concurrencer les majors sur ce terrain implique l'ajout de plusieurs centaines de millions de francs aux centaines de millions que la compagnie doit déjà se procurer. « La distribution de détail est un métier lucratif, un métier qui est intéressant et qui nous paraît devoir être fermé pour très longtemps à l'activité de la Compagnie française des pétroles [...]. Nous nous engagerions dans des difficultés tout à fait inutiles et d'ailleurs tout à fait insolubles si nous voulions agir autrement »[707]. Mercier entend plutôt, par une discussion serrée et méthodique, obtenir qu'une place soit réservée à la CFP. C'est une position réaliste qu'il confronte à une politique idéologique préconisée par certains députés. Une attaque en règle contre les trusts risque aussi de compromettre la position française au sein de l'IPC où la France est minoritaire. Or, les socialistes visent à reprendre en main ce qui est le marché le plus important d'Europe pour la consommation des produits pétroliers. « Laisser la liberté aux pétroliers consiste à remettre entre leurs mains un produit stratégique de première importance en temps de paix

---

705 SHD, GR6N496, Procès-verbaux de la commission d'enquête sur les pétroles, treizième législature, 2e séance du 3 février 1928.

706 MAE, 19RC128, « L'industrie du pétrole dans l'équilibre national », *La réforme économique*, 1928.

707 SHD, GR6N496, Procès-verbaux de la commission...

comme en temps de guerre »[708]. Si la gauche avait réussi à obtenir une part majoritaire dans la CFP elle aurait pu imposer sa propre politique pétrolière et forcer ses compétiteurs à acheter un pourcentage de son pétrole[709]. Dans ce début, la position de Mercier n'est pas de laisser le marché livré à lui-même, mais une solution intermédiaire. Il considère qu'il est nécessaire de conserver un minimum de liberté économique et « d'éviter l'absorption intégrale de toutes les entreprises de distribution intérieure par les grandes organisations étrangères ou leurs filiales. Je ne discute pas le bien-fondé de cette thèse : c'est un postulat »[710].

5. La signature d'une nouvelle convention

Mercier espère l'adoption d'un compromis. Il ne plaide ni pour la liberté économique complète, ni pour le monopole, mais pour un équilibre entre ces deux positions. « Je ne crois pas que la mainmise de l'État sur l'importation et la distribution du pétrole en France soit de nature à faciliter notre tâche : je crois même que ce serait le signal d'une vraie déclaration de guerre de nos coassociés dans l'entreprise que nous avons engagée en commun avec eux »[711]. Cet équilibre, il est garanti par le régime du monopole délégué instauré en 1928. Celui-ci respecte les positions acquises et préserve les intérêts des indépendants sans nuire aux trusts associés en Iraq[712]. Il n'en demeure pas moins, pour Mercier, un empiètement important de l'État dans le domaine économique auquel il faut toujours, en principe, préférer la liberté économique.

> Ces réserves une fois formulées, il faut bien reconnaître que le problème était extrêmement difficile et qu'à tout prendre, la solution gouvernementale est en somme acceptable, surtout si elle contribue à écarter définitivement la perspective autrement plus redoutable et désastreuse du monopole.
>
> C'est à nous, en définitive, à nous tous, industriels, nationaux ou étrangers, qu'il appartiendra, par notre sagesse et notre prévoyance, d'éviter que l'État ne fasse indûment usage des armes qu'il s'est réservées et qu'il n'aura pas à utiliser si nous savons être les bons serviteurs de l'intérêt public[713].

---

[708] Nouschi, « Léon Blum... », *loc. cit.*, p. 8.

[709] Nowell, *op. cit.*, p. 210.

[710] MAE, 19RC128, « L'industrie du pétrole... », *loc. cit.*

[711] SHD, GR6N496, Procès-verbaux de la commission...

[712] Bussière, *op. cit.*, p. 314.

[713] MAE, 19RC128, « L'industrie du pétrole... », *loc. cit.*

Cette opinion, il la partage avec Louis Pineau, pour qui la loi de 1928 et le pétrole de Mésopotamie sont étroitement liés. La politique pétrolière française serait « incomplète sur un point fondamental si nous ne traitions du lien qui existe entre notre politique extérieure du pétrole et notre politique intérieure, ou, plus simplement, entre le problème du contrôle de sources de production indépendantes, et l'indépendance du raffinage et de la distribution des produits »[714].

> Je crois qu'un régime des pétroles dans ce pays sera d'autant meilleur qu'il violentera le moins les droits acquis, qu'il fera le plus largement appel à l'initiative privée et qu'il lèsera le moins la liberté des transactions commerciales. La liberté totale n'est pas possible à cause des caractères spéciaux de cette denrée et du fait que notre pays s'est occupé beaucoup trop tardivement d'avoir une politique personnelle du pétrole. Mais que les interventions administratives soient les plus modérées possible et surtout soient équitables ; que les interventions de l'État soient entourées de certaines garanties, pour que les intéressés puissent faire entendre leurs voix, afin que la décision de l'État, qui sera souveraine, soit reconnue équitable par tous ceux qui seront chargés de l'exécuter. Je crois que c'est la chose essentielle. On évitera beaucoup de dangers en même temps qu'on facilitera notre tâche, si, dans les réglementations qui interviendront, on tient un compte équitable des intérêts en présence et si on les appelle loyalement en consultation[715].

Ces années de négociations intenses montrent toute la mesure des talents de diplomate d'Ernest Mercier. Cette tâche, il l'a menée avec le souci d'obtenir un sain équilibre entre l'État et les milieux financiers. Ces négociations exigent une certaine autorité morale de la part du président, autorité qu'il a tenté de préserver. « Je suis obligé de tenir un rôle assez impartial, faute de quoi je perdrais toute espèce de crédit. Je n'aurais aucune chance de mener à bien des négociations comme celles qui m'attendent si je n'étais pas impartial entre les intérêts des différents associés que l'État m'a donné »[716]. Les difficultés ont largement dépassé le cadre du conseil d'administration. La solution finale, qui laisse une place à l'État, a toute l'allure d'un compromis. Mercier refuse, au départ, que le gouvernement ait un droit de vote de 40 %. Il considère que le contrôle de l'État ne serait pas sensiblement renforcé. En revanche, cette

---

714 SHD, GR6N496, Rapport de la commission du Commerce et de l'Industrie.

715 *Ibid.*

716 *Ibid.*

augmentation implique des charges financières accrues et de plus hautes responsabilités morales[717]. Mercier souligne que, du point de vue des tiers, la société apparaîtrait beaucoup plus étroitement inféodée à l'État et sa liberté de mouvement en souffrirait. Il se prononce contre une forte participation qui n'est ni dans l'intérêt de l'État, ni de la compagnie. Mercier finit pourtant par s'incliner pour permettre la ratification de la convention. « Désireuse de marquer à la Chambre sa déférence, et dans l'espoir d'aider à s'affirmer une large et confiante majorité, la Compagnie s'inclinerait, si la Chambre croyait devoir prendre en considération un amendement qui, sans retarder l'entrée en vigueur de la convention, laisserait à l'État, pendant un délai précis, la faculté de porter à 40 % le nombre de voix dont il disposerait et à 35 % sa participation dans le capital »[718].

C'est sous cette forme que la Chambre adopte le projet de loi le 27 mars 1931. Le Sénat l'entérine à son tour sans modifications le 1er juillet 1931. Selon les termes de cette convention, l'État devient actionnaire pour 35 % du capital avec 40 % des voix. La nouvelle convention renforce les pouvoirs des commissaires du gouvernement et les droits de l'État. Celui-ci détient la priorité sur les questions de politique étrangère, navales ou militaires. En contrepartie, Mercier obtient d'importantes concessions pour la compagnie. Avec la nouvelle convention, l'État abandonne la moitié de sa part dans les profits de la CFP. La clause sur les surplus de profits prévoyait initialement que tout profit excédant 10 % serait retourné sur le total du capital investi. Ces profits excédentaires pouvaient être appliqués à une année antérieure avant de constituer un revenu taxable. Or, la compagnie n'avait pas produit pendant six ans, elle pouvait donc compenser ces années[719].

La convention prévoit la création de la Compagnie française de raffinage (CFR) dans laquelle la CFP souscrit 55 % du capital. L'État détient 10 % des parts et y est représenté par deux commissaires. Le gouvernement s'engage à prendre les mesures nécessaires pour permettre à la CFR de raffiner un tonnage de brut correspondant à 25 % de l'ensemble des déclarations annuelles de produits finis pour la consommation. Finalement, une ristourne de 2 % est établie, pour un minimum de 8

---

717 *Ibid.*, Rapport de la commission…

718 *Ibid.*

719 Nowell, *op. cit.*, p. 208. Voir tableau 3 et 4 en Annexe.

francs par tonne, sur les produits faisant l'objet de l'option de l'État. Au niveau de la distribution, c'est la proposition de Bedford qui l'emporte, « la répartition, sur une base uniforme, des produits du raffinage de la CFP entre l'ensemble des distributeurs »[720].

Mercier peut finalement annoncer la nouvelle aux actionnaires. Après sept années d'efforts, de labeurs et de tractations difficiles, il est en mesure d'affirmer que la société est assurée dans ses droits.

> Messieurs, notre convention fait plus que d'introduire l'État français parmi nos actionnaires, en nous laissant toute la liberté d'action nécessaire à la défense des grands intérêts à nous confiés, elle nous ouvre encore largement la porte d'une industrie essentielle, celle du raffinage. À cet égard, tournant vers le passé récent que je vous rappelais, avec ses agitations et ses périls, un regard dénué d'amertume, je suis obligé de reconnaître ici que le retard subi par la ratification de nos conventions est loin de ne nous avoir été que préjudiciable: grâce à ce retard, nous avons traversé une partie importante de la crise industrielle sans avoir dû nous engager dans la voie d'immobilisations considérables qui nous auraient imposé des problèmes financiers difficiles à résoudre, parce qu'ils eussent été prématurés[721].

Les implications sont importantes en ce mois de mars 1931. C'est essentiellement à son président que la Compagnie française des pétroles doit son caractère de société mixte. L'intervention de l'État est à replacer dans la conviction de Mercier que le raffinage est un droit absolu pour la compagnie. Cette considération en tête, il s'est opposé au conseil d'administration de la CFP. Éric Bussière résume bien l'importance prise par cet enjeu. « La question du raffinage est exemplaire à plus d'un titre de l'équilibre à la fois subtil et fragile autour duquel se déployèrent les politiques industrielles de la France au XXe siècle, entre le souci d'indépendance, ou plutôt d'autonomie nationale, et la réalité de l'interdépendance des économies sur le plan mondial »[722]. Mercier a joué un rôle de premier plan. Ses efforts ont porté au sein de la compagnie, à la Chambre et au gouvernement. Il a su « conduire avec autorité, et aussi avec une dignité et une mesure parfaites des négociations longues et

---

720 Bussière, *op. cit.*, p. 320.

721 Anonyme, « L'assemblée de la CFP – Le discours de M. Ernest Mercier », *Le courrier des pétroles*, 20 juillet 1931.

722 Bussière, *op. cit.*, p. 317.

difficiles qui auraient découragé cent fois des volontés moins fermes »[723]. Les relations avec Horace Finaly ont, encore une fois, été bien utiles lors des débats à la Chambre. Sans son aide, « nous serions peut-être encore en train de débattre des questions politiques au lieu d'approcher au terme de notre effort »[724].

Cet épisode a rendu Mercier particulièrement critique à l'égard des institutions de la IIIe République. Il dénoncera plus tard dans ses écrits le fait que le pouvoir exécutif est asservi et que la Chambre est la seule autorité réellement indépendante du pays. Le gouvernement doit sans cesse justifier la prise de ses décisions ; c'est un parlementarisme de délibération[725]. Une telle situation aboutit, selon lui, « à la déprédation totale de l'autorité » et à un état d'anarchie[726]. « Pour un ministre, un évènement ne possède plus d'autre existence positive, que l'image arbitraire que peut s'en former la Chambre »[727]. Le socialisme est alors libre de se livrer aux pires excès de la démagogie. Le Parlement est habité « d'hommes sans passé, sans instruction sérieuse, dont le titre essentiel, sinon unique, était d'être des « enfants du peuple » ; dans certains cas, encore rares, il a élu des illettrés totaux, voire des ivrognes dont l'intempérance s'est manifestée dans le plein jour des séances publiques »[728].

---

723 Anonyme, « La Chambre a voté les conventions intervenues entre l'État et la Compagnie française des pétroles », *Le courrier des pétroles*, 30 mars 1931.

724 Cité dans Bussière, *op. cit.*, p. 324.

725 Serge Berstein, Michel Winock, *La république recommencée*, Paris, Seuil, 2008, p. 65.

726 Archives nationales du monde du travail, 98 AQ 5, Ernest Mercier, *Les principes de la IIIe République*, p. 9.

727 *Ibid.*, p. 10.

728 *Ibid.*, p. 19.

Chapitre 7.

Mercier et les relations au sein de l'*Iraq Petroleum Company*

1. L'écoulement du pétrole iraquien

La découverte d'importantes réserves pétrolières à Kirkuk en Iraq vient changer les perspectives pour le futur de la CFP. La priorité est de trouver le moyen d'acheminer ce pétrole vers la France. La question n'est pas nouvelle, les premières discussions remontent à octobre 1923[729]. Assez rapidement, Mercier s'inquiète à nouveau de l'attitude de ses collègues de l'IPC. « Nous n'avons aucune preuve, mais nous avons une appréhension basée sur des réticences plus que sur des faits et nous craignons d'être tenus dans une certaine ignorance des intentions, des projets des autres groupes au sujet de la voie d'évacuation des produits d'exploitation de la concession de Mésopotamie »[730]. Les difficultés commencent lorsque l'accord de concession du 14 mars 1925 est signé par le gouvernement iraquien. Cet accord évoque un délai pour le choix des périmètres d'exploitation expirant en novembre 1927. Or, l'IPC n'est pas prête à cette date et veut obtenir une prolongation auprès du gouvernement iraquien. En contrepartie, celui-ci exige la construction d'un chemin de fer parallèle au pipeline. Cette revendication est intolérable pour le groupe français qui refuse de lier la construction d'une voie ferrée à celle d'un pipeline. « Dire maintenant que ce contrat impliquera obligatoirement la construction du chemin de fer [...], ce serait prendre un engagement pour la société d'une dépense de plusieurs millions de livres sans l'assentiment

---

729 Archives Paribas, 3CABET/1/283, Contrat de travail, octobre 1923, p. 8.

730 *Ibid.*, 81,1/44, Lettre de Mercier à Pineau, 16 mai 1927.

des actionnaires »[731]. Le président de l'IPC, John Cadman, continue pourtant les négociations à l'insu du groupe français. Mercier lui écrit personnellement pour dénoncer une situation qu'il juge irrégulière.

> Je constate, ainsi que vous me l'écrivez vous-même, qu'un projet d'accord discuté mot par mot au conseil d'administration a dû être, à la dernière minute, profondément modifié dans sa forme et dans son esprit, et qu'il l'a été « pour obtenir le plein appui de la puissance mandataire ».
>
> Ceci veut dire que notre société a dû subir de la part de la puissance mandataire, une pression devant laquelle vous avez dû vous incliner. Or, cette pression tend à faire admettre une priorité en faveur d'un tracé de chemin de fer, pour des raisons non économiques, mais essentiellement politiques.
>
> La question qui se pose ici est donc de savoir si les actionnaires de la TPC doivent envisager des dépenses supplémentaires qui leur seraient imposées par des raisons politiques. La réponse ne peut faire aucun doute[732].

Le projet initial pour la construction du pipeline comprend l'étude de plusieurs trajets entre Bagdad et la mer. La France favorise un tronçon syrien, plus court et sous son contrôle. L'Angleterre a intérêt à ce que le pipeline aboutisse à un port sous mandat britannique ; elle ne veut pas voir sa flotte dépendre d'un port syrien. Les Anglais ont aussi un vif intérêt à voir un régime économique stable se maintenir dans les pays sous mandats. Pour l'Iraq, une voie ferrée aboutissant à Haïfa rendrait permanente la sécurité du corridor désertique qui va de l'Iraq à la Palestine. Cette sécurité est menacée par les ambitions des tribus du désert. Le nouveau projet proposé par Cadman peut être interprété comme l'engagement de se tenir au seul tracé Bagdad-Haïfa, à moins de « difficultés techniques rendant impraticable l'adoption de ce tracé »[733]. Prise au pied de la lettre, cette phrase peut faire rejeter tout tracé autre que Bagdad-Haïfa, même s'il est plus économique. Mercier s'insurge contre cette interprétation. Il constate que le groupe français est en présence d'un véritable fait accompli, alors que la mission envoyée en Iraq pour étudier tous les tracés possibles est rentrée depuis plus de cinq mois sans avoir publié son rapport. Il juge cette situation anormale, contraire aux intérêts de la compagnie et aux instructions arrêtées par le conseil depuis

---

[731] Archives Total, 81,1/18, Lettre CFP à TPC, septembre 1928.

[732] *Ibid.*, Lettre de Mercier à Cadman, 14 novembre 1928.

[733] *Ibid.*

les pourparlers engagés avec l'Iraq. Cadman ne semble pas nier les faits dans sa réponse ; il indique plutôt qu'il est trop tard pour changer le projet d'accord. « Il serait vain de prétendre que notre directeur général a mal compris les instructions reçues du conseil et de ce fait, répudier l'autorité dont il a été dûment investi »[734]. Il ne voit pas, dans les termes employés, aucune restriction de la liberté d'action de la compagnie. Mercier se saisit personnellement de l'affaire.

> Croyez bien, mon cher président, qu'il m'est extrêmement désagréable de prendre une attitude de réserve au moment où nous espérions voir s'ouvrir une longue période de coopération cordiale. Mais permettez-moi de vous faire remarquer à quel point nous pouvons être surpris de la procédure qui a été suivie jusqu'ici.
>
> Vous conviendrez certainement que, s'il existe une difficulté latente concernant le tracé du pipeline et du chemin de fer, c'est là une singulière manière d'en aborder l'examen. Il nous paraît évident, quant à nous, que ce jeu de cache-cache a beaucoup trop duré et que, comme président, vous devez être anxieux de le voir cesser, en évoquant franchement et nettement la question devant le conseil[735].

Mercier n'est pas rassuré par les propos du président de l'IPC. « Je ne puis me défendre d'une certaine crainte qu'il existe sur ce point une différence d'interprétation entre nous et la puissance mandataire, car si elle partageait entièrement votre opinion, pourquoi insisterait-elle d'une manière si pressante et si décisive pour obtenir un texte nouveau qui ne lui donnerait rien de plus que l'ancien »[736]. Une fois de plus, le groupe français est sur la défensive. Il n'est prêt à accepter l'accord que s'il permet de faire une étude du chemin de fer en même temps que les études du trajet pour le pipeline. Il refuse toute obligation financière de la part de l'IPC en lien au projet de chemin de fer. Il juge que le contraire équivaut à un empiètement de sa liberté d'action pour le choix de la route la plus économique. Mercier est clair, la prorogation pour le choix des périmètres d'exploitation ne justifie pas un sacrifice financier par la compagnie. La crainte est qu'une fois la route du chemin de fer décidée, la compagnie soit engagée indirectement à construire un pipeline d'un

---

[734] *Ibid.*, Lettre de Cadman à Mercier, novembre 1928.

[735] *Ibid.*, Lettre de Mercier à Cadman, novembre 1928.

[736] *Ibid.*

prix de construction et d'exploitation plus élevé que si elle avait été libre de choisir le tracé[737].

Ces difficultés favorisent un nouveau rapprochement franco-américain. Mercier rencontre Teagle dès septembre. Ce dernier en profite pour exprimer sa reconnaissance « pour la façon dont les Français ont agi dans l'affaire de la Turkish : sans eux, a-t-il dit, les Américains n'auraient pu y entrer ou du moins leur participation n'aurait pas été ce qu'elle est »[738]. Mercier compte sur ces dispositions favorables pour aborder la question du pipeline et les avantages d'un tracé syrien. Il croit pouvoir rallier les Américains alors qu'ils sont choqués par le caractère impérialiste du tracé proposé par l'Anglo-Persian. Pour obtenir l'appui américain, Mercier veut s'arranger pour que le projet français apparaisse dénué de toutes considérations politiques. Pour ce faire, il envisage de donner un caractère international au port de Tripoli en réservant, dans l'acte de concession, la possibilité d'y faire entrer des capitaux étrangers[739]. Il s'agit aussi de « faire du chemin de fer non une affaire en deux morceaux formée d'un tronçon syrien raccordé à un tronçon iraquien, mais une affaire unique de caractère international »[740]. Mercier propose une voie ferrée parallèle au pipeline allant des gisements jusqu'à la Méditerranée. Il planifie une jonction avec le réseau syrien déjà existant de Homs à Tripoli. Une garantie serait offerte par les États du Levant et par le gouvernement français. Ces propositions sont transmises au Quai d'Orsay qui est enthousiaste à l'idée de jeter les bases d'une alliance franco-américaine dans la Turkish. Mercier rencontre personnellement le Haut-commissaire français en Syrie pour discuter du projet. L'effort financier est estimé à 100 millions de francs pour le port et 250 millions pour le rail[741]. La stratégie envisagée par Mercier est de se tenir sur le plan strictement financier afin de convaincre les Américains. Le parcours syrien à l'avantage d'être moins cher. Il ne faut pourtant pas se méprendre, ce tracé a de sérieux avantages d'un point de vue stratégique que le Quai d'Orsay reconnaît très tôt[742].

---

737 *Ibid.*, Réunion du conseil d'administration de la TPC à Londres, novembre 1928.

738 MAE, 19RC62, Note pour monsieur Berthelot, 4 septembre 1928.

739 *Ibid.*

740 *Ibid.*

741 *Ibid.*, Mémorandum, 14 septembre 1928.

742 *Ibid.*

Le groupe français craint de ne pas pouvoir faire étudier son projet depuis l'intervention de Cadman auprès de l'Iraq. Le président de l'IPC ne nie pas avoir procédé à des modifications lors des négociations avec le gouvernement iraquien. Il justifie celles-ci par le besoin d'obtenir l'appui de la puissance mandataire, qu'il considère indispensable. Malgré ses protestations, le groupe français est isolé au conseil de l'IPC. Pour les Américains, la seule différence entre les deux projets est que le premier accepte de faire des études jusqu'à Haïfa, parmi d'autres études, tandis que le projet révisé planifie l'étude jusqu'à Haïfa en premier[743]. Pour les autres groupes de la société, cette modification n'engage pas la compagnie à construire le chemin de fer. Le groupe américain se dit prêt à modifier son opinion si c'est le cas. La France persiste, malgré tout, à dénoncer une tentative de faire adopter un projet politique à la demande des autorités britanniques. Les relations demeurent tendues entre les différents actionnaires. Le conseil fait voter une motion validant l'action de John Cadman. Il « est d'avis que le président a agi entièrement dans l'intérêt des actionnaires de la Turkish Petroleum Cy et il lui exprime de tout cœur ses remerciements pour avoir agi ainsi qu'il l'a fait »[744]. C'est retourner le fer dans la plaie pour les Français. Dans un geste de contestation, ils s'abstiennent de voter la motion. Cadman écrit alors à Mercier et dénonce des accusions personnelles à son égard. La réponse du président de la CFP témoigne de son tact.

> Croyez bien que je regrette infiniment les nouvelles qui se sont élevées autour de la table de la TPC. Tout autant que vous-même, je tiens au développement des excellents rapports qui se sont établis entre nous, et je suis convaincu qu'un peu de bonne volonté mutuelle suffira à rétablir complètement la bonne harmonie.
>
> Mais permettez-moi de vous dire, connaissant et appréciant Cayrol (représentant de la CFP à cette réunion) comme je le fais, que je considère comme absolument impossible qu'il ait critiqué votre bonne foi. Il sait comme moi-même que vous avez à jouer un rôle fort difficile. C'est parce que nous vous savons seul capable de le remplir que nous avons désiré vous le confier, et que nous sommes heureux de l'avoir fait. Nous savons aussi parfaitement que s'il vous était toujours possible d'agir dans toute la liberté de votre jugement, nous n'aurions jamais cessé d'être entièrement d'accord.

---

743 Archives Total, 81,1/18, Réunion du conseil d'administration de la TPC à Londres, novembre 1928.

744 *Ibid.*

> Vous êtes vous-même trop averti pour ne pas comprendre que nous sommes aussi parfois, à cause de notre mission également délicate, dans l'obligation de défendre, par tous les moyens réguliers, des droits qui nous sont d'autant plus impérieux qu'ils ne sont pas les nôtres propres. Je demeure convaincu, comme vous l'êtes certainement, qu'entre des hommes de sentiments également élevés, la seule manière d'éviter les malentendus et les conflits est d'aborder de front et directement les difficultés qui se présentent, vous avez décidé de le faire pour la question de la mission, vous avez bien fait, je vous en remercie, et je suis certain que nous nous en trouverons tous bien[745].

C'est par diplomatie que Mercier accepte la proposition de Cadman auprès de l'Iraq. Il insiste, par contre, dès la séance suivante pour que l'accord n'implique pas de trouver les fonds nécessaires à la construction d'un chemin de fer. Celui-ci prévoit une prolongation de quatre années concernant l'exploitation des gisements. Mercier ne voit aucune raison d'engager la compagnie à construire un chemin de fer en échange d'une extension supplémentaire de deux ans. Il est prêt à renoncer à une prorogation quelconque « plutôt que de courir le risque de placer la compagnie dans la position d'avoir à dépenser une dizaine de millions pour la construction d'un chemin de fer »[746]. Il est essentiel pour lui que le gouvernement iraquien ne soit pas enclin à commettre une sorte de méprise au sujet des intentions de la compagnie. Les autres groupes refusent pourtant d'inclure ces termes dans une lettre au gouvernement iraquien, par crainte de faire échouer l'accord. Gulbenkian est du même avis que Mercier. « Il ne serait pas élégant de notre part de laisser l'autre partie supposer que nous allons faire quelque chose que nous n'avons pas l'intention de faire. […] Nous pourrions être, à juste titre, accusés de perfidie et je suis frappé par cette idée que pour une compagnie internationale comme la nôtre, nous devrions être extrêmement attentifs à modeler notre politique générale sur des principes extrêmement honnêtes »[747]. Comme il est possible de constater, la proposition faite à l'Iraq est volontairement ambigüe. Elle l'est principalement à cause d'une compagnie concurrente, la BOD[748]. Cette dernière a promis au gouvernement iraquien de construire un chemin de fer de Bagdad à Haïfa en échange d'une concession pétrolière. L'Iraq utilise le poids

---

745 *Ibid.*, Lettre de Mercier à Cadman, 26 novembre 1928.

746 *Ibid.*, Réunion du conseil d'administration de la TPC, 20 décembre 1928.

747 *Ibid.*, Lettre de Gulbenkian à Adam Richtie, 12 février 1929.

748 British Oil Development.

de cette offre pour faire pression sur l'IPC. Pour le groupe français, la concurrence ne peut et ne doit pas modifier la politique de la compagnie. Tronchère, le directeur de la CFP, considère que les droits des actionnaires de l'IPC sont compromis par les exigences iraquiennes.

Les négociations concernant l'obtention de la prorogation (*Time limit*) ont permis un rapprochement entre le groupe français et Gulbenkian. Ce dernier propose de remanier le contrat avec l'Iraq en envisageant, comme contrepartie du délai, un paiement en espèces dont le gouvernement ferait l'usage qui lui convient[749]. Cette proposition reçoit l'appui des Américains et des Français, mais elle est vivement combattue par les groupes anglais. « On sentait nettement que les positions étaient prises d'avance et que la discussion était sans objet et sans issue »[750]. Mercier continue de défendre que le conseil n'a pas autorisé le directeur de la compagnie a signé le contrat. Celui-ci prévoit :

1) Un délai supplémentaire de deux ans dont la contrepartie est l'étude d'un chemin de fer de Bagdad à la Méditerranée.
2) Une option pour la construction de ce chemin de fer au bénéfice seul de la TPC dont la contrepartie serait une prolongation de trois ans[751].

C'est encore un compromis, envisagé par Mercier, qui permet de sortir la société de l'impasse. Il propose de « faire enregistrer aux procès-verbaux du conseil que celui-ci fera l'étude demandée par l'Iraq, puisque ce pays l'exige, mais que le conseil réserve sa liberté quant au tracé à adopter définitivement »[752]. Le gouvernement français, désormais un actionnaire important, est au fait de l'ensemble de ces négociations. Sa participation vient compliquer les rapports du groupe français avec ses partenaires. Le gouvernement est souvent plus intransigeant que ne l'est la direction de la compagnie. C'est le cas lorsqu'il s'agit de la construction d'un chemin de fer. « Si la question prend une tournure politique comme l'attitude de l'Iraq le laisse à penser, le gouvernement français n'admettra pas que la main lui soit forcée »[753]. Les responsables français jugent inadmissible

---

749 MAE, 19RC65, CFP à Berthelot, 6 mars 1929.

750 *Ibid.*

751 *Ibid.*

752 *Ibid.*, 19RC66, Mémorandum, 20 octobre 1928.

753 *Ibid.*

qu'une société internationale fasse les frais d'un chemin de fer d'intérêt purement britannique. La position de Mercier est de maintenir les discussions sur le plan économique et ne faire appel au gouvernement que si la question sort de ce terrain. Il propose alors officiellement au conseil la construction de la voie ferrée vers Tripoli. Elle permettrait de réduire les dépenses d'installation et d'exploitation du pipeline. Pour que soit sérieusement considérée cette proposition, Mercier se préoccupe déjà du financement. Il doit être avancé par plusieurs banques, dont Paribas, la BUP et le Crédit mobilier, mais aussi par le gouvernement syrien et la CFP. Idéalement, l'IPC pourrait remplacer la CFP.

2. La signature d'un nouveau contrat avec l'Iraq

Le projet d'accord discuté avec l'Iraq englobe toutes ces questions. Le gouvernement français craint que la compagnie cherche à retarder la production. « La façon dont l'IPC semble vouloir introduire dans cette négociation la question des délais de construction du pipeline, et l'évaluation même qu'elle fait de ces délais dans le projet communiqué, sont [...] inadmissibles »[754]. Mercier écrit de nouveau à Cadman.

> Nous vous suggérons que les négociations puissent être poursuivies dans les conditions où elles ont été engagées, à la condition que les divers groupes d'actionnaires prennent entre eux l'engagement mutuel qu'ils n'utiliseront jamais [...] les facilités que le gouvernement d'Iraq pourrait accorder à l'IPC comme suite aux négociations en cours, pour retarder la mise en exploitation des champs pétrolifères de Mésopotamie, ou restreindre leur production[755].

Cadman justifie sa position par la nécessité de permettre un marchandage et non de retarder la mise en production. Les négociations avec l'Iraq prennent bientôt une ampleur nouvelle et concernent la modification de la concession. L'IPC dépose son projet au gouvernement iraquien au début de janvier 1930. Il prévoit l'octroi à la compagnie d'un lot unique d'environ 8 000 km^2. C'est renoncer au système d'adjudication des lots prévus dans la convention de 1925. Cadman doute que la concession des 24 périmètres prévue en 1925 puisse couvrir la totalité du champ de Baba Gurgur. Il vise l'obtention d'un terrain plus vaste et de plus de temps pour les forages d'essais. Une fois de plus,

[754] *Ibid.*, Lettre de Pineau à la CFP, 7 janvier 1930.

[755] *Ibid.*, Lettre de Mercier à Cadman, 27 décembre 1929.

le groupe français a l'impression d'être tenu à l'écart et le Quai d'Orsay envisage une protestation diplomatique. Les Français aimeraient que les négociations soient menées ouvertement et sous la supervision du conseil. Or, le comité de direction de la compagnie agit de manière unilatérale. Interpelé, Cadman défend que, de toute façon, une modification de l'acte de concession doit être approuvée par les groupes en conseil. La volonté de l'Iraq de modifier le contrat de concession vient d'un besoin urgent de revenus. Elle doit lui permettre de reprendre la libre disposition des droits pétroliers sur une partie de son territoire. Mercier refuse, au départ, de modifier la concession. Il se résout à formuler une plainte formelle au gouvernement iraquien. Son bras droit, Jules Mény, est envoyé auprès du roi Faysal, mais il n'y trouve pas l'appui souhaité. Le roi lui déclare que la concession est « détestable pour le pays et qu'il fallait absolument la refaire »[756]. Le 15 août 1930 Cadman remet au conseil un projet d'accord avec l'Iraq pour la révision de la convention de 1925, qu'il pense pouvoir faire accepter. Il comporte les points suivants.

1) La compagnie, à la place des 24 lots qu'elle a choisis, conformément à son contrat, recevrait à titre de concession définitive tout le territoire des vilayets de Mossoul et de Bagdad qui se trouvent entre le Tigre et la frontière persane, exception faite des territoires transférés et jouirait de la liberté entière de prospection dans ce périmètre de 38 000 kilomètres carrés.
2) Elle obtiendrait certaines garanties nouvelles en Iraq touchant le régime des impôts,
3) La clause de l'acte de concession l'obligeant à réserver 30 % pour le transport du pétrole autre que le sien, serait supprimée. Par contre la compagnie s'obligerait à établir son pipeline avant 1937 et à le faire aboutir à un terminus approuvé par l'Iraq. En dehors du périmètre de sa concession nouvelle, elle renoncerait au bénéfice du produit des enchères et elle cesserait de procéder à l'organisation des adjudications conservant simplement la latitude d'y participer au même titre que toute autre société. L'IPC verserait à l'Iraq jusqu'en 1937, une somme annuelle de 300 000 livres et à partir de 1937, elle paierait une redevance d'exploitation minimum de 400 000 livres. Le prix des produits du pétrole vendus en Iraq serait abaissé[757].

---

756 *Ibid.*, 19RC70, Note, 1er août 1930.

757 *Ibid.*, Lettre de CFP à Berthelot, 15 août 1930.

Après analyse, le groupe français soulève déjà de sérieux inconvénients. Mercier déclare que la lettre du gouvernement iraquien lui parait dictée par Cadman et qu'il s'agit d'une condition politique inadmissible. Il se refuse à voter le projet. Cette fois, la France peut compter sur l'appui des Américains. Ceux-ci dénoncent un projet de modification qui remet en question le principe de la Porte ouverte. Le groupe américain juge nécessaire de saisir le gouvernement des États-Unis[758]. Mercier entend s'opposer par tous les moyens au projet de modification.

> Pour avoir osé présenter un pareil projet, Cadman doit se savoir sûr de l'appui de Deterding. Nous sommes en présence d'une collusion entre les deux groupes tendant à assurer un succès politique anglais, en même temps qu'un ajournement de l'exploitation des pétroles de Mésopotamie, le tout aux frais de la compagnie. En effet, le projet revient en substance, à faire payer par la compagnie à l'Iraq la possibilité pour elle de ne pas exploiter jusqu'en 1937 et à n'exploiter ensuite qu'au ralenti. Le gouvernement iraquien étant ainsi désintéressé cesserait d'exercer sa pression sur la compagnie pour hâter l'exploitation et en ce qui nous concerne, nous serions joués[759].

Les initiatives du président de l'IPC ont un mauvais effet en France. « Nous ne pouvons considérer que celles-ci s'inspirent de l'esprit de coopération franco-britannique qui est à la base des accords pétroliers en vigueur depuis dix ans. Nous ne pouvons même considérer que ces initiatives soient simplement respectueuses de ces accords »[760]. Le gouvernement français est très préoccupé par la situation. Son intérêt est visible dans la correspondance qu'échange Louis Pineau avec Mercier. « Ne laissez pas ignorer à Sir John Cadman qu'en ce qui me concerne, je n'hésiterai pas à proposer au gouvernement toutes les mesures que me paraîtra nécessiter la défense des intérêts de notre pays »[761]. Cette situation conduit Mercier à écrire un mémorandum à la compagnie. Il est issu de la volonté du groupe français de communiquer à tous un exposé clair et précis de son point de vue. La CFP espérait un développement normal de la société avec une politique de réalisations. « Le groupe français constate que, tout au contraire, depuis cette date, les questions les plus simples ont été considérablement obscurcies et embrouillées et que les

---

[758] *Ibid.*

[759] *Ibid.*

[760] *Ibid.*, 19RC71, Lettre de Pineau à Mercier, 9 septembre 1930.

[761] *Ibid.*

discussions n'ont fait que s'aggraver »[762]. Le mémorandum dénonce les retards importants pris pour le choix et la prospection des périmètres à exploiter. Ce retard a été régularisé par un accord avec le gouvernement iraquien qui a reporté le choix des 24 périmètres au 14 novembre 1929 et l'adjudication des 24 suivants au 14 novembre 1930. « Il apparaît comme extrêmement important que l'IPC soit en état de procéder, à la date voulue, à cette adjudication, faute de quoi sa situation vis-à-vis du gouvernement de l'Iraq cessera d'être correcte et régulière [...]. Le groupe français insiste avec force sur la négligence que la Direction semble apporter à cette préparation essentielle »[763]. Un retard de la construction du pipeline met aussi en danger l'avenir de la compagnie puisqu'au bout d'un délai de 4 ans, le gouvernement iraquien peut prononcer la déchéance de la concession. « Ici, encore, nous nous élevons avec force, contre la négligence de la direction et nous déclarons que nous continuerons à faire tous nos efforts par tous les moyens, pour obtenir que cette question soit enfin résolue »[764]. Finalement, le mémorandum dénonce le fait que l'obligation de l'IPC de ravitailler l'Iraq en produit raffiné n'a pas été tenue. « Il y a sur ce point défaillance manifeste de la société vis-à-vis de son contrat, car elle est en mesure, depuis plusieurs années de réaliser au-delà, la production de 40 000 tonnes par an »[765].

Ces questions sont importantes pour le groupe français, qui défend que l'attitude de la société ne peut que lui causer préjudice, dans l'opinion publique et les milieux officiels. La thèse française repose sur le fait que la compagnie est liée envers ses actionnaires. L'IPC ne peut donc pas modifier la convention, en accord avec le gouvernement de l'Iraq, sans tenir compte de l'intérêt de tous les actionnaires. C'est aussi l'occasion de revenir sur le projet de voie ferrée. La direction de l'IPC prétend que la construction d'un chemin de fer vers Haïfa émane du gouvernement iraquien. Le groupe français n'y croit pas. « Ces propositions de la direction ont marqué, en réalité, l'intrusion des préoccupations politiques dans les délibérations du conseil »[766].

---

762 Archives Total, 81,1/-7, Mémorandum, 15 septembre 1930.

763 *Ibid.*

764 *Ibid.*

765 *Ibid.*

766 *Ibid.*

> Il apparaissait d'ailleurs comme très douteux que le gouvernement d'Iraq ait pris spontanément l'initiative qu'on lui prêtait. Cette initiative était non seulement en contradiction avec les déclarations faites incidemment à un membre d'un des groupes d'actionnaires par le premier ministre d'Iraq, mais avec toutes les déclarations publiques du gouvernement d'Iraq qui semblait être animé exclusivement par le désir de voir l'IPC effectuer le plus rapidement possible la mise en exploitation de l'Iraq[767].

Les modifications envisagées au sujet du régime de concession sont, elles aussi, remises en question. Encore une fois, la direction de la compagnie prétend que c'est le gouvernement d'Iraq qui est à l'origine du projet. Après l'analyse des documents officiels, le groupe français en doute. Il dénonce que certains projets ont été proposés sans l'autorisation du conseil alors que d'autres ont été remis d'urgence en séance sans avoir le temps de les examiner. Au terme de ces observations, le groupe français soumet plusieurs conclusions qu'il veut faire adopter immédiatement par le conseil.

1) Quel que soit l'intérêt fondamental d'une modification quelconque à la convention de 1925, avant d'engager ou de poursuivre la discussion de telle modification, il est essentiel que la situation de la société, en ce qui concerne la convention de 1925, soit entièrement régularisée et que la société prenne d'urgence, d'accord avec le conseil, toutes les mesures nécessaires à cet effet.
2) En aucune circonstance, la compagnie ne doit se présenter en demanderesse et par conséquent, la première démarche qu'elle ait à accomplir actuellement consiste à demander au gouvernement d'Iraq de vouloir bien formuler par écrit ses demandes.
3) Quand on connaîtra exactement les désirs du gouvernement d'Iraq, le conseil devra être mis en possession, en temps utile, d'un texte complet répondant à ces désirs, et le conseil devra être mis en état d'arrêter lui-même la procédure que la direction devra suivre pour poursuivre les pourparlers[768].

Si ces points sont respectés, le groupe français se déclare favorable à l'attribution d'une nouvelle concession comprenant toute la zone à l'est du Tigre. « Dans la comparaison entre le régime de la concession actuelle et celui que mettrait en vigueur le projet de modification qui

---

767 *Ibid.*

768 *Ibid.*

nous est soumis, il nous est apparu que l'avantage que l'IPC peut retirer de la modification réside surtout dans les facilités d'exploitation offertes par l'octroi en toute liberté d'une grande zone d'un seul tenant »[769]. La suppression des difficultés d'ordre juridique, diplomatique ou politique, posées par l'ancien système constitue un avantage. Le groupe français, sous réserve que le choix de la zone à attribuer à l'IPC soit fait avec prudence et discernement, s'incline et reconnaît que la modification de la convention présente plus d'avantages que d'inconvénients. Il se prononce toutefois pour une diminution du montant offert à l'Iraq, qu'il juge excessif. Il refuse surtout tout nouveau délai. « Toute tentative de retarder la mise en service de ce pipeline serait une atteinte directe aux droits des actionnaires et nous nous opposerons à une telle décision du conseil par tous les moyens dont nous disposerons »[770].

3. Relations avec le gouvernement

Le changement de position pris par la Compagnie française des pétroles au sujet du régime de concession ne fait pas l'unanimité en France. Pineau exprime sa surprise à Mercier « qu'un document de cette importance ait été élaboré par vos soins, puis transmis à l'IPC sans que j'en aie eu préalablement connaissance »[771]. Un regret qui est partagé par le ministère du Commerce et de l'Industrie et celui des Affaires étrangères. « Au moment où se poursuivent au sein de l'IPC des discussions qui touchent à toute notre politique du pétrole et où sont en cause les intérêts que la France tient d'accords diplomatiques, il est plus nécessaire que jamais que votre compagnie n'agisse qu'en accord concerté avec le gouvernement »[772]. Cet épisode est révélateur des rapports entre le gouvernement et la direction de la compagnie. La CFP est désormais une société mixte. L'État ne dicte pas la politique de la société, mais il ne veut pas être laissé dans l'ombre. Mercier doit s'excuser auprès du gouvernement.

> Mes regrets sont inspirés par cette volonté, qui m'a toujours animé, de voir l'entente la plus parfaite régner entre l'Administration et notre compagnie,

---

769 MAE, 19RC71, Projet de modification de la convention du 14 mars 1925.

770 *Ibid.*

771 *Ibid.*, Lettre de Pineau à Mercier, 18 septembre 1930.

772 *Ibid.*

> dans toutes les démarches de cette dernière, plus que par les conséquences préjudiciables de l'envoi en question, conséquences qui, fort heureusement, ne peuvent être que négligeables, en ce qui concerne le développement de l'action commune engagée, action dont la direction doit, naturellement, appartenir au gouvernement[773].

Mercier met toutefois un bémol au sujet de l'intervention de l'État :

> Bien entendu, nous conservons la pleine responsabilité de nos actes et le gouvernement n'entend pas nous imposer une attitude précise et impérative dans chaque cas, parce que la conséquence d'une telle méthode conduirait tout naturellement à faire assumer à l'État, les conséquences diverses, notamment financières, qui pourraient découler pour notre compagnie des actes que nous aurions accomplis dans ces conditions, ce qui, évidemment, ne saurait être[774].

Ces relations sont, de nouveau, mises à l'épreuve alors que le gouvernement continue de s'opposer à un accord avec l'Iraq. Mercier considère le projet de modification justifié, mais le gouvernement français s'y oppose aussi longtemps que le tracé du pipeline n'est pas choisi. Il refuse toute initiative qui place l'IPC en position de demanderesse puisque cela ôterait la possibilité d'une action diplomatique française. Le conseil de l'IPC fait une nouvelle proposition à l'Iraq en octobre 1930. Mercier fait de son mieux pour convaincre le gouvernement de son bien-fondé. La vieille convention « apparaissait très séduisante en théorie, mais elle comportait de telles faiblesses que ni le gouvernement de l'Iraq, ni l'IPC n'ont osé jusqu'ici la mettre à l'épreuve de la pratique »[775]. Essentiellement, il s'agit de régler la part définitive de l'IPC et de laisser le reste du territoire ouvert aux adjudications publiques. Le groupe français a obtenu qu'au sujet des redevances à l'Iraq, sur le montant initial de 300 000 £, 200 000 £ soient éventuellement récupérables. Mercier rencontre personnellement Cadman qui se plaint de l'attitude protocolaire du groupe français. Il est persuadé que la concession de 1925 est une mauvaise concession dont il faut absolument obtenir la révision. « Le point est, d'après lui, beaucoup plus important que tel ou tel tracé de la ou des pipelines »[776]. Le président de l'IPC refuse de discuter de la question des pipelines dans le cadre

---

773 *Ibid.*, Lettre de Mercier à Pineau, 23 septembre 1930.

774 *Ibid.*

775 *Ibid.*, 19RC72, Lettre au commissaire du gouvernement, 16 octobre 1930.

776 *Ibid.*, Mémorandum, 5 janvier 1931.

des négociations avec l'Iraq. L'insistance française sur un trajet syrien risque de compromettre les négociations. Pour Mercier, il s'agit d'une « conversation difficile, au cours de laquelle Sir John Cadman ne semble pas s'embarrasser de maintes contradictions »[777]. Les Français craignent à nouveau que Cadman n'excède ses pouvoirs alors qu'il a pris sur lui de débuter les discussions avec l'Iraq sans les avertir. Ils se préparent à toute éventualité. Mercier va jusqu'à évoquer la possibilité d'un procès contre le président pour avoir outrepassé ses pouvoirs et négocié sans y être autorisé par le conseil. Un recours ne sera pas nécessaire. Les négociations se terminent en mars 1931 et la compagnie s'engage à soumettre les plans préliminaires du trajet des pipelines avant le 31 août de la même année.

La question des pipelines est évacuée lors des négociations entourant l'accord avec l'Iraq et ce malgré l'insistance du Quai d'Orsay. C'est largement à cause de la volonté du président de l'IPC. La question a pourtant bien progressé depuis le début des négociations. Le rapport Dan Towl, chargé d'examiner les différents trajets, est déposé en janvier 1931. Il est nettement favorable à un tracé aboutissant à Tripoli. Les réticences anglaises sont immédiates. « Les membres anglais ont insisté auprès des membres français pour qu'il ne soit fait aucune publicité autour des conclusions de M. Towl et qu'en particulier il n'y soit pas fait d'allusion à la Chambre des députés : les Anglais ont justifié cette demande par le désir de ménager chez eux les susceptibilités nationales »[778]. Après tant d'incertitudes, la France peut finalement espérer une résolution en sa faveur. La question demeure éminemment politique.

> Sir John Cadman a déclaré à M. Cayrol qu'il était personnellement convaincu que le pipeline aboutirait à Tripoli, mais qu'avant de pouvoir faire entériner officiellement cette décision par le conseil de l'IPC il sera obligé de surmonter certaines difficultés qu'il rencontrera du côté du gouvernement britannique […] et qu'il faudra en outre, envisager les questions de sécurité et de droit de passage qui sont dans son esprit aussi importantes que le coût d'établissement du pipe[779].

Mercier peut finalement annoncer que la thèse française pour l'aboutissement du pipeline à Tripoli est susceptible de l'emporter. Grâce au rapport Towl, la compagnie est fixée sur les avantages du tracé nord.

---

777 *Ibid.*

778 *Ibid.*, 19RC67, Note, 13 janvier 1930

779 *Ibid.*, Lettre CFP à Pineau, 15 janvier 1930.

Le représentant de Royal Dutch-Shell continue pourtant de remettre en question la supériorité économique de ce tracé qui ne lui paraît pas encore démontrée.

> Il a alors fait état de certaines divergences dans les réponses des gouvernements de Syrie et de Palestine au questionnaire qui leur avait été soumis. Il a indiqué, notamment, que la réponse de la Palestine sur la question de l'exemption de taxes était plus claire que celle de la Syrie, mais il a insisté surtout sur la présence, en annexe au document français, d'un mémorandum formulant certains desiderata du gouvernement libanais (participation financière, fourniture de pétrole à prix réduit, etc.). Il a indiqué que l'application de ce mémorandum comporterait de lourdes charges pour la compagnie et que le seul fait que pareilles prétentions aient été émises donnait lieu à de sérieuses appréhensions[780].

Jules Mény prône le retrait dudit mémorandum et une réponse plus claire au sujet des taxes. La situation se détériore en août alors que tous les autres groupes se rallient au tracé de Haïfa. On reproche au trajet syrien certaines conditions qui sont considérées comme de trop lourdes charges. Il s'agit, entre autres, de réserver une part de la capacité du pipeline pour le transport des pétroles produits en Syrie. Le projet comprend aussi le ravitaillement du pays en pétrole à un prix avantageux et une participation du capital indigène dans les émissions publique de la société du pipeline. C'est Mény qui est responsable de rendre le projet viable auprès de l'IPC. Le groupe français se lance dans une étude comparative pour déterminer les différences de coûts entre les deux tracés auprès des gouvernements de Syrie et de Palestine. Le gouvernement français est lui aussi mobilisé. Il doit faire pression sur le gouvernement syrien afin d'amender les conditions imposées et prouver l'avantage économique du tracé nord. Le groupe français perd son optimisme. « D'ailleurs, même si ces conditions sont remplies, nous sommes persuadés que nous ne pourrons pas obtenir une décision favorable pour le tracé nord sans avoir à surmonter de grosses difficultés et même éventuellement à engager un procès »[781].

Pour faire avancer le dossier, Mercier bénéficie de l'aide d'Horace Finaly. Celui-ci organise une nouvelle rencontre avec un représentant américain, M. Seidel. Mercier profite de l'occasion pour discuter de la

---

780 *Ibid.*, 19RC70, Note, 1er août 1930.

781 *Ibid.*, Lettre CFP à Berthelot, 5 août 1930.

question des pipelines. Contrairement aux rumeurs, le groupe américain se déclare favorable à une mise en production rapide du gisement iraquien. C'est à ce moment que les Américains proposent leur solution au problème, un tracé en Y. Un pipeline vers Tripoli serait construit et exploité par les groupes français et américain et un deuxième trajet vers Haïfa le serait par les groupes anglais. Cette solution limite l'activité de la compagnie à la production du pétrole, son transport étant assuré par des sociétés distinctes. Elle a l'avantage de laisser les groupes anglais libres de construire leur pipeline au moment qui leur convient. Elle concilie les intérêts des groupes sur la rapidité de la mise en production. Une société canadienne, exempte d'impôts, doit assurer le transport du pétrole. La proposition américaine est susceptible de faire avancer le dossier. Mercier obtient l'autorisation de son gouvernement sur la base de ces suggestions.

Dans le meilleur scénario, le Quai d'Orsay espère obtenir l'appui du groupe américain pour un tracé unique passant par la Syrie. Ce n'est qu'après un nouveau repli américain en faveur du tracé sud que les responsables français décident de s'en tenir au projet de fourche. Afin de convaincre les groupes, les Français proposent de construire eux-mêmes le tronçon nord avec l'aide de Gulbenkian. Cette solution permettrait de s'assurer que le tronçon soit construit dans un minimum de temps (deux ans selon les estimations). Le prix ne dépasserait pas 50 millions de francs et serait amorti par des redevances perçues pour le transport de l'huile (10 millions par année). Ces redevances seraient perçues des autres groupes dont le pétrole transiterait par la voie Nord pour au moins trois ans[782]. Ce serait l'occasion de s'assurer de commandes de matériels à l'industrie française. La proposition de Mercier fait l'unanimité en France et un nouvel entretien avec Seidel laisse entrevoir une participation américaine au tronçon nord.

4. Une entente au sujet des pipelines

C'est lors de la réunion du conseil de l'IPC du 10 octobre 1930 que le groupe américain présente un projet jugé satisfaisant par tous les actionnaires. Les principes acceptés par les quatre groupes sont les suivants :

---

782 *Ibid.*, 19RC72, Réunion chez M. Berthelot au sujet de l'Irak petroleum company pipeline, 1er octobre 1930.

1) La pipe serait établi suivant un tracé en Y, le tronc commun restant le plus long possible jusqu'à la frontière Iraq/Syrie. À cet endroit la conduire se diviserait en deux branches d'une capacité de 2 millions de tonnes chacune. L'une irait à Tripoli parce que c'est la route la plus économique, l'autre irait à Haïfa pour donner satisfaction au gouvernement de l'Iraq qui en a fait la demande.
2) L'ensemble des pipes serait construit et exploité à frais communs par un seul organisme constitué suivant les règles du 31 juillet 1928 qui lient les groupes entre eux, c'est-à-dire, sous la forme d'une *General operating company.*
3) La conduite sur Tripoli étant étudiée serait commencée sans délai. La conduite sur Haïfa ne serait pas réalisée si le gouvernement de l'Iraq renonçait à sa demande ou si l'IPC n'obtenait pas satisfaction dans les négociations qui sont entamées pour la modification de la Convention. En tous cas, la construction de cette conduite ne pourra être commencée qu'après l'exécution d'une nouvelle étude de détail[783].

La construction de deux conduites représente un coût plus élevé qu'un tracé unique, mais le groupe français considère qu'il est de son intérêt d'accepter l'opportunité de faire construire le pipeline. « La solution en Y avec le tronçon commun le plus court en direction de Tripoli apparaît comme la plus satisfaisante qu'il fût possible d'obtenir. En l'acceptant, nous avons mis l'IPC dans l'obligation de la réaliser sans délai et le gain de temps en l'occurrence n'est pas un des moindres éléments du succès politique que nous croyons avoir acquis »[784]. La construction d'une branche du pipeline vers Tripoli représente un élément de prospérité important pour la Syrie. La France, qui niait toute considération politique, affirme maintenant sans ambigüités les avantages du tracé. « Du point de vue national, il était important, dans l'éventualité d'un conflit, qu'une source aussi considérable de pétrole aboutît en territoire sous contrôle français »[785].

Malgré la signature de l'entente, Tronchère écrit en septembre 1931 que les groupes exercent une obstruction systématique à la construction des pipelines[786]. À l'occasion de son voyage en Iraq, John Cadman

---

783 *Ibid.*, Lettre au commissaire du gouvernement, 16 octobre 1930.

784 *Ibid.*

785 *Ibid.*, 19RC74, Note, 9 février 1931.

786 *Ibid.*, 19RC77, Lettre CFP à Berthelot, 16 septembre 1931.

essaie de limiter le débit des pipelines à 25 % de la capacité initialement prévue. « Nous nous heurtons malheureusement à une mauvaise volonté et à une résistance trop évidentes de tous nos collègues de l'IPC, et notre isolement complet nous paralyse beaucoup »[787]. L'Anglo-Persian, contrôlée par le gouvernement britannique, n'est pourtant pas insensible aux sollicitations du gouvernement iraquien, désireux de hâter la mise en valeur des gisements. Les réticences de la société s'expliquent par la compétition que pose le pétrole iraquien à sa propre production en Perse. Le groupe Royal Dutch-Shell est, lui aussi, favorable aux visées politiques anglaises. Il est prêt malgré tout à saisir tout prétexte pour retarder l'exploitation. C'est aussi que le pétrole iraquien tombe mal, en plein dans une période de surproduction pétrolière. Finalement, le groupe américain réunit cinq grands trusts qui, n'étant respectivement intéressés que dans la proportion de 4 à 5 % à l'affaire, n'y attachent qu'une importance très secondaire. Même les Américains veulent éviter une compétition avec le pétrole du Venezuela et des États-Unis. Face à l'insistance du groupe français, les autres groupes lui proposent la fourniture de pétrole brut d'une autre région. Mercier a toujours refusé ces offres qui ne correspondent pas du tout à la mission de la société dont il a reçu la présidence[788].

Cette obstruction délibérée conduit le groupe français à déposer un nouveau mémorandum au sujet des retards pris pour la construction du pipeline. Il concerne notamment la constitution de la société Mediterranean Pipeline Ltd qui doit financer, posséder et exploiter le pipeline. Le comité de direction de l'IPC rejette l'analyse de la CFP. Les débats tournent autour d'un problème de sémantique, il s'agit de définir les termes *utmost speed* qui concernent la construction du pipeline. Les représentants des groupes anglais prétendent qu'une définition claire risque de retarder les travaux ou d'augmenter les dépenses en obligeant à respecter coûte que coûte une date fixe. C'est suite à de nouvelles et pénibles négociations que le groupe français obtient la mise en place d'un plan destiné à assurer la fin des travaux au plus tard le 31 juillet 1934. Mény estime ce compromis satisfaisant et presque inespéré tenant compte du contexte de surproduction du pétrole, de la crise générale et des

---

787 *Ibid.*, Lettre CFP à Berthelot, 16 décembre 1931.

788 Walter Adams, James W. Brock, John M. Blair, « Retarding the Development of Iraq's Oil resources: An Episode in Oleaginous Diplomacy, 1927–1939 », *Journal of Economic Issues*, vol. 27, n° 1, Mars, 1993, p. 78.

difficultés financières des trusts. Dans sa lettre au gouvernement, Mény souligne que Mercier, qui ne demande rien pour lui-même, mérite une distinction pour le rôle qu'il a joué. « Tous ses collègues de la compagnie pensent qu'il serait juste de reconnaître les services rendus »[789]. C'est en effet une réussite importante. La ligne nord et la ligne sud sont complétées respectivement le 14 juillet 1934 et le 14 janvier 1935.

La complexité des négociations menées depuis l'entrée de la Compagnie française des pétroles dans l'IPC a de quoi étourdir. L'entente obtenue pour la construction des pipelines est une étape cruciale. Elle laisse envisager, dans un avenir prochain, le ravitaillement de la France par le biais du port de Tripoli. Mercier, accompagné de Mény, supervise lui-même l'avancement des travaux en Iraq.

5. La France prête à accueillir le pétrole iraquien

En novembre 1932, Mercier rend compte de son voyage devant un auditoire d'hommes d'affaires et de fonctionnaires. Il se déclare très satisfait des progrès. La richesse des concessions en Iraq dépasse toutes les prévisions. Il estime que l'anticlinal de Kirkouk contient à lui seul au moins 400 millions de tonnes de pétrole. On prévoit déjà doubler la production dans quelques années. L'ampleur des gisements est telle que Mercier peine à expliquer comment les Anglais ont pu reconnaître au groupe français le droit au pétrole iraquien[790]. « Il suppose que les Anglais ne connaissaient pas encore l'importance du site et croyaient la Compagnie française des pétroles, incapable de raffiner elle-même sa part de brut »[791]. Or, depuis la signature de la nouvelle convention avec le gouvernement, la compagnie est finalement libre de raffiner son pétrole. Mercier préside la CFR, fondée à cette occasion en 1929. La localisation des raffineries est sujette à des études sur la répartition géographique et l'importance régionale du commerce du pétrole en France. L'emplacement précis des sites fait l'objet d'âpres débats « entre impératifs économiques et ceux de la Défense nationale »[792]. C'est surtout

---

[789] MAE, 19RC77, Note, 6 novembre 1931.

[790] *Ibid.*, 19RC78, Note, 4 novembre 1932.

[791] *Ibid.*

[792] Le Dez, *loc. cit.*, p. 99.

la raffinerie du Havre qui est l'objet des discussions vu son importance[793]. Le processus de décision montre des facteurs économiques et politiques conflictuels[794]. Après s'être vu refuser plusieurs emplacements, la société obtient l'autorisation de s'installer à Gonfreville. Les autorisations spéciales d'importation comportant l'autorisation d'édifier des raffineries sont finalement publiées le 4 avril 1931.

En juin 1933, la première tranche de la raffinerie de Normandie est pratiquement terminée et les appareils de distillation sont entrés en service[795]. Pour faire face aux besoins financiers, le capital est porté de 200 à 250 millions de francs en 1933, puis à 300 millions en 1934. Les investissements nécessaires permettent à la France d'être prête à temps pour l'arrivée du pétrole iraquien. La raffinerie de Gonfreville a une capacité de traitement de 800 000 tonnes par an. Elle alimente la basse Seine et une importante zone industrielle. Elle est située à 9 km du Havre, sur le canal de Tancarville. Deux conduites de 25 cm de diamètre et de 10 km de long la relient au bassin pétrolier du port. Une deuxième raffinerie est construite en Provence à Martigues. Elle doit entrer en fonction dès le printemps de 1935. Elle a une capacité de traitement de 400 000 tonnes.

Ces installations permettent à la France de raffiner elle-même le pétrole iraquien. Le premier cargo en provenance de Mossoul arrive le 16 août 1934. C'est une véritable révolution au sein de l'industrie pétrolière française. La dépendance envers le pétrole étranger décline lentement et l'industrie du raffinage, inexistante avant 1928, devient une industrie majeure ; son importance la place au quatrième rang mondial à la veille de la Deuxième Guerre mondiale. Le brut d'Iraq correspond à 4,53 % des importations en 1934, 38,30 % en 1935 et 42,29 % en 1936[796]. Louis Pineau attribue une large part de ce succès à la présidence d'Ernest Mercier. « Notre pays, encore une fois, avait trouvé l'homme qu'il fallait. Si aujourd'hui l'industrie française du pétrole a maintenu son indépendance, si a pu être formé le faisceau de tant d'entreprises éparses

---

793 La CFR doit raffiner 20,71 % du brut en France chaque année et sa raffinerie du Havre est la deuxième plus importante en termes de capacité de production en France.

794 Le Dez, *loc. cit.*, p. 100.

795 Archives Total, Rapports d'exercice de la CFR, Assemblée générale ordinaire, 30 juin 1933, p. 4.

796 Faure, *op. cit.*, p. 124.

hésitant sur leur avenir, si l'influence nationale s'est partout ressaisie, c'est à maints bons ouvriers, à coup sûr, mais c'est beaucoup à M. Mercier qu'on le doit »[797].

Mercier a joué un rôle incontournable durant l'ensemble de ces négociations. Les contacts avec les dirigeants des majors ont été fréquents. La correspondance échangée avec le président de l'IPC est volumineuse. Mercier est parvenu à désarmer plusieurs situations potentiellement explosives. Il a aussi dû composer avec une intervention accrue du gouvernement français dans les affaires d'Iraq. L'intervention du Quai d'Orsay s'est révélée particulièrement utile, mais les revendications des diplomates ont aussi compliqué des négociations déjà tendues. Mercier a su s'appuyer sur la jurisprudence britannique qui protège les actionnaires minoritaires. Le groupe français s'est considéré, plus d'une fois, lésé par la coalition de ses partenaires. Il mène une politique basée sur le respect strict des accords et du *working agreement* signé en 1928. Au contraire, les groupes favorisent une interprétation libérale de l'accord, qu'ils considèrent de plus en plus comme un instrument d'obstruction. Sur la défensive, la France obtient le respect de ses intérêts non seulement au sujet de la nouvelle convention signée avec l'Iraq, mais pour le trajet du pipeline et son délai de construction. Voici comment Mercier conclut sur ces difficiles années.

> Je suis en droit de dire aujourd'hui que nous avons exactement rempli la mission nationale qui nous avait été confiée par le gouvernement français et le président R. Poincaré, et que nous l'avons accomplie dans des conditions de réussite que l'on pouvait difficilement espérer quand nous recevions cette mission en 1923.
>
> Nous y sommes parvenus, il faut le dire ici, parce que les circonstances nous ont été favorables, parce que les services de l'Office national des combustibles liquides, du ministère des Finances et du ministère des Affaires étrangères nous ont sans cesse prêté l'appui le plus éclairé. Je puise, dans ces constatations, la confiance et la certitude que votre compagnie se montrera encore, à l'avenir, à la hauteur de sa tâche de jour en jour plus large – et, dans une mesure appréciable, moins difficile[798].

---

797 Annales de l'Office national des combustibles liquides, janvier 1930, p. 19.

798 Allocution d'Ernest Mercier, « Assemblées générales, Compagnie française des pétroles », *Le Temps*, 12 août 1935, p. 4.

Chapitre 8.

L'exploitation de l'Iraq et la Deuxième Guerre mondiale

1. La CFP entre dans l'ère productive

La construction des pipelines et le ravitaillement de la France grâce au pétrole iraquien représentent un changement important. Les obstacles ont été nombreux avant une mise en production. Mercier profite de cette réussite pour réévaluer sa position à la tête de la compagnie. Il s'était engagé sans restriction à conserver son poste suite à la mission qu'il avait reçue de Poincaré. Cette mission maintenant achevée, il prie « ses collègues de vouloir bien considérer que ses liens avec ses fonctions ne présentaient plus, désormais pour lui, un caractère aussi impératif, et que certaines circonstances survenant, il se réservait de reprendre une liberté plus grande, tout en demeurant aussi attaché que jamais aux intérêts de la Compagnie française des pétroles »[799]. Cette déclaration ne doit pas étonner de la part d'un président qui siège sur pas moins de quarante-sept conseils d'administration. Alors que la compagnie est entrée dans la phase productive, Mercier s'attend à la fin des difficultés, mais les tensions internationales et l'approche de la guerre vont le ramener au premier plan.

L'arrivée du pétrole iraquien est aussi un tournant pour les actionnaires de la compagnie. Voilà plusieurs années que le public soutient un important effort financier sans rendement. Mercier met de l'avant toute la signification de cette étape cruciale lors de l'assemblée générale du 12 août 1935.

---

[799] Archives Total, SC91/-6, Procès-verbaux du CA, 27 juin 1935.

> L'année 1934 a marqué l'aboutissement d'une longue série d'efforts que je puis aujourd'hui qualifier d'exceptionnels et la venue au jour de réalisations d'une importance inusitée. Ce n'est non pas le terme, ni l'achèvement de l'œuvre à laquelle vous vous êtes attachés, mais une première consécration de sa portée et de sa vitalité. Il n'est pas surprenant qu'en attirant l'attention sur le rôle de premier plan auquel est appelée votre société dans le développement de l'économie nationale, de tels évènements aient provoqué quelques remous. Mais il est opportun qu'aujourd'hui nous rappelions ici que si nous avons en effet obtenu des résultats importants, ce n'est pas la conséquence d'une longue, tenace, parfois stoïque persévérance[800].

L'ère productive est l'occasion pour la compagnie de changer sa politique à l'égard de ses actionnaires. Mercier écrit en décembre 1936 au ministre des Travaux publics au sujet de la distribution d'un dividende. Il hésite à contribuer au fonds de recherche dans les colonies et préfère rémunérer les actionnaires. Pour convaincre le gouvernement, il souligne la part importante que détient le public dans la compagnie, soit 350 millions de francs. « C'est à dire qu'elle excède largement l'ensemble des fonds fournis par l'État, les banques et les sociétés actionnaires réunis »[801]. Pour Mercier, la réussite de la compagnie est étroitement liée à la confiance et à la fidélité des actionnaires du grand public sans qu'il n'ait reçu aucune satisfaction matérielle. C'est dans ce contexte qu'il justifie la distribution d'un dividende, alors que la compagnie est entrée dans la phase productrice de sa carrière. Il lui paraît justifié de distribuer une répartition de 4 %. « Si, dans de telles conditions, le conseil d'administration envisageait de priver ces actionnaires d'une satisfaction qui leur revient incontestablement et qu'ils ont tant attendue, pour utiliser les fonds de la compagnie à des travaux dont la rémunération apparaît comme plus qu'improbable, sa conduite serait illégitime, pour ne pas dire déshonnête »[802]. Cet argument s'appuie sur le fait que la compagnie devra faire appel au financement public dans le futur. Il est essentiel que celui-ci réponde avec confiance.

> Le public ne le fera que s'il constate que sont tenues les assurances qui lui ont été données, assurances que j'ai été autorisé à lui donner au cours de nos

800 Allocution de Mercier, « Assemblées générales… », *loc. cit.*

801 Archives Total, 89,14/15, Lettre de Mercier au ministre des Travaux publics, 7 décembre 1936.

802 *Ibid.*

> assemblées générales successives, et qui lui ont permis de conserver cette longue patience dont nous pouvons aujourd'hui nous féliciter.
>
> Très certainement, au contraire, on peut tenir pour assuré que le public refuserait, à juste titre d'ailleurs, toute confiance à une entreprise dont les produits seraient dépensés aussitôt qu'obtenus pour participer à des travaux dont la rémunération apparaîtrait trop incertaine[803].

Mercier tient à prouver que la compagnie a dépensé un même montant dans les recherches en Mésopotamie que dans d'autres pays, soit environ 40 millions de francs. Ces justifications sont importantes à ses yeux, car elles prouvent que la société a agi conformément à ses engagements de mener une politique nationale. La compagnie se dit prête à poursuivre ses dépenses de recherche dans les colonies, mais pas au rythme atteint durant les dernières années.

> Des critiques, dont l'indépendance n'est peut-être pas totale, nous ont accusés de freiner la mise en exploitation de ces richesses nouvelles. La réalité est que nous poursuivons, avec la plus grande activité, en collaboration étroite avec le gouvernement, un programme méthodique et scientifique de recherche, qui seul permettra dans le minimum de temps possible, de préciser en face de quelles ressources nous nous trouvons et de fixer le programme d'équipement des champs et des lignes de transports que peuvent comporter les gisements. La technique a ses lois auxquelles il est vain de vouloir se soustraire : la politique y perd ses droits[804].

La Compagnie française des pétroles finance en effet des recherches dans de nombreux pays. Elle est présente au Maroc, en Tunisie, au Madagascar, en Algérie et au Gabon où elle participe aux prospections de concert avec l'ONCL. Personnellement, Mercier favorise toutefois l'exploitation du Moyen-Orient. « Il y a […] pour nous, et pour la France, un ensemble de ressources incomparablement moins aléatoires et plus avantageuses que tout ce que nous pourrions obtenir présentement en tout autre point du globe – réserve faite, bien entendu, des ressources éventuelles de l'Afrique du Nord »[805]. Globalement, les recherches menées dans l'empire français se sont avérées être un échec cuisant durant cette

---

803 *Ibid.*

804 Allocution de Mercier, « Assemblées générales… », *loc. cit.*

805 *Ibid.*

période[806]. La recherche pétrolière nécessite beaucoup de prudence. Or, pour Mercier, « l'expérience montre qu'il est très difficile à l'État de se plier à une aussi rigoureuse sagesse. Cela tient, évidemment, à ce qu'il est forcément plus sensible aux mouvements d'une opinion publique mal informée et trop souvent alertée prématurément »[807]. Voilà une autre raison qui justifie la limitation de l'intervention étatique dans les affaires pétrolières. Cette réticence du président de la compagnie vient du fait que le gouvernement doit tenir compte d'avantages politiques qui sortent de l'objet social des entreprises privées. Il peut être conduit, dans ces conditions, à faire preuve d'une hardiesse qui n'est pas de mise pour une société dont les ressources sont limitées et qui doit inscrire ses pertes dans son bilan et en rendre compte à ses actionnaires. « Le désir profond que nous partageons de tout cœur de découvrir du pétrole sur le territoire national ne doit pas conduire à négliger les avantages réels solides et considérables que la France a déjà acquis grâce à la politique à laquelle nous avons eu l'honneur d'être associés »[808].

Pour Mercier, les énormes réserves iraquiennes sont un pari beaucoup plus sûr. Le prix d'extraction de ce pétrole est parmi les plus bas au monde. Dans le cadre de sa participation à l'IPC, la CFP participe aussi à des recherches au Moyen-Orient. Des permis de recherches sont obtenus en Syrie, en Palestine et sur la rive du golfe Persique, au Qatar et sur la Côte des Pirates. C'est une filiale, la Petroleum concession limited qui doit recueillir ces permis dans laquelle chaque groupe conserve la même proportion d'intérêts que dans la société mère. La PCL détient elle-même plusieurs filiales pour s'assurer des droits de recherches ou des concessions[809]. C'est aussi la création de la Mosul Oil Fields, filiale de la British Oil Development. Cette dernière société exploite la zone de l'Iraq située au nord du 33e parallèle et à l'ouest du Tigre. Plusieurs forages ont démontré la richesse de cette région, même si la qualité du brut est inférieure à celui de l'IPC. La BOD est une société concurrente avant

---

806 Une thèse de doctorat est en cours sur les aspects techniques de la recherche pétrolière durant cette période par Sylvain Di Manno (Centre Alexandre Koyré). Elle permettra peut-être d'expliquer plus en détail les raisons de cet échec.

807 *Ibid.*, 89,14/15, Lettre de Mercier au ministre…

808 *Ibid.*

809 Elles comprennent: Petroleum concession (Syrie et Liban) ; Petroleum Development Ltd (Qatar) ; Petroleum Development (Trucial Coast) ; Petroleum Development (Western Arabia).

que l'IPC n'en fasse l'acquisition. Cette compétition permettait à l'Iraq de faire monter les enchères lors des transactions avec l'IPC. En 1938, après l'acquisition, l'IPC poursuit des négociations avec le gouvernement iraquien pour la mise en harmonie de ses propres concessions avec celles de la BOD[810]. L'Iraq repousse la fusion de ces intérêts pour obtenir, en échange, un prêt de 3 millions de livres sterling. Le gouvernement s'engage, en contrepartie, à suspendre les obligations de forage qui concernent la BOD pendant 5 ans. En mai 1939, il donne son accord pour certaines modifications. Il consent à un nouveau délai au sujet des forages et supprime l'obligation de transporter au moins 50 % du débit total des pipelines à un terminal dans la baie d'Acre. Le délai accordé est valide jusqu'à ce que le débit atteigne 4 millions de tonnes annuellement. En échange, l'Iraq doit recevoir une avance de 3 millions de livres sterling échelonnée de mai 1939 à septembre 1941.

Finalement, le groupe français participe à la Basrah Petroleum Concession Limited. Elle est fondée pour exploiter une concession s'étendant à tout le vilayet de Bassorah en Iraq. Cette société a un statut particulier. Les groupes sont d'accord en 1938 pour admettre qu'elle soit indépendante de l'IPC. « Étant entendu que les groupes passeraient les accords nécessaires à la sauvegarde de leurs droits et obligations respectifs comme si la nouvelle compagnie avait été constituée sur le principe d'une General operating company d'IPC »[811]. Cette concession est en violation du Group agreement, puisqu'elle est située dans la zone de la ligne rouge, les groupes sont unanimes à considérer qu'elle répond au mieux à leurs intérêts communs. La raison est simple et correspond à une nouvelle stratégie de la part de la société.

> À mesure que les groupes prenaient connaissance des ressources éventuelles du reste de la zone et de l'intérêt qui s'attachait aux concessions susceptibles d'y être obtenues, il leur apparut inopportun que le gouvernement de l'Iraq, qui avait un représentant au board de l'IPC, en application de l'article 35 de la convention de 1925, fût appelé à connaître des activités et des intérêts afférents à l'obtention et à la mise en valeur de ces concessions[812].

---

810 Comme le pétrole exploité par la BOD est d'une qualité inférieure, l'IPC désire reporter sur sa propre part les quantités de pétrole qu'elle doit normalement extraire de ces gisements.

811 Archives Total, 92AA060-203, Historique IPC, p. 36.

812 *Ibid.*, p. 31.

Cette décision donne lieu aux projets de contrats nommés *White Papers*. Ces textes, mis au point à la veille de la guerre, ont pour but de préserver la communauté d'intérêts prévue par l'accord de 1928 de toutes atteintes. Ces participations, en Iraq et au Moyen-Orient, représentent un potentiel énorme pour la CFP. Elles expliquent largement la préférence de Mercier d'exploiter cette région riche en pétrole. « Le développement de ces participations en Orient entraîne pour nous des efforts financiers importants. Nous estimons ces investissements opportuns et justifiés »[813]. La CFP continue d'exercer des pressions sur ses collègues de l'IPC afin d'augmenter la production iraquienne. Ses partenaires « trouvaient parfaitement normal d'effectuer toutes les dépenses de prospections, de recherches et d'acquisition de droits nécessaires pour se saisir de la plus grande masse possible de richesses latentes, sans mettre en valeur ces ressources énormes qu'ils désiraient seulement conserver en réserve »[814]. Au contraire, la Compagnie française des pétroles ne peut pas persévérer longtemps dans cette voie sans voir sa position financière affaiblie.

> Il était indispensable, pour elle, d'obtenir une augmentation de revenus proportionnés à l'alourdissement de ses charges, ce qui ne pouvait se faire que par une production accrue, mais la perspective d'engager de nouvelles dépenses pour obtenir une production supplémentaire qui leur était inutile était extrêmement désagréable à nos trois grands associés qui ne se souciaient nullement, d'ailleurs, de voir la Cie française des pétroles fortifier encore son standing industriel[815].

C'est dans cet esprit qu'est décidé le doublement de capacité des pipelines acheminant le brut vers la Méditerranée. Les groupes tombent d'accord sur une augmentation de 4 millions de tonnes, mais la question du trajet sème à nouveau la controverse. Les groupes français et américain favorisent Tripoli tandis les Anglais veulent le doublement des deux lignes. C'est encore un compromis qui permet de résoudre la question. Le tronçon nord doit avoir une capacité de trois millions de tonnes et le tronçon sud d'un million. Tout porte à croire que l'IPC aurait terminé ce projet dans les délais sans le déclenchement de la Deuxième Guerre mondiale. « Il paraît impossible de pousser la réalisation du pipe, mais,

---

813 Ernest Mercier, « Assemblées générales, Compagnie française des pétroles », *Le Temps*, 26 juin 1939, p. 4.

814 Archives Total, 92AA060-207, La Compagnie française des pétroles, compte-rendu de son président Ernest Mercier, 20 décembre 1940.

815 *Ibid.*

dès que la situation se sera clarifiée, en particulier en ce qui concerne l'avenir de la navigation en Méditerranée, la CFP devra demander à Londres la reprise par étapes de l'exécution du programme décidé »[816].

2. La préparation à la guerre

La guerre ouvre une période de crise pour la Compagnie française des pétroles et pour son président. Le gouvernement français envisage, depuis quelques années déjà, plusieurs scénarios pour son ravitaillement en Iraq. Ils concernent surtout l'acheminement du pétrole vers la France. « Le gouvernement français doit considérer l'importance qui s'attacherait à prévoir pour le pétrole de Mésopotamie une autre possibilité de débouché que Tripoli ou Haïfa, en cas de difficultés méditerranéennes. Il est peu probable [...] que nous puissions obtenir une dérivation de la production nouvelle sur le Golfe persique. Mais il me semble que cette demande mériterait d'être formulée »[817]. Ce projet a peu de chance d'aboutir, il menace les intérêts des trusts. Le gouvernement en est conscient, mais il espère obtenir des contreparties. « À défaut d'un débouché extra-méditerranéen, peut-être pourrions-nous obtenir certaines garanties d'échange éventuel avec des pétroles d'autres origines »[818]. Edouard Daladier, alors ministre de la Défense nationale et de la Guerre, ne compte pas sur la liberté de la Méditerranée[819]. Les militaires ne sont pas optimistes quant au transport du pétrole en temps de guerre. Ils présupposent déjà que la Méditerranée centrale et occidentale sera fermée et que l'on ne doit pas compter sur les pétroles de Roumanie et de Russie[820].

Mercier est de retour aux commandes pour aider le gouvernement français à diversifier son approvisionnement en pétrole. Il propose que la CFP soit saisie de la question « en demeurant étroitement en contact avec l'Office national des combustibles liquides. Celui-ci conserverait par là sa pleine liberté de mouvement, tandis que, de son côté, la CFP pourrait agir avec plus d'indépendance, sans risquer d'engager à fond le

---

816 *Ibid.*, SC91/-6, Procès-verbal du CA, 13 septembre 1939.

817 *Ibid.*, 89,14/-16, Note pour M. le ministre, 27 mai 1937.

818 *Ibid.*

819 SHD, GR2N23.

820 *Ibid.*, GR6N329, Note sur le ravitaillement des carburants.

gouvernement français »[821]. Pour Mercier, l'idée est conforme à la mission nationale dont est chargée la compagnie. Il déconseille au gouvernement de pousser plus loin son projet d'obtenir des quantités importantes de pétrole sur les côtes du Golfe persique. Ce moyen :

> paraît être à déconseiller de la manière la plus vive, car il risque, tout au contraire, d'aller directement à l'encontre du but poursuivi.
>
> En effet, en premier lieu, la solution technique envisagée consistant à relier par pipeline les champs pétrolifères de Kirkuk avec le Golfe persique est économiquement indéfendable. Les immobilisations correspondant à un pareil ouvrage seraient infiniment plus considérables que celles qui nécessiteraient le double des pipelines sur la Méditerranée.
>
> D'autre part, en dehors des périodes de guerre pendant lesquelles, éventuellement, cet ouvrage procurerait une élasticité supplémentaire, ses conditions d'exploitation pendant la paix seraient infiniment plus onéreuses et entraîneraient de surcroît des dépenses de transport par mer accrues dans des proportions énormes.
>
> Par contre, la demande du gouvernement français présenterait l'inconvénient d'attirer d'une manière extrêmement précise l'attention des sociétés étrangères sur l'intérêt que la France attacherait à posséder une production libre sur les rives du Golfe persique, ce qui ne manquerait pas de provoquer les plus sérieuses inquiétudes dans l'esprit de nos associés, et, par conséquent, non seulement ne les pousserait pas à accéder au désir exprimé par le gouvernement français, mais les conduirait même, sans doute, à modifier l'attitude conciliante qu'ils ont adoptée en ce qui concerne la mise en valeur des concessions récemment prises sur le littoral du Golfe persique.
>
> C'est en effet dans la mise en exploitation de ces dernières concessions que réside la seule possibilité pratique et efficace pour la France de réaliser le plan schématisé par la note de M. Pineau. Nos efforts doivent tendre à accélérer la mise en exploitation de ces concessions sans poser, par avance, à nos associés des conditions qui les inquiéteraient et qui, par suite, ne pourraient qu'apporter des retards dans la réalisation que nous poursuivons[822].

En septembre 1938, la CFP termine des pourparlers engagés avec les Américains et Royal Dutch-Shell en vue d'obtenir leur collaboration pour le ravitaillement de la France en temps de guerre. L'accord à intervenir doit se faire sur la base des points suivants.

---

821 Archives Total, 89,14/-16, Lettre de Mercier à Mény, 13 juillet 1937, p. 2.

822 *Ibid.*, p. 3–4.

1) Garantie de livraison, en Amérique du Sud, d'un certain tonnage de produits finis s'ajoutant aux livraisons correspondant à la production des raffineries contrôlées par ces mêmes groupes. Les tonnages supplémentaires ainsi envisagés pour le groupe américain seraient de l'ordre de 3 millions de tonnes par an de produits finis, dont 2 millions de tonnes d'essence, 400 000 tonnes de gas-oil et 600 000 tonnes de fuel.
2) Mise à la disposition de fret pour le transport en ports atlantiques français des quantités ci-dessus, dans la mesure des disponibilités respectives en navires-citernes de ces groupes après avoir assuré le ravitaillement normal de leurs différents marchés non affectés par les opérations de guerre.
3) Engagement de développer la production de leur exploitation d'Amérique du Sud dans toute la mesure techniquement et économiquement possible au cas où les livraisons prévues au point ne couvriraient pas les besoins de guerre de la France.
4) Les prix des produits et du fret vendus à la France seraient déterminés d'après les plus bas prix pratiqués à chaque moment sur le marché mondial, en outre, il serait consenti un rabais pour tenir compte de l'importance des tonnages vendus.
5) Engagement d'écouler dans la mesure où la CFP en ferait la demande, tout ou partie du tonnage de brut ou de produits finis dont celle-ci disposerait à l'intérieur de la Ligne rouge en Proche-Orient[823].

Au sujet de la production d'Amérique du Sud, les groupes sont disposés à construire de nouveaux réservoirs aux frais de la France et pour son compte. « Nous nous permettons d'ajouter que le groupe américain comme la RDS ont insisté sur leur désir formel et plein de sympathie d'apporter à notre défense nationale toute la coopération que celle-ci pourrait réclamer d'eux, dans un cadre raisonnable au point de vue économique »[824].

Dès le déclenchement des hostilités, les raffineries françaises tournent à leur cadence de guerre et un problème de ravitaillement se pose déjà d'une façon très aigüe. Celui-ci vient du fait que le nombre de bateaux dont dispose la CFP est insuffisant et que leur marche est très ralentie. La compagnie perd son plus grand pétrolier, l'Émile Miguet, alors qu'il

---

[823] SHD, GR6N329, Lettre CFP à Pineau, 8 septembre 1938.

[824] *Ibid.*

est coulé par les Allemands. De son côté, le gouvernement intensifie son programme de recherche pétrolière pour obtenir des résultats à court terme. Mercier se rend en Angleterre en octobre 1939 pour assister à la réunion des groupes de l'IPC. La compagnie subit elle aussi des pertes financières du fait que le nombre de bateaux est insuffisant. Certains groupes veulent une augmentation du prix du pétrole pour compenser la perte. Mercier plaide pour que des quantités maxima de brut d'Iraq soient enlevées à un prix raisonnable en vue de faciliter le ravitaillement de la France. La CFP augmente aussi son crédit afin d'acheter du brut pour alimenter ses raffineries.

3. L'impact de la Deuxième Guerre mondiale

L'invasion de la France vient porter un dur coup à la compagnie. Mercier doit suivre le gouvernement dans son exil vers le sud de la France puisque ses responsabilités nécessitent qu'il reste en contact avec les autorités. La capitulation met toutefois un terme aux efforts déployés par la compagnie. L'Angleterre applique les mesures de guerre qui concernent le commerce avec l'ennemi et les avoirs français dans l'IPC sont séquestrés. Le groupe français ne parvient plus à contacter ses partenaires à Londres à partir de juin 1940. Les chargements de pétrole à Haïfa et Tripoli sont suspendus. Mercier prend l'initiative d'envoyer René de Montaigu aux États-Unis pour qu'il entre en contact avec le groupe américain, « muni des pouvoirs nécessaires pour prendre toutes mesures conservatoires concernant la défense des intérêts de la compagnie »[825]. Mercier s'est aussi assuré que l'avocat responsable du séquestre soit le représentant à Londres de la CFP, sir Leslie Burgin. La Compagnie française des pétroles traverse alors sa crise la plus importante depuis sa création. Les stocks de la raffinerie de Normandie ont été incendiés par les autorités françaises. La raffinerie de Provence a été bombardée le 2 juin.

Au total, les destructions représentent une perte financière de 20 millions de francs. L'objectif principal pour Mercier est de défendre les droits de la compagnie coûte que coûte. « D'une façon générale, dans l'ensemble des sociétés susvisées, tous les actes nécessaires devront être faits pour conserver les droits qu'elles ont acquis dans l'ensemble du Proche-Orient et toute dépense qui ne correspondrait pas à ce but

[825] Archives Total, SC91/-6, Procès-verbal du CA, 6 août 1940.

essentiel doit être évitée »[826]. La priorité est de s'assurer que la compagnie soit en mesure de s'acquitter des paiements ou éventuelles augmentations de capital de l'IPC pendant la guerre. La Midlank Bank et l'Ottoman Bank ont reçu des instructions à cet égard. Il s'agit de poursuivre le partenariat dans l'IPC tout en acceptant les mesures de guerre.

La question pétrolière prend rapidement de l'importance pour le régime de Vichy. Celui-ci doit faire face aux exigences allemandes qui sont très dures. Les Allemands instituent le contrôle des produits pétroliers et prennent tout ce qu'ils considèrent comme nécessaire, ils enlèvent 2,24 millions de tonnes pendant la guerre[827]. La France ne reçoit plus de pétrole d'Iraq et les États-Unis refusent de l'alimenter. L'occupant saisit tous les moyens de transport pétroliers, démonte les pipelines et emmène bidons, tuyaux, pompes, réservoirs[828]. C'est dans ce contexte que Mercier écrit au secrétaire général de la délégation française auprès du gouvernement allemand. « Comme président de la Compagnie française des pétroles, placé à ce poste par la confiance du gouvernement, je n'ai à considérer ici que la sauvegarde des intérêts qui me sont confiés et je ne saurais me permettre de les subordonner à aucune considération étrangère, de politique générale ou autre »[829]. Cette lettre, témoignage exceptionnel d'Ernest Mercier sur ce que doit être la politique pétrolière du pays sous occupation, est écrite au même moment où les intérêts roumains de la France sont cédés aux Allemands. Le gouvernement de Vichy envisage alors ouvrir un dialogue avec l'Allemagne au sujet de la sauvegarde des droits de la CFP au Moyen-Orient. Mercier souligne les difficultés potentielles d'une telle négociation. Il considère dangereux que de tels pourparlers soient engagés sans sa présence et celle de Jules Mény. « Je tiens à insister tout particulièrement sur ce fait qu'une partie aussi capitale, et dont les conséquences de toutes sortes ne pourraient être surestimées, ne saurait être engagée sans un extrême péril par des personnalités, même parfaitement distinguées et expérimentées, qui ne posséderaient pas une connaissance totale du dossier et une sérieuse habitude des négociations internationales en matière de pétrole, sans parler d'un caractère bien

---

826 *Ibid.*, 26 août 1940.

827 Nouschi, *La France...*, *op. cit.*, p. 113.

828 *Ibid.*, p. 114.

829 Archives Total, SC89/-4, Lettre de Mercier à monsieur Boissieu, directeur au ministère de l'Industrie et du Commerce intérieur, Secrétaire général de la délégation française auprès du gouvernement allemand, 1940.

trempé ». Mercier envisage déjà l'après-guerre et conjure le gouvernement de ne pas sous-estimer l'importance que représentent les droits de la compagnie. « La position que la France a acquise dans la grande industrie internationale du pétrole peut, si elle est sauvegardée, servir de point d'appui essentiel au relèvement économique du pays tout entier »[830]. La menace à cette position est double, elle provient de l'Allemagne, mais aussi de l'Angleterre qui peut exclure la France.

> Le fait capital que nous n'avons pas le droit de perdre de vue, quel que soit notre légitime désir d'action, est que toute initiative de notre part, tendant à l'ouverture de pourparlers avec l'Allemagne sur nos droits dans le Proche-Orient, doit, immanquablement, entraîner une réaction directe à Londres, qui peut, instantanément, nous faire perdre tout le bénéfice de nos efforts passés : dès lors, il ne s'agirait plus seulement, lors de la discussion de la paix, du maintien de nos droits en matière de pétrole, mais de leur rétablissement par la volonté concertée de l'Angleterre et de l'Allemagne. C'est une éventualité dans laquelle il faut évidemment éviter de se placer, car il n'est pas raisonnable de penser que nous puissions nous en tirer à notre honneur[831].

4. Une vision pour le futur

Pour Mercier, la France possède encore des atouts importants qu'elle doit utiliser prudemment. « Ces atouts tiennent essentiellement dans notre parfaite connaissance du jeu, dans l'expérience exceptionnelle que nous avons d'accords d'une extrême complexité, et qu'il sera aussi intéressant pour les Allemands que pour nous-mêmes de maintenir en vigueur, et dans notre connaissance approfondie de toutes les données techniques du problème »[832]. Or, Mercier ne s'entend pas avec les nouvelles autorités françaises qui agissent sans le consulter. Il dénonce n'avoir jamais été informé des vues du gouvernement, malgré l'avoir alerté sur les précautions essentielles à aborder. « C'est un devoir strict pour moi d'attirer, de la manière la plus sérieuse, l'attention du gouvernement sur les dangers que peut entraîner en de telles matières une initiative insuffisamment mûrie, et de dégager, d'une manière très nette, ma propre responsabilité »[833]. L'attitude du gouvernement laisse

---

[830] *Ibid.*

[831] *Ibid.*

[832] *Ibid.*

[833] *Ibid.*

présager le pire. Les autorités allemandes font ramener à Paris les titres représentant la participation dans l'IPC et ses filiales. Ils sont ensuite bloqués dans un compte spécial. La compagnie proteste et demande la libération des titres. Ce ne sont que les premiers signes d'une profonde mésentente entre Mercier et le régime de Vichy. Le 18 septembre 1940, le gouvernement adopte une loi qui rend nécessaire une modification de la composition du conseil d'administration de la compagnie. Celui-ci doit être réduit à douze membres. La même loi interdit le cumul des mandats d'administrateur, ce qui touche directement le président de la compagnie. Mercier réorganise lui-même le conseil avant son départ. Il exprime alors son amertume devant ses collègues.

> Fondateur de la société en 1923, maintenu à sa tête par votre confiance depuis cette époque, je suis obligé, aujourd'hui, d'abandonner à la fois la présidence et mon mandat d'administrateur. Dans des conditions normales, j'aurais considéré comme un devoir de céder ma place à M. Jules Mény, et je me serais fait un honneur de continuer à apporter à la société tout mon concours en y demeurant simple administrateur. L'attitude du gouvernement à mon endroit m'interdit une telle décision.
>
> Effectivement, j'ai, dès le 2 octobre, saisi le vice-président du Conseil et les deux ministres intéressés par une lettre officielle où je leur signalais la nécessité de pourvoir à la désignation du nouveau président et où je leur demandais, en conséquence, de m'accorder une entrevue afin que je puisse leur rendre compte de la mission dont le gouvernement m'avait chargé et leur faire mes propositions concernant la désignation du président que j'aurais à proposer à vos suffrages. Aucun des ministres intéressés n'a cru devoir répondre à ma communication.
>
> J'ai renouvelé cette démarche par une deuxième lettre, à la date du 29 novembre. Cette deuxième communication n'a pas eu plus de succès que la première. Pour remplir mon devoir jusqu'au bout et étant données les oppositions qui s'étaient manifestées contre la présidence de M. Mény, que je jugeais indispensable à la sauvegarde de la société, j'ai demandé directement des rendez-vous aux ministres intéressés. J'ai pu, par M. Lafond, rencontrer M. le ministre de la Production et du Travail, mais je n'ai pu voir M. le ministre des Finances. J'ai dressé au premier le compte-rendu de ma mission de 17 années. Je n'ai reçu ni réponse ni accusé de réception.
>
> J'estime, dans ces conditions, qu'il n'est pas de ma dignité d'occuper un siège dont le gouvernement a le droit de m'expulser avec un préavis de huit jours. Quelle que soit la peine profonde que me cause une pareille nécessité, je me vois donc dans l'obligation de renoncer à siéger parmi vous, malgré l'insistance, qui me touche infiniment, avec laquelle mes collègues me demandent de le faire.

> Il me reste à vous adresser l'expression de ma profonde gratitude pour le constant appui que vous avez bien voulu me prêter au cours de longues années, dans des circonstances difficiles et parfois critiques[834].

C'est bien à regret que Mercier accepte de quitter son poste. Ses collègues refusent unanimement son départ. Le douzième siège du conseil est laissé vacant afin de conserver la possibilité d'y faire accéder Mercier. Le compte rendu qu'il écrit lors de sa démission est l'occasion de rappeler les priorités en ces années de guerre. « Il est bien évident que, sans la guerre, la Cie française des pétroles aurait déjà marqué un nouveau pas en avant décisif. Rien à l'heure actuelle n'est perdu ni même compromis, à la condition que la Cie française des pétroles veille jalousement au maintien de ses droits dans le partnership des entreprises pétrolières du Proche-Orient »[835]. Mercier révèle aussi les ambitions qu'il entretenait pour le futur de la compagnie.

> Cette organisation, si elle a été opportune, n'a pas résolu le problème qui se pose pour la Compagnie française des pétroles sur le plan international et non plus national. Différentes prises d'intérêt dans d'autres sociétés commerciales ne pouvaient davantage le résoudre.
>
> Ici s'ouvre une tâche nouvelle, essentielle, à laquelle la Compagnie française des pétroles doit s'attarder avec toute l'énergie et toute l'activité possibles, pour créer, ou tout au moins contrôler un organisme commercial de ventes et d'achats s'étendant sur toutes les régions intéressantes du monde. Sans la guerre, la Compagnie française des pétroles aurait certainement jeté les bases d'une telle création, elle en avait étudié diverses solutions partielles.
>
> Je souligne ici le fait que si, dans tous les autres domaines, l'ouvrage déjà réalisé parait bien proportionné à l'importance future de la Compagnie française des pétroles, et si nous y laissons à nos successeurs une tâche désormais beaucoup plus qu'amorcée, sur ce point, nous sommes contraints de ne leur remettre qu'une œuvre insuffisamment ébauchée et qui doit réclamer de leur part une très grande attention[836].

Mercier voit grand. Il plaide pour que la compagnie dépasse sa mission nationale et devienne une société intégrée à l'instar des grands trusts, du puits jusqu'à la pompe. Il s'agit de combler le dernier maillon, celui du secteur commercial, contre lequel son propre conseil s'était tant opposé.

---

[834] *Ibid.*, SC91/-6, Procès-verbal du CA, 20 décembre 1940.

[835] *Ibid.*, 92AA060-207, La Compagnie française des pétroles, compte-rendu de son président Ernest Mercier, 20 décembre 1940.

[836] *Ibid.*

> Je n'ai qu'un mot à ajouter, me concernant personnellement. Si la loi de novembre 1940 ne m'avait pas mis dans l'obligation matérielle de me démettre de mes fonctions de président, j'aurais cependant été conduit à le faire, et je m'étais effectivement préparé, pour céder la place à Monsieur Mény.
>
> J'estime, en effet, que les hommes d'âge ne doivent pas trop longtemps coiffer l'activité des plus jeunes, quand ces derniers ont donné des preuves évidentes de leur valeur. Sans cette éventualité, je serais resté au conseil d'administration de la Compagnie française des pétroles aux côtés de M. Mény tant qu'il l'aurait jugé utile.
>
> Les circonstances présentes sont très différentes ; J'ai poursuivi pendant dix-sept ans une mission difficile. Je n'ai été guidé le long de cette route que par un seul mobile : l'espoir de servir mon pays.
>
> L'attitude du gouvernement présent me fait comprendre que j'ai dû lourdement me tromper et que cet espoir était fallacieux. J'ai certainement encouru quelque grave démérite dont on n'a pas jugé nécessaire de me faire connaître la nature.
>
> Dans ces conditions ; si obéissant à la cordiale invitation de mes collègues, je demeurais parmi eux, je m'exposerais à être congédié, avec mes huit jours, suivant les termes de la loi du 16 novembre 1940.
>
> Il est préférable que j'évite au gouvernement cette pénible extrémité. Je démissionnerai donc le 31 décembre 1940, à la fois de mes fonctions de président, comme de celles d'administrateur de la Compagnie française des pétroles[837].

Ces mots sont les derniers. Cette longue carrière dans le secteur pétrolier se termine d'une manière plutôt brusque et amère. Mercier obtient tout de même que sa dernière volonté soit respectée. C'est Jules Mény qui le remplace dès le 31 décembre de la même année.

5. La fin d'une carrière

C'est un parcours tout à fait exceptionnel qui se termine en 1940. Les obstacles se sont multipliés les uns après les autres depuis que Mercier a été choisi par Raymond Poincaré pour diriger la Compagnie française des pétroles. L'histoire de la CFP est connue dans ses grandes lignes, mais l'étendue du rôle joué par son président ne l'était pas. Sa première tâche a été de rassembler l'industrie et les grandes banques françaises autour d'un projet commun. Ce travail pose déjà de sérieux problèmes.

---

837 *Ibid.*

On ne peut pas assez souligner la précarité du projet à ses débuts. Il réunit des groupes qui ont déjà montré leur réticence à coopérer en Roumanie. C'est un investissement sans réelles garanties et qui repose uniquement sur un traité diplomatique. Celui-ci est d'ailleurs remis en question peu après la création de la compagnie. Aucun gisement de pétrole n'est encore découvert durant ces années et les frontières entre l'Iraq et la Turquie, où se situe la concession, sont contestées. C'est donc un impressionnant succès que d'être parvenu à réunir ces différents intérêts dans le cadre d'une mission d'intérêt national. La tâche n'a pas été facile. Les premières négociations au sein du Syndicat d'études pétrolières s'inscrivent en continuité directe avec les débats sur l'interventionnisme et le libéralisme qui font rage depuis la fin de la guerre. Les actionnaires exigent une société libre de toute ingérence gouvernementale. Il est question de limiter significativement sa portée, car elle menace les intérêts de presque tous les membres fondateurs. Cette attitude se traduit de plusieurs manières. Les premiers actionnaires veulent limiter le capital de la société et refusent qu'elle puisse raffiner et distribuer le pétrole elle-même. C'est cantonner la société à un rôle secondaire. Ernest Mercier n'a jamais accepté qu'on limite significativement l'objet de la compagnie. Le gouvernement exerce des pressions importantes dans ce sens. C'est un compromis qui permet la création de la CFP puisqu'elle doit se résoudre à abandonner les opérations commerciales aux sociétés privées.

Cet important compromis est loin d'assurer son développement. À l'extérieur, la société peine à prendre sa place au sein de la Turkish Petroleum qui fait tout pour retarder l'entrée des Français dans la compagnie. Mercier prend alors une décision importante, il cherche l'appui des Américains pour contrebalancer l'influence anglaise. Ce choix est risqué, l'Amérique défend la politique de la Porte ouverte qui menace de remettre en cause les traités diplomatiques sur lesquels repose la participation française. Ce rapprochement est facilité et probablement provoqué par la Banque de Paris et des Pays-Bas. Horace Finaly exerce toujours une influence non négligeable sur le développement de la compagnie. Mercier accepte volontiers les bons offices de la banque sans en dépendre. Ces projets ne se concrétisent pas. L'obstruction de Calouste Gulbenkian empêche la signature d'une entente et donc l'entrée des Américains. Mercier ne renonce pas pour autant. Il se rend personnellement aux États-Unis afin de trouver une entente avec la Standard. L'entrée des Américains devient toutefois le moindre de ses soucis alors que les groupes finissent par remettre en question les fondements juridiques de la part française.

Mercier se voit forcé d'entamer une procédure judiciaire à Londres pour le respect des droits de la compagnie. Le groupe français défend l'application des accords signés avec les précédents actionnaires allemands dont il a repris les actions. À la dernière minute, avant que le juge soit saisi de la question, le groupe français obtient raison sur toute la ligne. La fin de cet épisode difficile est concrétisée par la signature d'un *Group agreement* en 1928. Il règle définitivement les rapports entre les groupes et entérine l'entrée des Américains dans la compagnie. La découverte de pétrole en 1927 marque aussi une étape importante pour le développement de la société.

Cette découverte relance le débat en France sur la création de raffineries. Mercier se heurte à nouveau à l'opposition de son conseil. Ce sont surtout les banques et les trusts qui s'opposent au projet. Malgré les efforts déployés, les discussions au conseil révèlent d'importantes divergences entre les actionnaires. Mercier est conscient de la portée politique de cette question. Elle revêt un caractère stratégique pour le gouvernement français. La France doit être en mesure de raffiner son propre pétrole. Les solutions préconisées par les banques françaises risquent d'assujettir la société au bon vouloir des trusts. Ces années sont difficiles pour Ernest Mercier. Affirmer l'indépendance de la compagnie se fait aux dépens de puissants intérêts. Mercier devient la cible d'attaques personnelles pour ses prises de position. On dénonce son inexpérience des affaires pétrolières. L'enjeu est crucial. Il s'agit de ne pas limiter la compagnie au rôle de producteur. C'est l'immobilisme du dossier qui conduit Mercier à faire appel au gouvernement. Or, l'entrée de l'État dans la compagnie implique l'approbation du corps législatif. La question pétrolière revient alors au premier plan. La presse est mobilisée et le Parlement se transforme en lieu d'affrontement. La Chambre est loin de s'entendre sur l'ampleur que doit prendre l'intervention de l'État. Mercier fait tout pour faire avancer le dossier durant ces années. Il rencontre les députés, négocie avec le gouvernement, écrit dans la presse et passe devant les commissions d'études. Le résultat est un nouveau compromis. C'est le président de la compagnie qui parvient à convaincre le conseil de céder du terrain. Ces négociations mettent un terme à de sérieux contentieux et ouvrent la perspective d'un développement prospère.

Ce n'est pourtant pas la fin des difficultés. Mercier doit redoubler d'efforts afin de protéger les droits de la France au Moyen-Orient. La direction de l'Iraq Petroleum entame des négociations avec l'Iraq sans consulter le conseil de la compagnie. Celles-ci concernent la construction d'un chemin de fer vers Haïfa et la renégociation des termes de la concession pétrolière. Mercier est le premier à dénoncer ce qu'il considère être des démarches politiques inspirées par l'Angleterre. La question est prise au sérieux. Le groupe français et le Quai d'Orsay jugent les intérêts français menacés. Les réclamations françaises enveniment les relations au conseil de l'IPC. C'est Mercier qui, de nouveau, parvient à concilier les groupes en communiquant directement avec John Cadman. L'intervention du gouvernement dans ces affaires ne simplifie pas les choses. Celui-ci suit étroitement les négociations et s'avère souvent plus intransigeant que ne l'est la compagnie elle-même. C'est finalement la question des pipelines qui mobilise les efforts du groupe français. Il s'agit tout d'abord de choisir un tracé. Cette question montre, encore une fois, l'existence de sérieuses divergences entre les groupes. C'est l'occasion d'un nouveau rapprochement avec les Américains, qui trouveront une solution à l'impasse. Le choix de construire un tronçon en Y ne met pourtant pas un terme aux difficultés. Mercier doit pousser ses collègues pour que commencent les travaux. Les groupes cherchent à ralentir la mise en service au moment où le marché traverse une période de surproduction pétrolière. Ces efforts culminent avec le premier chargement du brut de Mossoul en 1934.

Grâce à sa filiale de raffinage, la Compagnie française des pétroles peut traiter elle-même son pétrole. Le seul maillon dont elle demeure absente est le secteur de la distribution. Les années qui suivent voient les recherches se poursuivre au Moyen-Orient. Elles permettent à la CFP d'accumuler d'importantes réserves de pétrole grâce à sa participation dans l'IPC. Mercier doit pousser le conseil de la compagnie qui n'est pas pressé d'exploiter de nouveaux gisements. Ces pressions aboutissent, avant la Deuxième Guerre mondiale, lorsqu'est décidé le doublement de capacité des pipelines allant vers la méditerranée. La guerre interrompt ces projets. Mercier joue un rôle de premier plan lorsqu'il s'agit de planifier l'approvisionnement pétrolier du pays en temps de guerre. C'est la compagnie qui négocie le ravitaillement de la France avec les trusts pour le compte du gouvernement. Mercier conseille aussi le gouvernement sur la meilleure politique à suivre en Iraq. La guerre met ce système à rude épreuve. L'invasion allemande a des répercussions importantes sur la politique pétrolière française. Mercier fait tout pour que la France conserve des liens avec ses partenaires de l'IPC. Ce contact est rompu lorsque l'Angleterre applique les mesures de guerre concernant le commerce avec l'ennemi. Mercier ne s'avoue pas vaincu. Il prend des mesures pour que la compagnie puisse participer aux dépenses éventuelles de l'IPC. Son action consiste à s'assurer que les droits de la France demeurent intacts. Mercier pense déjà à l'après-guerre. Ces droits doivent jouer un rôle primordial pour le relèvement économique de la France dans le futur.

Mercier a tout fait pour convaincre Vichy d'agir dans ce sens. Malgré plusieurs tentatives, il ne parvient pas à se faire entendre auprès du nouveau gouvernement. Celui-ci correspond pourtant aux aspirations politiques qu'il entretient pour la France depuis longtemps. Il rassemble des technocrates imbus de l'esprit polytechnicien. Mercier refuse d'y prendre part, probablement par scrupules patriotiques[838]. Il considère d'ailleurs que la loi du 16 novembre 1940, interdisant le cumul des mandats d'administrateur, est une attaque personnelle. Elle met fin à une longue carrière dans le secteur pétrolier. Il s'agit de dix-sept années à la tête de la CFP. Les obstacles rencontrés ont requis un travail acharné de la part du président. C'est sous sa tutelle que s'est formée la société et qu'elle a pris son essor. Intermédiaire incontournable, on lui doit d'avoir rallié intérêts financiers et gouvernement afin de doter la France de cette matière première qui lui faisant tant défaut.

[838] Kuisel, *op. cit.*, *Ernest…*, p. 146.

Conclusion

À la fin de sa carrière, Mercier est reconnu unanimement par ses contemporains comme un organisateur et un négociateur hors pair. Lorsqu'il s'agit de pétrole, il a pris part aux grandes négociations nationales et internationales de son temps. La teneur de ses activités fait probablement de lui le grand patron le plus influent de l'entre-deux-guerres. Il est familier avec les grands trusts pétroliers de la planète. Ces contacts rythment une carrière véritablement internationale. La Compagnie française des pétroles n'a pas été le seul point de rencontre. Mercier collabore très tôt avec un syndicat anglais au sein de la Steaua romana en Roumanie. Il prend aussi part à un syndicat international (OPQ) regroupant les grands trusts intéressés aux affaires roumaines. L'histoire pétrolière de l'entre-deux-guerres révèle l'existence d'une « relation spéciale » entretenue entre Américains et Français. Mercier, aux côtés d'Horace Finaly, fait tout pour favoriser ce rapprochement. L'importance que prennent ces rapports est impressionnante. Dès l'installation de ses intérêts en Roumanie, Paribas aligne sa politique avec celle des Américains. Cette alliance se fait aux dépens du gouvernement français qui cherche à libérer ses nationaux de toute influence étrangère. Mercier participe aux projets de Finaly et il ne semble pas y avoir eu la moindre résistance de sa part. Il est convaincu des avantages qu'offre l'alliance franco-américaine dans les affaires de pétrole. Cette volonté de rapprochement est impressionnante lorsqu'on considère sa durée et son étendue géographique. Elle n'en est pas moins risquée, car la politique de la Porte ouverte menace les intérêts français au Moyen-Orient.

Les négociations auxquelles prend part Mercier durant la période se font en contact avec des gouvernements étrangers. Il rencontre le roi Faysal et côtoie l'élite politique roumaine. La Roumanie entretient des liens étroits avec la France durant l'entre-deux-guerres. C'est dans ce pays que Mercier a fait « l'expérience des collaborations internationales en matière de pétrole et mérité le respect de ses partenaires anglo-saxons »[839]. Les intérêts français

[839] Archives Total, SC89.4, Note sur les débuts pétroliers de M. Ernest Mercier.

que représente Mercier jouent un rôle important pour le futur des relations franco-roumaines. Le pétrole est une denrée essentielle à l'économie roumaine et la balance commerciale en dépend. La France vise à supplanter l'influence allemande et à la couper de tout approvisionnement. Les sociétés françaises sont le fer de lance de cette politique. Le Quai d'Orsay consulte Mercier lorsqu'il s'agit de négocier des contrats pétroliers avec la Roumanie. C'est lui que le gouvernement français charge de l'étude d'un projet d'importation des redevances de pétrole brut de l'État roumain. Il participe à l'échec de ce projet qui menace directement les intérêts français en Roumanie. Mercier entretient aussi des relations avec les milieux d'affaires roumains alors que les grandes banques du pays, actionnaires de la Steaua romana, sont incapables de rembourser la France durant cette période. Les rapports entretenus avec Paribas laissent perplexe. Mercier se défend d'avoir eu des relations peu fréquentes, « mais empreintes d'estime et de confiance réciproques », avec Finaly[840]. Ces relations sont tout à fait différentes lorsqu'il s'agit de la Compagnie française des pétroles. Mercier fait preuve d'une impartialité qui froisse plus d'une fois la banque. Il est convaincu du besoin de s'élever au-dessus des intérêts partisans. Ce rôle, Mercier déclare l'assumer dans l'intérêt de son pays.

> Je ne l'ai point fait dans cet esprit de lucre qu'on veut bien me prêter quand on me qualifie de « requin », et qu'on ajoute « sans scrupules », je l'ai fait pour mon pays, et parce que j'en avais reçu la mission du président du Conseil, M. Raymond Poincaré, en 1923. Quand le président Poincaré voulut m'imposer cette tâche redoutable, j'ai compris à l'instant à quelle formidable coalition d'intérêts elle allait se heurter, et j'ai vu avec la clarté de l'évidence, que je ne pourrais avoir de chances sérieuses de réussir dans ma mission, que si j'étais, moi-même, absolument inattaquable. J'ai donc posé cette condition fondamentale à une acceptation que ces fonctions que j'allais assumer seraient gratuites. Elles l'ont été[841].

Mercier refuse de recevoir la moindre rémunération durant les dix-sept années de sa carrière à la tête de la Compagnie française des pétroles. Comment expliquer cette décision? Il faut dire que Mercier ne souffre pas de problèmes financiers. Il évalue ses revenus personnels à environ 1,5 million de francs par année[842]. La concession n'en est pas moins

---

[840] Archives nationales du monde du travail, 98 AQ 7, Notes pour le bâtonnier Charpentier et Me Henri Leveque, p. 16.

[841] *Ibid.*, p. 10.

[842] *Ibid.*, Les bénéfices de 22 années de vie industrielle, 8 octobre 1940.

majeure, surtout lorsqu'on considère l'ampleur des efforts et le temps qu'il a dévoué au développement de la compagnie. Ce sacrifice, il peut s'expliquer par patriotisme. Il est favorisé par des contacts fréquents avec le gouvernement. Ce patriotisme économique le distingue de la majorité du patronat de son époque. Mercier fait partie d'une élite d'hommes d'affaires pour qui la politique industrielle ne peut faire abstraction de l'intérêt national. Cette nouvelle élite s'inscrit dans un contexte bien précis. La Première Guerre mondiale voit naître de nouvelles considérations lorsqu'il s'agit d'investissements industriels et bancaires. La guerre cautionne un repli des investissements internationaux. Ce recul répond aux besoins en capitaux de l'économie nationale. Ces changements ne sont pas nés uniquement de la nécessité, mais aussi de considérations idéologiques. La guerre érige de nouvelles frontières économiques à une échelle jamais connue auparavant. Il n'est plus moralement acceptable d'investir des capitaux français en Allemagne ou de collaborer à des projets d'envergure en commun. C'est l'installation d'une mentalité prédatrice sur la scène internationale. Il s'agit de remplacer les intérêts des puissances vaincues dans le monde et d'hériter de puissants atouts économiques. Pour ce faire, les milieux d'affaires bénéficient de l'appui de leurs gouvernements respectifs qui ont avantage à faciliter la transition.

C'est précisément pour répondre à ces considérations nouvelles qu'intervient Paribas en Roumanie. Elle est la banque des grandes opérations internationales. Ses efforts sont marqués par un prolongement des investissements industriels dans les branches jugées stratégiques et par des prises de position destinées à couper les voies d'une nouvelle expansion allemande[843]. « Ce type d'analyse s'était répandu à partir de 1915 dans les élites dirigeantes du pays, qu'il s'agisse des milieux politiques et économiques ou de la haute administration. La prise de conscience d'une infériorité de l'industrie nationale par rapport à celle de l'Allemagne dans plusieurs branches essentielles déboucha sur le désir de combler ce handicap »[844]. Il est impossible de comprendre la carrière de Mercier dans le secteur pétrolier sans souligner l'importance prise par ces facteurs. L'intervention de l'État français pour diriger et encadrer l'action de ses nationaux prend alors tout son sens. Lorsqu'il s'agit des capitaux français engagés dans le secteur pétrolier, notre analyse montre que le gouvernement peine à réaliser ses ambitions. Il ne parvient pas à

[843] Bussière, *op. cit.*, *Horace...*, p. 113.
[844] *Ibid.*, p. 106.

contrôler les flux de capitaux, du moins, pas comme il l'aurait souhaité. L'industrie et les grandes banques se sont montrées prêtes à profiter des avantages qu'offre l'après-guerre, mais elles redoutent l'intervention de l'État dans l'économie. Le lobby qui milite pour la liberté de marché dans le secteur pétrolier est puissant ; il agit très tôt au lendemain de la guerre. Ce lobby est soutenu par les grands trusts mondiaux lorsqu'il s'agit des affaires de pétrole. La carrière d'Ernest Mercier montre l'ampleur prise par ce conflit idéologique. En Roumanie, les grandes banques parviennent à déjouer les plans centralisateurs du gouvernement français. En France, ces divergences apparaissent dès la fondation du Syndicat d'études pétrolières. Elles s'inscrivent dans la continuité des débats entre libéralisme et interventionnisme. Les membres fondateurs veulent empêcher la société de raffiner et de distribuer son propre pétrole. Ces intérêts s'opposent à la mission nationale dont est chargé Mercier par le gouvernement.

La nature stratégique des opérations pétrolières et l'importance des traités diplomatiques accordent à l'État un rôle incontournable dans le secteur pétrolier. La carrière de Mercier montre que le gouvernement est considéré comme un acteur indésirable par les milieux financiers et l'industrie. Au mieux, on lui réserve un rôle secondaire. On fait appel à lui lorsque les affaires vont mal, mais il doit s'absenter lorsque sont prises les décisions et distribués les profits. Les exemples de cette attitude abondent tout au long de la carrière de Mercier. En Roumanie, on exige fréquemment qu'il soutienne l'action de ses nationaux auprès du gouvernement roumain. Ces demandes concernent l'allègement des différentes charges imposées à l'industrie et l'obtention de terrains de l'État roumain. La France est aussi appelée à dédommager ses nationaux, voire à leur faire des avances, pour les destructions engendrées par la guerre. Les milieux d'affaires savent utiliser le vocabulaire approprié pour convaincre les responsables français. On revendique son appui dans « l'intérêt national ». Lorsque l'État agit de son propre chef, on dénonce l'excès des manœuvres. L'industrie « utilise » les pouvoirs publics, mais ces relations ne sont jamais simples. Elles s'inscrivent dans un jeu complexe d'influence dont le résultat est sans cesse différent. La carrière de Mercier montre toute l'ambition des acteurs gouvernementaux dans le secteur pétrolier. De leur côté, les milieux d'affaires débordent d'initiatives pour atteindre leurs objectifs. Cette situation est souvent paradoxale. L'État français est appelé à critiquer la politique interventionniste de la Roumanie alors qu'il tente lui aussi d'instaurer un régime similaire.

La constitution d'une société nationale est le deuxième jalon de la politique pétrolière menée par le gouvernement après la guerre. Les négociations qui entourent la création de la compagnie montrent la volonté presque unanime des industriels français de tenir l'État à l'écart. C'est grâce à Mercier que ses intérêts ont été protégés. Celui-ci a une haute opinion du rôle qu'il doit jouer à la tête de la compagnie. Mercier croit une cohabitation possible et s'assure de protéger l'intérêt du gouvernement autant que celui des actionnaires. Cette position est atypique et se traduit éventuellement par la création d'une société mixte. Mercier prouve qu'une collaboration entre sphère politique et économique est possible et qu'elle peut même s'avérer fructueuse. Ces idées sont à replacer dans le contexte de l'entre-deux-guerres. La menace que représente l'industrie allemande est un problème que Mercier met de l'avant à de nombreuses reprises dans le cadre de ses activités politiques. Son travail dans le secteur de l'énergie correspond à sa volonté de moderniser l'économie française. Cette modernisation passe par une concentration industrielle. Mercier considère que les petites sociétés françaises sont incapables de concurrencer certaines compagnies monolithiques étrangères. L'argument est fort lorsqu'il s'agit du secteur de l'énergie. Les pétroliers français ne sont pas en mesure de concurrencer les trusts sur la scène internationale. C'est dans ce contexte que Mercier est prêt à collaborer avec le gouvernement pour donner un coup de pouce à l'industrie. La politique pétrolière de la France ne peut être une question d'ordre privée. Elle doit être menée en considération de l'intérêt général de la collectivité[845]. Ce choix est loin de rapprocher Mercier des socialistes dont il compare les positions aux « pires excès de la démagogie »[846]. Ce qu'il revendique ce n'est ni le laisser-aller économique ni le contrôle de l'État par le biais de nationalisations. Cette solution intermédiaire, c'est la république des experts. Mercier sait que la gestion d'une affaire d'envergure comme la CFP ne peut se faire aux antipodes d'une certaine forme de libéralisme économique. Les milieux d'affaires et l'industrie ont montré leur intransigeance. Mercier a su défendre le modèle libéral tout en justifiant une intervention étatique modérée. « Il est dangereux pour les peuples de confier à de « grands commis »

---

[845] Archives nationales du monde du travail, 98 AQ 5, Mercier, « Politique nationale relative à l'énergie et aux ressources », *World power conference*, 1936.

[846] *Ibid.*, Mercier, *Les principes de la IIIe République.*

le soin d'assurer leur destin économique »[847]. La répartition d'actions dans le grand public permet aussi à Mercier de justifier la gestion de la compagnie.

> S'il arrive que notre réussite elle-même nous crée quelques difficultés, car nous vivons en un temps et dans un pays où les grandes entreprises éveillent souvent des jalousies, nous rappellerons que le problème national qui nous a été proposé ne pouvait être résolu que par une puissante organisation, mais si notre entreprise est devenue grande et doit le devenir davantage, elle mérite autant et plus que toute le titre de démocratique, non seulement parce que l'État y détient 35 % du capital, mais parce que notre capital libre ne tombe sous le contrôle d'aucun groupement financier ou industriel, il est dans sa très grande majorité, réparti entre nos 1 600 actionnaires qui sont, eux, le peuple de France : nous sommes une société de petites gens qui poursuivront ensemble un grand dessein : l'indépendance économique de leur pays[848].

Mercier se base autant sur la présence de l'État que sur la diversité des intérêts privés pour affirmer l'autonomie de la société. Cet idéalisme ne laisse pas transparaître une réalité beaucoup plus complexe. Depuis sa création, la CFP est le cadre d'une lutte d'influence sans merci. Si les intérêts privés font d'abord front commun contre le gouvernement, ils sont loin de s'entendre sur la forme que doit prendre son développement. Ces contradictions ne tardent pas à ressurgir et poser de sérieux obstacles lorsque Mercier décide de créer une filiale de raffinage. Les liens des grands trusts aux banques françaises complexifient la situation. La société nationale menace leurs intérêts en France. On peut se demander si la CFP aurait eu la forme qu'elle a prise sans son président. La présidence d'une affaire aussi complexe nécessitait non seulement une autorité morale à toute épreuve, mais une ouverture d'esprit partagée par peu de ses contemporains. En regroupant les milieux d'affaires, l'industrie et l'État dans la CFP, Mercier en a fait le prototype de ses aspirations technocratiques. C'est-à-dire une importante concentration industrielle dont l'objectif était de pouvoir rivaliser avec les plus grandes sociétés de son époque. Tout a été fait pour que la compagnie puisse se battre à

---

847 Archives Total, 89,14/13, Opinion du président de la commission des Mines, 30 janvier 1931.

848 Allocution d'Ernest Mercier, « Assemblées générales, Compagnie française des pétroles », *Le Temps*, 12 août 1935.

armes égales et que la France soit traitée sur un pied d'égalité avec ses partenaires.

À l'instar des grands trusts pétroliers de l'époque, Mercier a tenu à ce que la CFP recherche, produise, transporte et traite elle-même son pétrole[849]. Le seul maillon dont la société demeure absente est celui de la distribution. Cette situation est née de l'impératif de faire participer les intérêts privés à la société. Mercier révèle, à la fin de sa carrière, son désir de parer à la situation. Il peut compter sur l'appui du gouvernement. Le cadre légal instauré par le monopole-délégué est un puissant atout. Celui-ci respecte les intérêts des compagnies pétrolières et assure à la CFP le placement de son pétrole sur le marché français. Mercier est explicite quant à l'utilité de ce dernier. Lors d'une conférence qu'il donne en 1935 intitulée : « Considérations sur une politique de l'énergie ». Mercier aborde la question sous tous ses angles. Il commence par défendre qu'il est lui-même partisan de la « saine doctrine de l'économie libérale »[850]. C'est l'occasion d'exposer les problèmes inhérents au secteur de l'énergie.

> Parler d'une politique de l'énergie, cela sent vaguement le fagot pour un fervent du libéralisme : en effet, la production de l'énergie, sous ses différentes formes, est une manifestation de l'activité économique, et comme telle, il lui appartient d'obéir purement et simplement à la loi économique fondamentale de l'économie libérale.
>
> Malheureusement, et c'est le premier point important sur lequel il me faut insister ce soir : les industries de la production et de la répartition de l'énergie n'obéissent pas à la loi fondamentale de l'économie libérale.
>
> Comprenez-moi bien, je ne veux pas dire que ces industries ne sont pas très naturellement et très heureusement servies par les initiatives privées, au moyen d'entreprises indépendantes : vous savez, au contraire, que c'est à ces initiatives qu'elles doivent essentiellement leur essor, sans aucune exception, car Monsieur Pineau me permettra de ranger, pour la circonstance, son action personnelle au nombre de ses initiatives privées, j'ajouterai seulement, spécialement pour lui, et désintéressées. Mais je veux dire et souligner que ces initiatives, pour totalement indépendantes qu'elles soient, ne sont pas régies par la loi fondamentale de l'économie libérale, laquelle comme vous le

---

849 Ces activités impliquent la présence de géologues et de techniciens français sur le terrain. Elles impliquent aussi la création d'une filiale de transport, la CNP, et d'une filiale de raffinage, la CFR.

850 Archives nationales du monde du travail, 98 AQ 5, *Considérations sur une politique de l'énergie*, 27 avril 1935, p. 2.

> savez est basée sur le seul jeu de l'offre et de la demande, dépouillé de toute intervention arbitraire [...].
>
> Rien de tel ne se produit, en matière d'énergie, pour mille et une raisons, et, en particulier, parce que dans ce domaine, les interventions de l'État, sous la forme de l'Administration, comme sous la forme du pouvoir législatif, sont constantes et pour ainsi dire fondamentales [...].
>
> Pour le pétrole, l'intervention systématique de l'État est encore plus totale, et tout me porte à penser que dans l'ordre actuel des choses, cette intervention était inévitable[851].

La position que défend Mercier est claire. L'industrie pétrolière échappe à la loi libérale et à une « régulation automatique ». Pour cette raison, elle a besoin d'un autre mécanisme de réglage. On ne peut donc pas laisser le champ libre aux initiatives privées. « Sur ce premier point, reconnaissons-le, essentiel, et seulement dans ce domaine spécial où nous nous mouvons ce soir, je suis obligé de reconnaître que le jugement tombe à faux »[852]. Mercier conclut « qu'en ce qui touche l'intérêt primordial du public, il se trouve sauvegardé, dans ce régime de fait où nous nous trouvons »[853].

Mercier vise déjà la constitution d'un véritable groupe intégré durant l'entre-deux-guerres. Ce sont les fondations du groupe pétrolier Total. Le degré d'indépendance acquis par la France est largement imputable à son président et à un groupe restreint de collaborateurs. Ces hommes ont travaillé sans relâche afin de surmonter les nombreux obstacles qui se sont opposés à la création et au développement d'une société pétrolière nationale.

Il est en effet bon de rappeler que Mercier n'a pas mené ce travail seul. L'affaire est menée par un cercle restreint, uni autour de son président. Mercier tient à choisir les dirigeants et techniciens de la société, et ce malgré l'opposition de son conseil. L'histoire de la CFP est aussi celle d'une collaboration étroite, le rôle joué par ces collaborateurs est immense. Ce sont, bien souvent, les mêmes noms que l'on retrouve en Roumanie et à la CFP. Ce n'est pas une coïncidence. La France est en retard dans les affaires des pétroles après la guerre. Ce retard concerne aussi la formation de techniciens. La Roumanie offre l'occasion de former toute une

851 *Ibid.*, p. 2–4.
852 *Ibid.*, p. 25.
853 *Ibid.*

génération de pétroliers. Mercier y envoie les premiers ingénieurs français afin de surveiller la gestion des affaires et de promouvoir les progrès techniques. Ceux-ci forment le premier noyau de techniciens français du pétrole. Victor de Metz, le futur président de la compagnie, y a fait son apprentissage. Mercier installe ainsi durablement les polytechniciens au cœur de l'industrie pétrolière. Plusieurs de ces proches collaborateurs ont joué un rôle important en Roumanie ; c'est le cas de Mény, Champin et Chapuy. La réussite de Mercier est liée au fait d'avoir su former un réseau de collaborateurs hautement compétents. Quelques noms sont à retenir. Le directeur de la compagnie joue un rôle prépondérant non seulement dans les affaires internes, mais dans les négociations internationales. Ce poste est occupé par Louis Tronchère jusqu'à sa mort en 1936. C'est lui qui assemble les pièces du procès contre les partenaires de l'IPC. Il est personnellement chargé des études sur la constitution d'une société de raffinage. À sa mort, il est remplacé par René de Montaigu qui prend part aux grandes négociations internationales à la veille de la guerre. Une mention spéciale doit être faite du rôle joué par Jules Mény, l'administrateur délégué. Il est le principal collaborateur de Mercier à la fois en Roumanie et à la CFP dans laquelle il entre en avril 1929.

> L'action de M. Mény n'a cessé de se développer avec une activité et un succès exceptionnel. Il n'a pas tardé à acquérir à Londres une situation personnelle particulièrement forte, grâce à sa culture technique, à sa grande expérience personnelle en matière de pétrole, à sa parfaite connaissance de l'anglais et des usages anglais, et à ses qualités de caractère, de droiture, d'énergie, d'initiative et d'intelligence, sans oublier son courage sportif d'aviateur. M. Mény, très allant, très rapide dans ses déplacements, n'hésitant pas à utiliser son avion personnel pour gagner du temps, à établi, non seulement avec ses collègues de l'Iraq Petroleum Company, mais avec la direction de la compagnie et ses principaux cadres, les rapports les plus étroits et les plus suivis, ce qui a conféré à notre collaboration un caractère tout particulièrement vivant et efficace[854].

Mercier prépare lui-même sa succession à la tête de la compagnie. Les pressions qu'il exerce auprès du gouvernement de Vichy en témoignent. « Ernest Mercier eut ici encore un autre mérite, celui de créer une tradition, par le choix des collaborateurs dont il s'est entouré d'abord, et par l'exemple de ses méthodes ensuite »[855]. Mény n'est pas le seul

---

[854] Archives Total, 92AA060-207, Compte-rendu d'Ernest Mercier…

[855] Marguerite Mercier-Dreyfus, *op. cit*, p. 31.

administrateur qu'il recommande. « Monsieur de Metz est également une personnalité de valeur exceptionnelle. [...] Ceux qui auront la charge de diriger la Compagnie française des pétroles à l'avenir devront bien les connaître »[856]. Mercier ne se trompe pas, ce sont les deux prochains présidents de la compagnie. L'historiographie s'avère toujours lacunaire au sujet du rôle joué par Jules Mény. En tant que successeur, il a dû défendre les intérêts de la compagnie pendant la guerre. Sa réticence à collaborer lui a valu de finir ses jours dans un camp de concentration en Allemagne. Mercier agit en technocrate lorsqu'il s'agit de choisir ses proches collaborateurs. La direction de la compagnie doit revenir à un groupe d'individus hautement qualifiés. C'est bien ce qu'il prône auprès du gouvernement lors de son départ. Écarter ces hommes aurait de graves conséquences.

> Dans une affaire aussi difficile, par sa nature, par le fait de sa nationalité étrangère, et surtout à cause de la puissance réellement disproportionnée de ses trois associés, unis entre eux par mille liens d'intérêts sous toutes les latitudes, la Compagnie française des pétroles ne peut sauvegarder sa situation qu'au prix d'une constance dans l'effort et d'une vigilance, que seule peut, dans une certaine mesure, rendre possible la permanence de personnes extrêmement entrainées et disposant de la pleine confiance de leurs collègues, d'une part, du gouvernement de l'autre[857].

La démission de Mercier à la tête de la CFP et de l'OFP marque la fin de son rôle dans l'industrie pétrolière. Quelques-unes de ses activités subséquentes vont lui permettre de partager sa vision de ce que doit être la politique énergétique française. Vers la fin de 1944, il prend part à la conférence de Rye qui doit étudier les bases économiques de la paix. Il y est invité par le gouvernement provisoire puisqu'il compte parmi le faible nombre d'industriels qui n'ont pas collaboré avec les Allemands. C'est l'occasion de discuter des bases économiques de la paix. « Le devoir de chaque État qui veut participer à la vie économique internationale est de maintenir l'équilibre de sa balance des paiements [...]. Un État dont la balance des paiements est déséquilibrée est un élément de trouble sur le marché international ; il doit accepter d'aliéner peu à peu son indépendance et de se soumettre au bon vouloir des autres États »[858].

---

[856] Archives Total, 92AA060-207, Compte-rendu...

[857] *Ibid.*

[858] Archives nationales du monde du travail, 98 AQ 5, Ernest Mercier, *La conférence de Rye*, novembre-décembre 1944, p. 13.

Mercier se dit partisan de la liberté d'entreprise, mais l'intervention étatique a un caractère essentiel et efficace. Ces considérations ont des répercussions importantes lorsqu'il s'agit du secteur pétrolier. Elles sont prémonitoires puisque le gouvernement amplifie son intervention après la Deuxième Guerre mondiale et cherche à doter le pays d'une production nationale. Mercier admet la nécessité économique de la planification qui s'impose au lendemain de la guerre. S'il considère désormais les nationalisations indispensables, il juge qu'elles doivent laisser le contrôle aux dirigeants, sans quoi ceux-ci deviendront « de timides bureaucrates ».

À la fin octobre 1945, Mercier est nommé vice-président de l'Académie de marine pour rendre hommage à ses réalisations dans le domaine de l'électricité et du pétrole[859]. Sa carrière dans ces deux secteurs lui a permis d'évaluer la valeur de chaque source d'énergie. Visionnaire, Mercier déclare que le pétrole représente un capital alors que d'autres sources, comme l'hydroélectricité, sont un revenu. « Comme il est préférable, vous le savez également, de vivre sur ses revenus, plutôt que sur son capital, on est très tenté de conclure à la supériorité décisive de l'énergie hydroélectrique »[860]. Mercier s'attend à ce que l'énergie solaire prenne de plus en plus d'importance. En 1946, le Conseil de l'Ordre de la Légion d'honneur invite Mercier à y siéger. Il est aussi président du Comité national français de la Chambre de commerce international jusqu'en 1948. Son expertise dans le domaine pétrolier est mise à profit lorsqu'il rejoint le conseil d'administration du Canal de Suez en 1946. En décembre 1953, Mercier se prononce sur l'avenir du canal. Le pétrole et ses dérivés représentent alors 60 % de son trafic.

> Dans les années prochaines, le développement de la consommation du pétrole se poursuivra fatalement, malgré les craintes de surproduction qui se manifestent périodiquement avec une régularité pendulaire. Cela tient à la multiplicité croissante d'emploi de ces précieux hydrocarbures, à leur extraction peu coûteuse en main-d'œuvre, à leur prix de revient réel extrêmement bas, masqué par une abondance étonnante de redevances, taxes et impôts[861].

Mercier prévoit une augmentation du tonnage des navires-citernes. À quelques années de la crise de Suez, il est de ceux qui croient que l'Égypte

---

[859] *Ibid.*, Lettre de l'Académie de marine à Mercier, 25 octobre 1945.

[860] *Ibid.*, Mercier, *Considérations…*, p. 6.

[861] *Ibid.*, Ernest Mercier, *L'avenir du Canal de Suez*, 17 décembre 1953, p. 195.

est dans l'impossibilité matérielle et pratique d'exploiter elle-même le canal[862]. Mercier ne connaît pas la rupture historique que représente cette crise puisqu'il meurt en juillet 1955. Ses activités diverses lui ont assuré un rôle de premier plan dans la politique économique et sociale française. La presse est unanime à le reconnaître à sa mort. Le journal *Libération* écrit : « sa puissance économique et politique était énorme ». *L'Humanité* en fait le « magnat du pétrole ». *Le Matin* le dit « maître de l'économie nationale », un organisateur et centralisateur régnant de façon discrétionnaire sur d'énormes secteurs de l'économie. L'intérêt qu'a suscité la carrière d'Ernest Mercier dans la presse de son époque contraste avec la place qu'il tient aujourd'hui dans la mémoire collective. Alors que les milieux d'affaires ont largement collaboré, le dossier de Mercier est resté sans taches durant la guerre. Les péchés de la communauté industrielle se sont peut-être reflétés sur lui, comme le suggère Richard Kuisel. Les archives françaises débordent d'informations sur ce grand patron. Une première biographie écrite par Kuisel n'a que survolé sa carrière industrielle. Mercier touche à tout et l'étude de sa carrière pétrolière ne comble pas entièrement le portrait de ce patron hors norme tellement son action est vaste. À sa mort, ses collègues sont nombreux à souligner ses qualités. Edmond Giscard d'Estaing s'est dit frappé de son dévouement au bien public, de son désintéressement, de la valeur de ses jugements et de son humanité profonde. Pour son collègue Robert Cayrol, Mercier avait une lucidité de jugement hors du commun. Il le décrit étant doté d'une vigueur de réalisation pour les grandes idées, et d'un talent pour infuser sa conviction à ses co-équipiers. Il attribue à Mercier d'avoir su consolider la position française dans les affaires de pétrole et d'avoir « gagné le respect grandissant de nos collègues britanniques, américains et hollandais, et édifié avec eux la structure internationale de premier rang dans laquelle les intérêts français s'épanouissent aujourd'hui »[863].

L'ampleur qu'a prise cette carrière nous a permis d'étudier l'histoire pétrolière de la France durant l'entre-deux-guerres. Cette étude recèle de nouvelles informations. L'historiographie s'avèrait lacunaire sur d'importantes tranches de la carrière de Mercier. C'est le cas de ses activités en Roumanie. Elles montrent que Mercier est en contact avec les milieux diplomatiques bien avant la constitution de la CFP. Il prend part à des négociations internationales, négocie avec les banques et le

---

862 *Ibid.*, p. 198.

863 Mercier-Dreyfus, *op. cit.*, p. 53.

gouvernement roumain. Ces questions ont une forte incidence politique. Elles sont cruciales pour la France qui compte sur la Roumanie pour encercler l'Allemagne. Ces considérations font de Mercier un acteur important en matière de politique internationale. L'histoire de la CFP est mieux connue des historiens, mais le rôle joué par son président l'est beaucoup moins. L'étude des grandes négociations montre l'ampleur des difficultés surmontées. Les interventions répétées du président auprès du gouvernement rythment la période. Mercier s'est personnellement investi dans le développement de la société. Ce rôle nous permet de cerner la mentalité d'un homme qui se démarque clairement du patronat de son époque. Mercier est convaincu que le secteur de l'énergie est un domaine à part, auquel les règles du libéralisme économique ne s'appliquent pas. L'État doit intervenir dans l'intérêt général. Les rapports entretenus avec le gouvernement ont été tout sauf simples. Ils montrent que l'étude des rapports entre sphères politique et économique doit passer par l'analyse du rôle des acteurs. On peut douter qu'un contemporain de Mercier ait pu atteindre les mêmes résultats. Il faut avant tout rester prudent. On doit résister à la tentation de tirer des conclusions générales sur les facteurs qui régissent ces rapports. À la complexité de ces relations doit répondre une étude rigoureuse au cas par cas. Cet ouvrage étudie un scénario bien précis. Il montre qu'une collaboration est possible entre pouvoir politique et milieux financiers, Mercier l'incarne. La Compagnie française des pétroles mobilise d'importants capitaux privés, mais l'État est un acteur clé dont l'intervention altère définitivement le développement de la société. L'opposition à cette intervention est puissante et organisée. Le reste du patronat est opposé au principe de société mixte. Il revient à Mercier d'avoir non seulement accepté ce principe, mais d'avoir cherché à le faire fonctionner.

Étudier la carrière d'Ernest Mercier permet aussi de retracer les mécanismes d'influence d'une puissante banque d'affaires. Paribas joue un rôle de premier plan dans le secteur pétrolier durant l'entre-deux-guerres. Ces participations impliquent toujours, d'une manière ou d'une autre, un contact avec les autorités publiques. Force est de constater qu'en cherchant à défendre ses intérêts, la banque s'oppose fréquemment aux efforts du gouvernement français. L'installation des capitaux français en Roumanie montre bien la nature de ces rapports. Au sein de la CFP, la banque exerce une action de blocage qui compromet sérieusement le développement de la société. Paribas n'agit jamais seule, elle sait mobiliser les intérêts privés et user de ses contacts dans les différents ministères.

Ses différentes activités pétrolières sont indissociables des liens entretenus avec la Standard Oil. La lutte contre l'intervention étatique est un projet qu'elles mènent en commun. Mercier n'est jamais bien loin de Paribas puisqu'il dirige ses intérêts en Roumanie. C'est à la demande d'Horace Finaly qu'il rejoint ce secteur en 1920. Au sein de la CFP, le poids de la banque est déterminant. À sa création, elle détient trois sièges sur sept au conseil d'administration. Les liens entre le président de la compagnie et Paribas ne sont pas secrets. La presse contemporaine attaque déjà Mercier qu'on accuse d'être au service de la banque. À la fin de sa carrière, Mercier prend la peine de répondre à ces détracteurs et de clarifier la nature de ces rapports. « J'ai toujours trouvé l'appui constant de M. Finaly, même dans des circonstances délicates, où l'intérêt de ses alliances, avec le groupe de la Standard Oil de New Jersey, par exemple, aurait pu l'en détourner »[864]. Cet « appui constant » contraste avec la réalité des faits. Les rapports entre Mercier et la banque ont traversé de sérieuses crises durant l'entre-deux-guerres.

L'hypothèse d'une subordination d'Ernest Mercier à la banque ne tient pas la route. Les antagonismes sont réels et multiples durant la période alors que Paribas cherche à protéger ses intérêts et ceux de ses alliés américains. Ces considérations ne remettent pas en question l'existence d'une « relation spéciale » entre Mercier et Finaly. La forme la plus concrète qu'a prise cette relation est le rapprochement de la CFP avec les Américains. Celui-ci prend la forme de rencontres personnelles entre Mercier et Teagle. C'est le début d'une collaboration, dans les affaires pétrolières, entre la France et les États-Unis. Ces relations ne sont pas faciles, les intérêts en jeu sont importants. Du côté français on désire une véritable alliance qui doit contrebalancer l'influence anglaise au sein de l'IPC. Cette stratégie reçoit l'aval du gouvernement français. Les Américains n'ont jamais été les partenaires idéaux, mais ce rapprochement ne se fait pas complètement en vain. C'est grâce au groupe américain qu'un compromis est atteint au sujet du tracé des pipelines. C'est à ce groupe que Mercier décide de confier un fond de 1 million de dollars, emprunté à JP Morgan, pour qu'ils s'acquittent d'éventuels paiements pendant la Deuxième Guerre mondiale.

L'importance grandissante du pétrole durant l'entre-deux-guerres signifie que l'État s'y est intéressé de près. La présence d'un homme

[864] Archives nationales du monde du travail, 98 AQ 7, Notes pour le bâtonnier…., p. 16.

comme Mercier, dévoué au relèvement industriel de la France, a permis de faire fructifier cette collaboration. Le chemin parcouru est immense, la CFP est une société néophyte à côté des grands trusts pétroliers de l'entre-deux-guerres. Cette expérience est encore instructive aujourd'hui, alors que le rôle du gouvernement dans l'économie a été largement remis en question. Les privatisations et la mondialisation ont eu raison de lui. « D'une année sur l'autre, l'État offre ses actions au capital privé et tourne le dos aux desseins de Poincaré en 1924 et de De Gaulle en 1966 qui considéraient le pétrole trop important dans la vie du pays pour que l'État s'en désintéresse »[865]. La position d'Ernest Mercier sur le sujet n'est pas extrême. Le secteur énergétique est stratégique, il justifie un certain contrôle du gouvernement. Les formes qu'a pu prendre ce contrôle sont nombreuses : participation au capital, commissaires du gouvernement, consultations, réglementation du marché, gestion par des nationaux, etc. Ces idées sont-elles vraiment démodées?

La mondialisation a changé les règles du jeu. Pourtant, le secteur de l'énergie conserve toute son importance. À l'heure où s'ouvrent toutes les frontières, l'État-nation n'a pas complètement disparu. La sphère politique risque d'être prise au dépourvu si elle délaisse la question de l'énergie. Dans les mots d'Henry Bérenger, on ne peut la restreindre à une simple question d'épicerie privée. Le risque d'une guerre totale, qui priverait la France de son approvisionnement, n'est pas aussi élevé que durant l'entre-deux-guerres. La question n'en perd pas moins de son importance. Le bon fonctionnement de l'économie nationale dépend de l'énergie. L'exemple récent de la vente d'Alstom[866] à l'Américain General Electric en dit long sur le nouveau rôle (ou l'absence de rôle) joué par le gouvernement français dans ce domaine. Ce que l'on constate c'est l'absence d'une vision stratégique sur le long terme dans un secteur clé de l'économie. On pourrait être tenté d'y voir les signes d'un temps nouveau. On aurait tort. En 2005, la compagnie Cnooc[867], contrôlée à 70 % par le gouvernement chinois, veut faire l'acquisition d'une société d'énergie californienne : Unocal Corp. Peu de temps après, la société chinoise se voit forcée de retirer son offre de 18,5 milliards, la raison? Le gouvernement américain considère que cette acquisition menace la sécurité nationale des États-Unis.

---

865 Nouschi, *La France...*, p. 340.

866 Société qu'a aussi présidée Ernest Mercier.

867 China National Offshore Oil Corporation.

Cet exemple, dans un pays où le laissez-faire économique a normalement force de loi, témoigne de l'importance que conserve encore aujourd'hui le secteur de l'énergie. Mercier, lui-même attaché au dogme de l'économie libérale, est prêt à accepter l'intervention de l'État dans l'intérêt général de la société. Les rapports qu'implique cette collaboration sont souvent conflictuels. La cohabitation du gouvernement et des intérêts privés se fait rarement sans heurts. L'étude historique de ces rapports, dans le domaine stratégique du pétrole, révèle toute leur complexité. Total n'aurait certainement pas la forme qu'elle a prise aujourd'hui sans l'intervention de l'État. Cette réussite ne s'est pas faite sans une certaine ouverture d'esprit de la part du patronat. Mercier fait partie d'un cercle restreint de technocrates qui, durant l'entre-deux-guerres, est prêt à gérer le secteur industriel par patriotisme économique.

Les débats qui s'articulent autour de la place de l'État dans l'économie durant l'entre-deux-guerres ont largement mobilisé l'opinion publique française. Ils ne concernent pas seulement le pétrole, mais aussi l'électricité, deux domaines dans lesquels Mercier occupe une place prééminente. À la tête du secteur énergétique français, Mercier a été en mesure d'agir directement sur l'évolution de ces rapports entre sphère publique et privée. Cette position lui a permis de jeter les bases de l'intervention de l'État dans le secteur pétrolier et de montrer tout ce que pouvait permettre une collaboration. Le travail de Mercier s'inscrit dans les prémices de la politique pétrolière française au XXe siècle. Après la guerre, l'action du gouvernement représente une certaine continuité alors qu'il choisit d'accentuer son intervention jusqu'au contrôle éventuel d'un groupe entièrement indépendant, Elf Aquitaine. La place de l'État dans l'économie est encore débattue aujourd'hui. Mercier apporte une réponse simple qui peut s'avérer instructive, la mise en place d'une économie libérale dans laquelle l'État agit peu, mais de manière ciblée dans les secteurs stratégiques. La réglementation doit appuyer cette politique sur le marché national. C'est aussi la concentration des industries essentielles. La rationalisation lui apparaît incontournable pour faire face à la compétition internationale. L'État est appelé à jouer un rôle dans les relations commerciales. Il est responsable de procurer des commandes à l'industrie française, mais aussi d'exercer toute son influence pour assurer des conditions d'exploitation adéquate en faveur de ses nationaux. Finalement, Mercier s'inquiète de la balance des paiements dans le commerce international. Un pays dont la balance commerciale est négative est un élément de trouble sur la scène internationale. Ces considérations doivent assurer la compétitivité industrielle de la France. Leur importance est cruciale pour Mercier, il y va de la survie des nations. Ces idées ont une certaine pérennité ; elles seront reprises et même amplifiées par le gouvernement français qui devient, dès lors, un acteur incontournable du secteur pétrolier.

Postface

Ernest Mercier est décédé en 1955 et que reste-t-il de son œuvre, de son action ? Le travail de François Pelletier permet de comprendre le rôle essentiel qu'il a joué dans le domaine pétrolier où la France est partie avec un handicap certain sur la Grande-Bretagne, les États-Unis ou la Russie. On sait que Mercier fut aussi « le roi de l'électricité » en ayant rationalisé et développé un secteur trop atomisé à l'origine. Et ses performances industrielles, par exemple à l'Alsacienne de Constructions mécaniques, sont à l'aune de ses réussites dans le secteur énergétique. Et pourtant, à la question initiale, il faut bien avouer que le nom de Mercier n'est guère connu que d'un cercle restreint de spécialistes.

Quand on a demandé aux Français il y a quelques années quel grand patron méritait d'être retenu par la postérité, Louis Renault, Marcel Dassault ou André Citroën dominaient les réponses. Point de Mercier ! Les explications sont nombreuses à cet oubli, mais elles ne permettent guère d'atténuer ce qui reste une injustice. Certes, Mercier n'a pas construit de biens durables qui ont fait rêver les foules comme l'automobile ou l'aviation. Il est descendu un moment dans l'arène politique (avec sa revue *Le Redressement français*) sans se trouver d'alliés. Il est resté l'ennemi de classe pour la CGT et le parti communiste. De plus, son œuvre principale, la construction d'un secteur électrique puissant, a été gommée par la nationalisation de ce domaine d'activité en 1946. De plus, la Compagnie française des pétroles (CFP) a traversé après-guerre une période difficile qui a vu en plus surgir un rival public devenu en quelques années une société majeure (Elf-Aquitaine). L'homme lui-même n'a pas consacré ses dernières années à façonner sa statue, mais est (re)devenu un ingénieur passionné par les questions techniques en particulier dans le domaine du thermique électrique et a continué de cultiver ses contacts avec les États-Unis. On peut ajouter que la période d'après-guerre n'était guère favorable à la figure du grand patron et que cette « traversée du désert » a duré longtemps. Dans ce pays de tradition catholique et aux réflexes égalisateurs bien ancrés, célébrer la réussite patronale est toujours quelque peu suspect et certainement difficile.

Hormis le général de Gaulle, les hommes les plus populaires restent un savant (Pasteur) et un prêtre (l'Abbé Pierre), les trois étant assez loin du monde de l'argent et de la puissance issue des grandes affaires.

Rappeler qui fut Mercier est donc aussi œuvre de justice et le travail qu'on vient de lire répare un certain oubli (en tout cas du côté hexagonal puisque ce grand patron eut une belle biographie par un historien américain). Ernest Mercier a pourtant bien servi son pays en lui donnant une certaine indépendance énergétique, sujet qui n'était pas absent des préoccupations de l'entre-deux-guerres (la dépendance pétrolière d'une part et l'industrie électrique insuffisante d'autre part ont été des leçons retenues du premier conflit mondial). Sans doute plus saint-simonien qu'on ne le dit, Mercier avait de grands projets qui s'inscrivaient dans l'espace national (le réseau électrique) et international (la question pétrolière). Vraisemblablement voyait-il trop loin par rapport à une France meurtrie par la Grande Guerre et désespérément attachée dans l'entre-deux-guerres à de petites ambitions.

Mercier venait de la Plus Grande France (il est né à Constantine en Algérie) et sa formation initiale au final le poussait à voir large. En effet, s'il est effectivement polytechnicien, sa spécialité n'est ni le Corps des Mines ni le Corps des Ponts, mais le Génie maritime. Cette fonction offre d'excellents organisateurs, des rationalisateurs. Mercier commence d'ailleurs sa carrière au port de Toulon dont il modernise le service électrique. Pendant la guerre, il est engagé dans les troupes de marine et sert en particulier dans les Balkans. Outre ses nombreuses qualités, Mercier a donc hérité de conceptions ambitieuses que ce soit pour ouvrir la France à la modernité ou l'inscrire dans les nouveaux horizons d'un monde qui après 1918 est définitivement différent de celui de la Belle Époque. En ce sens Mercier a intégré certains bouleversements à commencer par la nécessaire intégration de ce « mal nécessaire », l'État qui a acquis une certaine légitimité pendant la guerre et qui a su parler fort pour dominer les intérêts privés quand le destin de la France était en jeu. Mercier n'est cependant pas un étatiste, il croit en l'initiative privée et défend son œuvre. Dans le domaine électrique, à la fin des années 1930, sentant que ce secteur pourrait avoir un « destin ferroviaire » (c'est-à-dire être nationalisé comme les compagnies privées de chemins de fer devenues en 1938 la SNCF, Société nationale des chemins de fer français), il défend becs et ongles son entreprise, l'Union d'électricité et le résultat collectif qui fait du secteur électrique français une vraie réussite. Son attitude pendant la Seconde Guerre mondiale ne le rapproche en rien de Vichy et il vit la nationalisation des industries électriques et gazières en 1946 avec dignité et presque un certain détachement. Certes, la création d'EDF n'était pas son souhait, mais tous ceux qui avaient travaillé avec lui ont rejoint l'entreprise publique et ont tiré les leçons de leur expérience privée pour réussir à ne pas faire d'Électricité de France une administration. Mercier fut donc un « passeur », quelquefois malgré lui, vers une France qui voulait investir, s'équiper, retrouver son rang. Il ne fut donc pas totalement étranger à l'esprit des Trente Glorieuses. Personnalité complexe et riche, il méritait l'étude qu'on vient de lire et on peut encore avancer que ce grand industriel recèle bien des facettes que les historiens se feront un plaisir d'analyser dans de nouveaux travaux.

Alain Beltran
Directeur de recherche émérite au CNRS,
Président du Comité d'histoire de l'énergie

Annexes

Tableau 1. Résultats de la Steaua romana (1921–1938).

Année	Production de brut	Taux de profit réel (%)	Cours actions (FF)
1921	226 000	6,3	2100 prix d'achat
1923	233 000	3	429
1926	406 000	2	490
1927	541 000	0,4	327
1928	652 000	0,8	315
1929	832 000	0,3	229
1930	840 000	0,5	124
1931	990 000	-3,7	70
1932	1 125 000	1,1	45
1933	1 122 000	1,1	55
1934	1 184 000	-1,5	45
1935	1 327 000	-0,6	34
1936	1 529 000	34	42
1937	960 000	1	89
1938	751 000	-1,3	48

Source : Philippe Marguerat, « Patronat et capitaux français face à la seconde industrialisation, l'exemple du pétrole », *Annales. Économies, Sociétés, Civilisations*, vol. 46, n° 1, 1991, p. 209.

Tableau 2. Actionnaires de la Compagnie française des pétroles en 1924.

Actionnaires	Capital	Actions A et B
Groupe Standard Oil et Paribas		
Banque de Paris et des Pays Bas	1 100 000	550A-1 650B
La pétroléene	1 000 000	500A-1 300B
Standard Franco-Américaine	450 000	225A-675B
L'Économique	450 000	225A-675B
André et Fils	450 000	225A-675B
Cie Générale des Pétroles	350 000	175A-525B
Omnium International des Pétroles	475 000	475A-475B
Columbia	475 000	0A-950B
Sté de Naphtes Limanowa	475 000	237A-713B
Pétroles de Dabrowa	475 000	237A-713B
Steaua Française	475 000	237A-713B
Sté Française des Carburants	450 000	225A-675B
Ernest Mercier	50 000	31A-69B
27,6 % du capital total		
Pétrofina		
Banque de l'Union Parisienne	1 100 000	550A-1 650B
Sté Générale	350 000	175A-525B
Pétrofina Française	475 000	475A-475B
Concordia	475 000	0A-950B
Crédit mobilier français	900 000	450A-1 350B
Raffinerie de Pétrole du Nord	350 000	175A-525B
15,1 % du capital total		
Desmarais Frères		
Desmarais Frères	1 200 000	500A-1 800B
Aquila	350 000	0A-700B
Sté Fse et Roumaine	175 000	287A-63B
Romana-Belge de Pétrole	50 000	0A-100B
7,3 % du capital total		
Compagnies nationales ou indépendantes		
Cie Industrielle des Pétroles	875 000	462A-1 288B
Lille Bonnières Colombes	700 000	350A-1 050B
Consommateurs de Pétrole	450 000	225A-675B

Tableau 2. Continued

Actionnaires	Capital	Actions A et B
Pechelbronn	450 000	225A-675B
Pechelbronn	350 000	175A-525B
11,6 % du capital total		
Royal Dutch-Shell		
S. A. Pétroles Jupiter	1 200 000	600A-1 800B
Raffinerie du Midi	700 000	350A-1 050B
7,9 % du capital total		
Anglo-Persian Oil Company		
Sté Générale des Huiles de Pétrole	875 000	75A-25B
3,6 % du capital total		
Groupe Hausseman		
Omnium des Pétroles du Nord	50 000	75A-25B
Renastera Française	50 000	25A-75B
Sté Française de Silva Plana	475 000	237A-713B
Sté Fse des Pétroles Premier	475 000	237A-713B
Sté Financière des Pétroles	50 000	75A-25B
4,6 % du capital total		
Sans affiliation ou petits investisseurs		
Banque Nationale de Crédit	700 000	350A-1 050B
Crédit Commercial de France	500 000	250A-750B
Comptoir national d'Escompte de Paris	350 000	175A-525B
Banque de Mulhouse et Mulhouse	250 000	125A-375B
Sté Générale Alsacienne de Banque	250 000	125A-375B
Compagnie Algérienne	250 000	125A-375B
Sté Française de Gérance de la Banque d'Indochine	250 000	125A-375B
Sté Financière Française et Coloniale	100 000	50A-150B
Crédit Foncier Coloniale	100 000	50A-150B
Mallet Frères et Cie	50 000	25A-75B
Mirabaud et Cie	50 000	25A-75B
Huilerie Centrale de Saint-Ouen	25 000	12A-38B
Leprêtre	25 000	37A-13B
Cie Franco-Polonaise des Pétroles	475 000	237A-713B

Continued

Tableau 2. Continued

Actionnaires	Capital	Actions A et B
Sté Pétrolea	50 000	75A-25B
Sté des Pétroles de Girabownica	50 000	75A-25B
Sté des Pétroles de Zagorz	50 000	75A-25B
Raffineries Prédinger	50 000	0A-100B
Victoria	50 000	25A-75B
Vulcanesti	50 000	25A-75B
Sté des Pétroles de Bustenari	50 000	25A-75B
Cie Commerciale des Pétroles	50 000	0A-100B
Apostolane-Romana-Shela	25 000	??-??
Pétroles de Bellik à Grosni	150 000	75A-25B
Sté Civile de Recherches pour l'Afrique du Nord	400 000	200A-600B
Sté Alsacienne et Lorraine de Recherches minières	200 000	100A-300B
Sté pour l'Approvisionnement des Consommateurs d'huiles Combustibles	200 000	??-??
Sté Nouvelle de Sondages Bonne Espérance	100 000	50A-150B
Le pétrole de France	100 000	??-??
Sté de Recherches d'Hydrocarbures	100 000	??-??
Sté de Recherches et d'Exploitations Pétrolifères	100 000	??-??
Cie Auxiliaire de Navigation	450 000	225A-675B
23,2 % du capital total		

Source : Gregory Nowell, *op. cit.*, p. 177–178.

Tableau 3. Schéma de taxation en 1924.

Montant de profits (en millions)	Taxe (en %)	Montant payé (en francs)	Montant réel en % du profit
Jusqu'à 10	0	Rien	0
12	10	200 000	1,7
14	15	500 000	3,6
16	20	900 000	5,6
20	25	1 900 000	9,5
30	30	4 900 000	16,3
40	35	8 400 000	21
50	40	12 400 000	24,8

Tableau 3. Continued

Montant de profits (en millions)	Taxe (en %)	Montant payé (en francs)	Montant réel en % du profit
60	45	16 900 000	28,2
70	50	21 900 000	31,3
80	55	27 400 000	34,3
90	60	33 400 000	37,1
100	65	39.900 000	39,9
110	70	46 900 000	42,6
111 et plus	75	-	proche de 75

Source : Gregory Nowell, *op. cit.*, p. 210.

Tableau 4. Schéma de taxation tel que modifié en 1928.

Montant de profits (en millions)	Taxe (en %)	Montant payé (en francs)	Montant réel en % du profit
Jusqu'à 10	0	rien	0
12	5	100 000	0,8
14	7,5	250 000	1,8
16	10	450 000	2,8
20	12,5	950 000	4,8
30	15	2 450 000	8,2
40	17,5	4 200 000	10,5
50	20	6 200 000	12,4
60	22,5	8 450 000	14,1
70	25	10 950 000	15,6
80	27,5	13 700 000	17,1
90	30	16 700 000	18,6
100	32,5	19 950 000	20
110	35	23 450 000	21,3
111 et plus	37,5	-	proche de 37,5

Source : Gregory Nowell, *op. cit.*, p. 211.

Tableau 5. Importations de pétrole soviétique vers la France (1925–1939)

Année	Tonnes	Valeur (Francs)
1925	176 800	109 500 500
1926	168 300	203 808 000
1927	373 100	221 777 500
1928	425 900	261 620 000
1929	384 100	212 823 000
1930	565 190	289 394 000
1931	884 640	250 079 000
1932	1 102 900	258 366 000
1933	860 300	155 659 600
1934	671 090	103 560 000
1935	258 936	43 132 000
1936	260 418	40 032 488
1937	83 338	27 793 972
1938	214 620	70 681 655
1939	150 000	52 850 000
Total	6 579 632	2 301 078 216

Source : Gregory Nowell, *op. cit.*, p. 217.

Références

Archives publiques

Annales de l'Office national des combustibles liquides.

Archives du ministère des Affaires étrangères et du Développement international (MAE), La Courneuve, France.

Relations commerciales 1919–1940, Pétroles, dossier général : 19RC3, 19RC5, 19RC6.

Relations commerciales 1919–1940, Pétroles de Mésopotamie : 19RC49, 19RC51, 19RC52, 19RC53, 19RC54, 19RC62, 19RC63, 19RC64, 19RC65, 19RC66, 19RC67, 19RC68, 19RC69, 19RC70, 19RC71, 19RC72, 19RC74, 19RC76, 19RC77, 19RC78.

Relations commerciales 1919–1940, Pétrole de Roumanie : 19RC15, 19RC16, 19RC17, 19RC18, 19RC20, 19RC21, 19RC22.

Relations commerciales 1919–1940, Politique pétrolière de la France : 19RC122, 19RC123, 19RC126, 19RC128, 19RC129, 19RC130, 19RC131, 19RC132.

Relations commerciales, Pétrole, Accord de San Remo : 19RC142.

Direction des affaires politiques et commerciales, Roumanie : 110CPCOM101, 110CPCOM104, 110CPCOM105, 110CPCOM106, 110CPCOM107, 110CPCOM108, 110CPCOM110, 110CPCOM111, 110CPCOM112, 110CPCOM113, 110CPCOM114, 110CPCOM115, 110CPCOM116.

Archives de l'École Polytechnique, Palaiseau, France.

Mercier, École Polytechnique, Art. X, Sect. 1, x1897.

Archives du Service historique de la Défense (SHD), Vincennes, France.

Service historique de l'Armée de terre, Troisième République:

Conseil supérieur de la Défense nationale : GR2N15, GR2N16, GR2N23, GR2N24, GR2N83, GR2N84, GR2N85.

Cabinet du ministre de la Guerre : GR5N582, GR6N329, GR6N331, GR6N337, GR6N496.

Service historique de la Marine, Troisième République :

Ministère des Armées, Inspection générale de la Marine : 10/6.

Service général/correspondance au départ 1920–1946 : MV 1BB2 156, MV 1BB2 163.

Dossiers individuels des officiers de la Marine et personnel assimilé : MV CC7 4e MODERNE 1112, MV CC7 4e MODERNE 3318.

Archives nationales du monde du travail, Roubaix, France.

Dossier Ernest Mercier : 98AQ1, 98AQ2, 98AQ3, 98AQ4, 98AQ5, 98AQ6, 98AQ7.

Archives privées

Archives de la banque Paribas, Paris, France.

Compagnie française des pétroles : 3CABET/1/283, PTC/514/12, PTC/514/13, PTC/514/14, PTC/514/15, PTC/514/16, PTC/571/17, PTC/492/15, PTC/759/6.

Steaua française : PTC/242/146, PTC/242/147, PTC/242/148, PTC/242/150, PTC/243/151, PTC/243/152, PTC/243/153, PTC/243/154, PTC/243/169.

Steaua romana : PTC/239/124, PTC/237/113, PTC/239/120, PTC/610/150, PTC/240/136, PTC/241/140, PTC/239/125, PTC/243/154.

Omnium international des pétroles : PTC/473/9.

Correspondance Finaly-Teagle : PTC/744/2.

Archives de l'Association pour l'histoire de la banque Paribas, Paris, France.

Monsieur Mercier, dossier 9.

Archives de la compagnie Total, Paris, France.

Rapports d'exercices CFP/CFR

Compagnie française des pétroles : 82.5/-2, 82.5/-13, 89.14/-11, 89.14/-13, 89.14/-14, 89.14/-15, 89.14/-17, 89.14/-18, 89.14/-22, 89.14/-23, 89.16/-11, 92.10/-36, 92.47/-2, 92.2/-5, SC89/-4, SC91/-6.

Compagnie française des pétroles/Irak Petroleum Company : 81.1/-7, 81.1/-18, 81.1/-42, 81.1/-44, 89.14/-16, 89.14/-24, 92.36/-109, 92.36/-111, 92.36/-121, 92.36/-122, 92.36/-123, 92AA091-60, 92AA060-203, 92AA060-207, SC89/-4.

Compagnie française de raffinage : 09AH0129-864, 09AH0129-865.

Steaua romana : 23.11/-25, 83.11/-52, 83.11/-64, 83.11/-68, 83.11/-78, 83.11/-78, 83.11/-79, 83.11/-98, 83.11/-99, 83.11/-100, 83.11/-102, 92.2/-2, 92.2/-3, 92.2/-4.

Steaua française : 53.11/-22, 83.11/-23, 83.11/-52, 92.1/-19, 92.2/-2, 92.2/-3, 92.2/-4

Omnium international des pétroles : 83.11/-51, 92.1/-7, 92.1/-12, 92.1/-13, 92.1/-14, 92.1/-15, 92.1/-16, 92.1/-17.

Omnium français des pétroles : 92.2/-18, 96AA272/-52.

Sources imprimées

Charles Pomaret, *La politique française des combustibles liquides*, Paris, Éditions de la vie Universitaire, 1923, 418 p.

Ernest Mercier, une grande destinée, Sefi, Paris, 1958, 302 p.

Henry Bérenger, *Le pétrole et la France*, University of Michigan Library, 1920, 295 p.

Ouvrages généraux

Beltran Alain, Griset Pascal, *L'économie française : 1914–1945*, Paris, Armand Colin, 1994, 187 p.

Dalemont Étienne, *Le pétrole*, Que sais-je, PUF, 1950, 126 p.

Dalemont Étienne, *L'industrie du pétrole*, Que sais-je, PUF, 1980, 127 p.

Durand Daniel, *La politique pétrolière internationale*, Paris, Presses universitaires de France, 1978, 126 p.

Girault René, *Être historien des relations internationales*, Paris, Publications de la Sorbonne, 1998.

Juhel Pierre, *Histoire du pétrole*, Vuibert, Paris, 2011, 192 p.

Perrodon Alain, *Le pétrole à travers les âges*, Paris, Boubée, 1989, 254 p.

Renouvin Pierre, Jean-Baptiste Duroselle, *Introduction à l'histoire des relations internationales*, Paris, Armand Colin, 1991.

Monographies

Bauchard Denis, *Le jeu mondial des pétroliers*, Paris, Seuil, 1970, 143 p.

Beltran Alain, *La ville lumière et la fée électricité. L'énergie électrique dans la région parisienne: service public et entreprises privées*, Paris, Éditions Rive Droite, 2002, 785 p.

Bihel André, *Le pétrole et L'État*, Paris, Presses Modernes, 1938

Bonin Hubert, *La Banque de l'Union parisienne*, Paris, Plage, 2001, 584 p.

Bouguen Jean-Marie, *Le pétrole en France*, Paris, L'Harmattan, 2013, 166 p.

Bussière Éric, *Paribas, 1872–1992 : l'Europe et le monde*, Anvers, Fonds Mercator, 1992, 320 p.

Bussière Éric, *Horace Finaly, Banquier. 1871–1945*, Paris, Fayard 1996.

Catta Emmanuel, *Victor de Metz, de la CFP au groupe Total*, Paris, Total, 1990, 507 p.

Chaussinand-Nogaret Guy, *Histoire des élites en France du XVIe au XXe siècle*, Paris, Tallandier, 1991, 451 p.

Claire Philippe, *L'indépendance pétrolière de la France*, Paris, Cujas, 1968, 127 p.

Cloutier Bernard, David Vincent, *Évolution de la structure mondiale de l'industrie pétrolière*, Québec, S. N., 1973, 329 p.

Dalemont Étienne, Carrié Jean, *L'économie du pétrole*, Paris, Presses universitaires de France, 1994, 127 p.

Duroselle Jean-Baptiste, *Tout Empire périra. Théorie des relations internationales*, Paris, Publications de la Sorbonne, 1981.

Ehrmann Henry, *La Politique du patronat français*, Paris, Armand Colin, 1959.

Faure Edgar, *Le Pétrole dans la paix et dans la guerre*, Nouvelle revue critique, 1938, 206 p.

Feigenbaum Harvey, *The Politics of Public Enterprise : Oil and the French State*, Princeton, N. J., Princeton University Press, 1985, 194 p.

Fontaine Philippe, *Bataille pour le pétrole français*, Paris, Je Sers, 1957, 190 p.

Fontaine Philippe, *L'aventure du pétrole français*, Paris, Les sept couleurs, 1967, 232 p.

Fontaine Philippe, *La guerre occulte du pétrole*, Paris, Dervy, 1949, 218 p

Jeanneney Jean-Noël, *L'argent caché. Milieux d'affaires et pouvoirs politiques dans la France du XXe siècle*, Paris, 1981.

Kuisel Richard, *Ernest Mercier French Technocrat*, Berkeley, University of California Press, 1967, 184 p.

Kuisel Richard, *Le capitalisme et l'État en France : modernisation et dirigisme au XXe siècle*, Paris, Gallimard, 1984, 460 p.

Le Dez Morgan, *Pétrole en Seine (1861–1940)*, Peter Lang, 2011, 427 p.

Le Duc Michel, *L'industrie française du pétrole, investissements et financement*, thèse pour le doctorat en droit, présentée et soutenue le 16 mai 1961.

Madelin Henri, *Pétrole et politique en Méditerranée occidentale*, Paris, Colin, 1973, 323 p.

Marguerat Philippe, *Banque et investissement industriel : Paribas, le pétrole roumain et la politique française, 1919–1939*, Neuchâtel, Université de Neuchâtel, Genève, Librairie Droz, 1987, 145 p.

Maurice Robert Aron, *La Banque de Paris et des Pays-Bas : une grande banque d'affaires*, Paris, Éd. de l'épargne, 1959, 32 p.

Menjaud Henri, *Desmarais frères, Un siècle d'industrie française du pétrole, 1861–1961*, Paris, 1961, 92 p.

Merle Marcel, *Les acteurs dans les relations internationales*, Paris, Economica, 1986.

Mihailovitch Lioubomir, Pluchart Jean-Jacques, *Les compagnies pétrolières internationales*, Que sais-je, PUF, 1981, 125 p.

Miquel Pierre, *Les polytechniciens*, Paris, Plon, 1994, 492 p.

Montaigu René de, *Présence pétrolière de la France au Proche-Orient, ou quarante ans d'actions de la Compagnie Française des Pétroles*, Archives Total.

Murat Daniel, *L'Intervention de l'État dans le secteur pétrolier en France*, Paris, Éditions Technip, 1969, 328 p.

Nayberg Roberto, *La question pétrolière en France, du point de vue de la défense nationale, de 1914 à 1928*, « thèse non publiée » pour le doctorat de troisième cycle en histoire du XXe siècle, Université du Panthéon Sorbonne – Paris I., 1983, Trois volumes dactylographiés.

Nouschi André, *La France et le pétrole de 1924 à nos jours*, Paris, Picard, 2001, 451 p

Nouschi André, *Luttes pétrolières au Proche-Orient*, Paris, Flammarion, 1970, 142 p.

Pearton Maurice, *Oil and the Romanian State*, Oxford, Clarendon Press, 1971.

Rapport de la commission d'enquête parlementaire, *Sur les sociétés pétrolières opérant en France*, Paris, Union générale d'éditions, 1974, 240 p.

Rondot Jean, *La Compagnie Française des pétroles. Du franc-or au pétrole-franc*, New York, Arno Press, 1977, 183 p.

Sagou M'hamed, *Paribas, Anatomie d'une puissance*, Paris, Presses de la Fondation nationale des sciences politiques, 1981.

Sandu Traian, *La grande Roumanie alliée de la France. Une péripétie des Années Folles? (1919–1933)*, Paris, L'Harmattan, 1999, 279 p.

Suleiman Ezra N., *Les élites en France, grands corps et grandes écoles*, Paris, Seuil, 1976, 282 p.

Wauquier Jean-Pierre, *Le raffinage du pétrole*, Paris, Éditions Technip, 1994.

Chapitres de livres

Beltran Alain, « Politique pétrolière et entreprises nationales en France des années 1920 à 1945 », dans Bouneau Christophe et Fernandez Alexandre (dir.), *L'entreprise publique en France et en Espagne 18e– 20e siècles*, Bordeaux-Pessac, Maison des Sciences de l'Homme d'Aquitaine, 2004, p. 139–151.

Calcan Gheroghe, « La destruction de l'industrie pétrolière roumaine pendant la Première Guerre mondiale », dans Beltran Alain, *Le pétrole et la guerre*, Bruxelles, Bern, Berlin, Frankfurt, New York, Oxford, Wien, Enjeux internationaux, vol. 21, 2012, p. 21–36.

Duroselle Jean-Baptiste, « De l'histoire diplomatique à l'histoire des relations internationales », dans *Mélanges Pierre Renouvin. Études d'histoire des relations internationales*, Paris, PUF, 1966, p. 1–15.

Duroselle Jean-Baptiste, Vaïsse Maurice, « L'histoire des relations internationales », dans Bédarida François, *L'histoire et le métier d'historien en France 1945–1995*, Paris, Éditions de la Maison des sciences de l'homme, 1995, p. 351–358.

Frank Robert, « Penser la complexité: l'histoire des relations internationales », dans Beauvois Yves et Blondel Cécile, *Qu'est-ce qu'on ne sait pas en histoire?*, Villeneuve d'Ascq, Presses universitaires du Septentrion, 1998, p. 103–115.

Girault René, « L'Europe centrale et orientale dans la stratégie des hommes d'affaires et des diplomates français », dans *Les relations financières internationales, facteurs de solidarités ou de rivalités*, Bruxelles, Bruylant, 1979, p. 119–132.

Girault René, « L'histoire des relations internationales peut-elle être une histoire totale? », dans Duroselle Jean-Baptiste, *Enjeux et puissances: pour une histoire des relations internationales au XXe siècle : mélanges en l'honneur de Jean-Baptiste Duroselle*, Paris, Publications de la Sorbonne, 1986.

Le Dez Morgan, « Protéger les établissements pétroliers en temps de paix et en période de guerre, l'exemple des raffineries française, 1929–1945 », dans Beltran Alain, *Le pétrole et la guerre*, Bruxelles, Bern, Berlin, Frankfurt, New York, Oxford, Wien, Enjeux internationaux, vol. 21, 2012.

Philippon André, « The French Example. The 1928s Laws. Longevity and Effectiveness of the Approach to Creating and Maintaining a National Oil Industry in a Consumer Country », dans Beltran Alain, *A Comparative History of National Oil Companies*, Bruxelles, Bern, Berlin, Frankfurt, New York, Oxford, Wien, International Issues, n° 8, 2010.

Saul Samir, « L'histoire des relations internationales: contexte, cheminement et perspectives », dans Crépeau François, Thérien Jean-Philippe, *Penser l'international : perspectives et contributions des sciences sociales*, Montréal, Québec, Presses de l'Université de Montréal, 2007, p. 15–42.

Stoffaës Christian, « L'obsession historique de la dépendance énergétique : données économique », dans Guillaumat Pierre, *La passion des grands projets industriels*, Paris, Éditions Rive Droite, 1995, p. 51–67.

Vaisset Thomas, « Du charbon au mazout. La révolution de la chauffe dans la Marine nationale », dans Beltran Alain, *Le pétrole et la guerre*, Bruxelles, Bern, Berlin, Frankfurt, New York, Oxford, Wien, Enjeux internationaux, vol. 21, 2012.

Articles spécialisés

Amphoux Marcel, « Une nouvelle industrie française: le raffinage du pétrole », *Annales de Géographie*, vol. 44, n° 251, 1935, p. 509–533.

Beaujeu-Garnier Jacqueline, « La France et le pétrole », *L'information géographique*, vol. 30, n° 2, 1952, p. 65–71.

Berreby Jean-Jacques, « Impératifs stratégiques du pétrole », *Politique étrangère*, vol. 30, n° 6, 1965, p. 498–516.

Bonin Hubert, « La Banque de l'Union parisienne en Roumanie, Influence bancaire ou impérialisme du pauvre (1919–1935) », *Revue Historique*, vol. 273, n° 2 (554), 1985, p. 349–381.

Bouvier Jean, « Monnaie et banque d'un après-guerre à l'autre: 1919–1945 », dans *Histoire économique et sociale de la France*, t. IV, vol. 2, Paris, 1980, p. 687–728.

Bouvier Jean, « The French Banks, Inflation and the Economic Crisis, 1919–1939 », *The Journal of European Economic History*, 1984, n° 2, p. 29–80.

Bussière Éric, « La Banque de l'union parisienne et l'existence d'un courant national dans les milieux pétroliers français dans l'Entre-deux-guerres », *Relations internationales*, 1985, p. 313–314.

Bussière Éric, « La France et les affaires pétrolières au lendemain de la Première Guerre mondiale : La politique des groupes financiers à travers celle de la banque de l'Union Parisienne », *Histoire, économie et société*, vol. 1, n° 2, p. 313–328.

Conlin Jonathan, « Debt, Diplomacy and Deadnoughts : the National Bank of Turkey, 1909–1919 », *Middle Eastern Studies*, 26 février 2016, p. 1–22.

Craig Gordon A., « The Historian and the Study of International Relations », *American Historical Review*, vol. 88, n° 1, 1983, p. 1–11.

Feigenbaum Harvey B., « France's Oil Policy: the Limits of Mercantilism », Cohen Stephen S., Gourevitch Peter Alexis (dir.), *France in the Troubled World Economy*, London, Butterworth Scientific, 1982, p. 114–131.

Delaporte Jean, « Le pétrole, son régime économique, administratif et financier », *Annales de l'Office national des Combustibles liquides*, n° 3, Paris, 1939.

Desprairies Pierre, « La construction de l'industrie pétrolière française », dans Pierre Guillaumat, *La passion des grands projets industriels*, Paris, Éditions Rive Droite, 1995, p. 79–83.

Ferrier R. W., « French Oil Policy, 1917–30: the Interaction between State and Private Interests », *Enterprise and history*, Cambridge University Press, 1984, p. 237–262.

Fitzgerald Edward Peter, « France's Middle Eastern Ambitions, The Sykes-Picot Negotiations, and the Oil Fields of Mosul, 1915–1918 », *The Journal of Modern History*, vol. 66, n° 4, December 1994, p. 697–725.

Fitzgerald Edward Peter, « Business Diplomacy : Walter Teagle, Jersey Standard, and the Anglo-French Pipeline Conflict in the Middle East, 1930–1931 », *The Business History Review*, vol. 67, n° 2, Summer, 1993, p. 207–245.

Frank Robert, « Penser historiquement les relations internationales », *Annuaire français des relations internationales,* IV, 2003, p. 42–65.

Freymond Jacques, « L'histoire des relations internationales vingt ans après », *Relations internationales*, n° 41, printemps, 1985, p. 5–12.

Girault René, « Économie et politique internationale: diplomatie et banque pendant l'Entre-deux-guerres », dans *Relations Internationales*, n° 21, 1980, p. 7–22.

Girault René, « Les marchés et les placements extérieurs, 1919–1945 », dans *Histoire économique et sociale de la France,* t. IV, vol. 2, Paris, 1980, p. 729–767.

Girault René, « Présentation. De Renouvin à Renouvin », présentation à la réédition de Pierre Renouvin, *Histoire des relations internationales*, Paris, Hachette, 1994, p. I-XXVIII

Grunberg Gerard, « L'École polytechnique et ses grands corps », *Annuaire international de la fonction publique*, 1973–1974.

Kuisel Richard, « Technocrats and Public Economic Policy: from the Third to the Fourth Republic », *The Journal of European Economic History*, vol. 2, n° 1, 1973.

Lévy-Leboyer Maurice, « La science mène-t-elle à l'action? Les polytechniciens dans l'entreprise », dans Jacques Lesourne, *Les Polytechniciens dans le siècle*, Paris, Dunod, 1994.

Mainguy Maurice, « Les recherches de pétrole en France métropolitaine », *L'information géographique*, vol. 23, n° 3, 1959, p. 117–124.

Marguerat Philippe, « Les investissements français dans le bassin danubien durant l'entre-deux guerres: pour une nouvelle interprétation », *Revue historique*, tome CCCVI/1, n° 629, Paris, PUF, janvier 2004, p. 121–162.

Marguerat Philippe, « Patronat et capitaux français face à la seconde industrialisation : l'exemple du pétrole », *Annales, Économies, Sociétés, Civilisations*, vol. 46, n° 1,1991, p. 205–218.

Marguerat Philippe, « Positions économiques de la France dans la zone de la Petite Entente au cours des années trente », dans *L'historien et les relations internationales*, Genève, 1981, p. 337–346.

Mejcher Helmut, « Oil and British Policy towards Mesopotamia, 1914–1918 », *Middle Eastern Studies*, vol. 8, n° 3, Octobre, 1972, p. 377–391.

Milza Pierre, « Mentalités collectives et relations internationales », *Relations internationales*, n° 41, printemps, 1985, p. 93–109.

Nayberg Roberto, « La politique française du pétrole à l'issue de la Première Guerre mondiale : perspectives et solutions », *Guerres mondiales et conflits contemporains*, n° 224, octobre, 2006, p. 111–133.

Nayberg Roberto, « Qu'est-ce qu'un produit stratégique ? L'exemple du pétrole », *Défense nationale*, février 1997, p. 77–86.

Nayberg Roberto, « Une stratégie pétrolière pour la France : la défense des intérêts nationaux dans les conférences interalliées du pétrole de 1918 », *Revue historique*, mai 1995, p. 459–491.

Nouschi André, « L'État français et les pétroliers anglo-saxons : la naissance de la Compagnie française des pétroles (1923–1924) », *Relations internationales*, 1976, p. 245–246.

Nouschi André, « Léon Blum, les socialistes et la politique pétrolière française », *Cahiers Léon Blum*, n° 9, mai 1981, p. 1–65.

Nouschi André, « Les investissements français dans le domaine pétrolier de 1919 à 1939 », Archives Total.

Nouschi André, « Pipe-lines et politique au Proche-Orient dans les années 1930 », *Relations internationales*, n° 19, automne, 1979, p. 279–294.

Nouschi André, « Un tournant dans la politique pétrolière française : les Heads of Agreement de novembre 1948 », *Relations internationale*, n° 44, 1985 et n° 66, 1991.

L'Huillier Hervé, « La stratégie de la Compagnie Française des Pétroles durant la Seconde Guerre mondiale : sauvegarder l'essentiel », *Histoire, économie et société*, vol. 11, n° 3, 1992, p. 463–478.

Rondot Jean, « Les intérêts pétroliers français dans le Proche-Orient », *Politique étrangère*, vol. 17, n. 4, 1952, p. 267–291.

Sassi Mohamed, « Evolution of the Structure of the French Oil Economy Between the Wars: Towards a French Holding Company », *Business and Economic History On-line*, vol. 2, 2004, p. 1–23.

Sassi Mohamed, « Le rôle du technocrate : Ernest Mercier et la mise en place d'une industrie française entre les deux guerres », *Pétrole et gaz : Nouvelles perspectives et outils de recherche*, Bulletin de l'IHTP, n° 84.

Sassi Mohamed, « The emergence of a French Oil Industry between the two wars », *Business and Economic History On-Line*, vol. 1, 2003, p. 1–25.

Soutou George-Henri, « L'impérialisme du pauvre: la politique économique du Gouvernement français en Europe centrale et orientale de 1918 à 1929 », dans *Relations internationales*, 1976, p. 219–239.

Zaharia Gheroghe, « Sur la politique extérieure de la Roumanie avant la Deuxième Guerre mondiale », *Revue d'histoire de la Deuxième Guerre mondiale*, n° 70, avril 1968, p. 1–18.

Presse

Articles choisis de *L'Action française*, *L'Humanité*, *La Revue pétrolifère*, *La Nation arabe*, *Le Courrier des pétroles*, *Le Moniteur des carburants*, *Le Moniteur du pétrole roumain*, *Le Populaire*, *Le Temps*, *Le Figaro* de 1919 à 1940.

Index

G

H

L

M

N

O

P

Collection « Histoire de l'énergie »

La collection « Histoire de l'énergie » est née du constat de l'éparpillement des publications sur le thème de l'énergie, au moment même où le champ est en profond renouvellement. Le projet scientifique de la collection consiste à rendre compte, par la publication de thèses, d'actes de colloques ou de travaux de recherche, de la diversité des approches scientifiques. Proposer une vaste réflexion sur les différentes énergies, tant pour ce qui est de leur production que de leur consommation, étudier au plus près les acteurs (entreprises, États, consommateurs), les marchés, les modes de vie : l'ambition est de privilégier une mise en perspective historique globale dans laquelle les différentes énergies sont tout à la fois concurrentes et complémentaires. En ouvrant cette voie volontairement large, la collection « Histoire de l'énergie » entend faire circuler et se rencontrer des travaux académiques venus d'horizons variés.

*

Le Comité d'histoire de l'électricité est l'héritier de l'Association pour l'histoire de l'électricité en France, créée en 1982 par Marcel Boiteux, alors PDG d'EDF, Maurice Magnien et François Caron, professeur à l'Université Paris-Sorbonne. Grâce au concours de la Fondation Groupe EDF, la mission qu'il se donne est double : soutenir la recherche sur l'histoire et le patrimoine de l'électricité et en diffuser les résultats.

Titres parus

Vol. 11 – François Pelletier, *D'une guerre à l'autre: Itinéraire pétrolier d'Ernest Mercier*, 2020.

Vol. 10 – François-Mathieu Poupeau, *L'électricité et les pouvoirs locaux en France (1880-1980). Une autre histoire du service public*, 2017.

Vol. 9 – Caroline Suzor, *Le Groupe Empain en France. Une saga industrielle et familiale*, 2016.

Vol. 8 – Alain Beltran, Léonard Laborie, Pierre Lanthier, Stéphanie Le Gallic (eds.), *Electric Worlds / Mondes électriques. Creations, Circulations, Tensions, Transitions (19th-21th C.)*, 2016.

Vol. 7 – Marcela Efmertová et André Grelon (dir.), avec la collaboration de Jan Mikeš, *Des ingénieurs pour un monde nouveau. Histoire des enseignements électrotechniques (Europe, Amériques), XIXe-XXe siècle*, 2016.

Vol. 6 – Yves Bouvier, *Connexions électriques. Technologies, hommes et marchés dans les relations entre la Compagnie générale d'électricité et l'État, 1898-1992*, 2014.

Vol. 5 – Renan Viguié, *La traversée électrique des Pyrénées. Histoire de l'interconnexion entre la France et l'Espagne*, 2012.

Vol. 4 – Christophe Bouneau, Yves Bouvier, Léonard Laborie, Denis Varaschin and Renan Viguié (dir.), *Les paysages de l'électricité. Perspectives historiques et enjeux contemporains (XIXe-XXIe siècles)*, 2012.

Vol. 3 – Cyrille Foasso, *Atomes sous surveillance. Une histoire de la sûreté nucléaire en France*, 2012.

Vol. 2 – Yves Bouvier (dir.), *Les défis énergétiques du XXIe siècle. Transition, concurrence et efficacité au prisme des sciences humaines*, 2012.

Vol. 1 – Yves Bouvier, Robert Fox, Pascal Griset and Anna Guagnini (eds.), *De l'atelier au laboratoire. Recherche et innovation dans l'industrie électrique, XIXe-XXe siècles / From Workshop to Laboratory. Research and Innovation in Electric Industry, 19-20th Centuries*, 2011.

www.peterlang.com

Kolibri 360 GmbH
Ferdinand-Jühlke-Straße 7
99095 Erfurt, Deutschland
produktsicherheit@kolibri360.de

Druck:
CPI Druckdienstleistungen GmbH
im Auftrag der
Kolibri 360 GmbH
Ferdinand-Jühlke-Str. 7
99095 Erfurt